경남,
강의 역사

내 손 안의 경남 *015*

경남, 강의 역사

초판 1쇄 발행 2023년 2월 28일

저 자 _ 김광철·남재우·박정선·장성진·신은제·김양훈·김재현
         이동희·김강식·이인식·안순형·강정화·남성진·안홍좌
펴낸이 _ 윤관백
편 집 _ 박애리 ▌표 지 _ 박애리 ▌영 업 _ 김현주
펴낸곳 _ 도서출판 선인 ▌인 쇄 _ 대덕문화사 ▌제 본 _ 바다제책
등 록 _ 제5-77호(1998.11.4)
주 소 _ 서울시 양천구 남부순환로48길 1, 1층
전 화 _ 02)718-6252/6257 ▌팩 스 _ 02)718-6253
E-mail _ sunin72@chol.com
정 가 15,000원

ISBN 979-11-6068-793-4 03900

내 손 안의 경남 015

경남, 강의 역사

박정선·장성진·김양훈
김재현·이동희 외 9인

선인

강은 경계이면서 소통의 공간이었다. 강은 끊김이기도 했지만, 지역과 지역, 사람과 사람의 이음이기도 했다. 강가에는 문물이 교류했고, 사람이 모여들고, 시장이 만들어졌다. 강을 끼고 있는 땅은 풍요로웠다. 범람은 비옥한 토양을 만들었고, 농업이 가능해졌기 때문이다. 그래서 국가와 문명이 싹텄다.

경남지역에도 강이 있다. 낙동강은 경상도를 나누며 흐르고, 섬진강은 경상과 전라를 잇고 있다. 황강, 남강, 밀양강은 낙동강으로 흘러든다. '내 손안의 경남' 15권에서는 '경남의 강, 그리고 강과 함께 했던 사람들의 삶'에 대해 이야기해 보려고 한다. 기록과 문화유적을 통해서이다.

고지도와 지리서를 통해 전근대시기 경남의 강과 물길, 그 이름들을 헤아려 볼 것이다. 강변에서 양반들이 읊조리던 노래들, 강과 함께 살았던 사람들의 삶에 대한 이야기도 확인할 것이다. 삶의 흔적들은 경남지역의 역사를 말해준다. 창녕 비봉리유적은 낙동강과 함께 살았던 신석기시대 사람들의 모습이다. 삼국과 함께 발전했던 가야의 여러 나라들은 낙동강, 남강, 황강을 끼고 성장했다. 비화가야, 아라가야, 가락국이다. 강변에 자리잡은 무덤들이 증거이다. 고분 속의 유물들은 그 당시 사람들의 생각, 생활을 말해준다. 노래와 몸짓으로만 이어져왔던 놀이도 있다. 오광대는 강길로 전승되었다. 강변 사람들이 즐기던 놀이가 남았다.

강은 우리 역사변천과 무관하지 않았다. 낙동강은 가야와 신라의 국경이기도 했다. 신라는 낙동강을 건너 가야로 진출하려 했고, 가야는 낙동강을 방패로 삼았다. 이후에도 강은 조세를 운반하는 조운로가 되었고, 왜구와 일본의 내륙침입로, 일본의 사신왕래길, 무역로가 되었다. 한국전쟁 때의 낙동강은 전장의 최후 저지선이었다.

이 책은 여태까지 한국사회 변화의 중심에서 숨 쉬었던 경남의 역사를 강을 통해 보여주려 한다. 이를 통해 지금의 강은 어떠한 모습으로 남아있어야 할지를 곱씹어 보는 계기가 되었으면 좋겠다. 글쓰기를 허락해 주신 선생님들께 감사하다는 말씀을 전한다. 선인 출판사 선생님들께도 고맙다.

2023. 2. 28

창원대학교 경남학연구센터

남 재 우

경남, 강의 역사

내 손 안의 경남 015

함안군 함안읍 정암교에서 바라본 정암 방면

기록으로 본 경남의 강

I. 기록으로 본 경남의 강

1. 지리서 속 경남의 강과 내 _김광철

1) 지리서의 낙동강, 남강, 황둔강, 섬진강

『신증동국여지승람』이나 『읍지』 등 각종 지리서에는 당해 고을의 자연환경을 소개하는 항목으로 빠짐없이 「산천(山川)」조가 설정되어 있다. 연해 고을의 경우 '도서(島嶼)'도 산천조에 포함시키거나 『경상도속찬지리지』, 『대동지지』처럼 「해도(海島)」조를 별도로 설정하기도 했다.

산천조에서 「산(山)」에는 '산'·'령(嶺)'·'악(岳)'·'봉(峰)'·'현(峴)'·'암(巖)' 등 그 종류가 다양하다. 「천(川)」으로 분류된 것은 더욱 다양하여, '강(江)'·'수(水)'·'천(川)'·'탄(灘)'·'진(津)'·'포(浦)'·'계(溪)'·'연(淵)'·'담(潭)'·'소(沼)'·'지(池)'·'천(泉)'·'정(井)'·'추(湫)'·'뢰(瀨)'·'폭포(瀑布)'·'택(澤)' 등으로 표현되고 있다.

조선시대 경남의 강과 내에 대한 총괄 정리는 『경상도지리지』, 「총설」 대천조와 『세종실록지리지』 경상도 총설 대천조, 『동국문헌비고』, 「여지고」 산천 총설조의 내용이 참고된다. 『경상도지리지』에서는 경상도의 대천(大川)으로 낙동강(洛東江), 진주 남강(南江), 초계 둔진(芚津), 대구 달천(達川) 등 4곳을 들고 있는데, 이 가운데 낙동강·남강·둔진(황강) 3곳이 경남지역 대천이었다. 『세종실록지리지』 경상도 총설에서는 경상도의 대천으로 낙동강, 진주 남강, 초계 황둔진

(黃芚津) 셋을 들고 있는데, 모두 경남의 강들이다.

『동국문헌비고』,「여지고」산천 1은 총설로서 전국의 산천을 총괄하여 서술하고, 이어서 산천 2 이하에서는 전국 8도 관할 여러 군현의 산과 하천을 하나하나 들어 소개하고 있다. 총설에서는 전국의 대표적인 산과 강으로 삼각산과 한강 등 각각 12개를 들어서 이들 중심으로 서술하고 있다.

| 창원 본포 다리에서 바라본 낙동강 하류

전국 하천은 강과 천으로 구분하여 소개하고 있는데, 강은 낙동강 등 12개의 대표적인 강 뿐만 아니라 더 많은 강과 내를 포함하고 있다. 경남지역과 관련이 있는 강으로 12개의 대표적인 강에 포함된 낙동강 뿐만 아니라, 황둔강(黃芚江)과 진강(晉江)을 소개하고 있는 것이 그것이다. 아울러 낙동강과 황둔강, 진강의 지류이거나 연관이 있는 하천도 몇몇 소개하고 있다. 낙동강 관련 경남지역의 하천으로 가

야천(伽耶川)·용담천(龍潭川)·응천(凝川) 등 3곳, 진강 관련 하천으로 심진동천(尋眞洞川)·뇌계(瀦溪)·임천(瀶川)·양천(梁川)·살천(薩川) 등 5곳, 황둔강 관련 하천으로 아월천(阿月川) 1곳을 소개하고 있는 것이 그것이다.

낙동강은 흘러가는 지역마다 그 명칭이 달랐다. 초계에서는 감물창진(甘勿倉津), 영산에서는 기음강(岐音江), 양산에서 황산강(黃山江)이라 불렀다. 이는 『세종실록지리지』 경상도 총설 대천조에서 다음과 같이 확인할 수 있다.

대천(大川)이 셋이니, 첫째가 낙동강이다. 그 근원이 셋인데, 하나는 봉화현 북쪽 태백산 황지(黃池)에서 나오고, 하나는 문경현 북쪽 초점(草岾)에서 나오고, 하나는 순흥 소백산에서 나와서, 물이 합하여 상주에 이르러 낙동강이 된다. 선산에서 여차니진(餘次尼津), 인동에서 칠진(漆津), 성주에서 동안진(東安津), 가리현(加利縣)에서 무계진(茂溪津)이 되고, 초계에 이르러 합천의 남강(南江) 물과 합하여 감물창진이 된다. 영산에 이르러 또 진주 남강(南江)의 물과 합하여 기음강이 되며, 칠원에서는 우질포(亏叱浦), 창원에서는 주물연진(主勿淵津)이 되어 김해에 이른다. 밀양 응천을 지나 해양강(海陽江)이라고도 부르는 뇌진(磊津)이 되고, 양산에서 가야진(伽倻津)이 되고, 황산강이 되어, 남쪽으로 바다에 들어간다.(『세종실록지리지』 경상도 총설 대천)

진주의 남강은 '진강(晉江)'·'진수(晉水)'라고도 했는데, 『세종실록지리지』 경상도 총설 대천조에서는 "둘째는 진주 남강이다. 그 근원이 둘이니, 하나는 지리산 북쪽에서 나오고, 하나는 지리산 남쪽에서 나와서, 진주 서쪽에서 합류하여 광탄(廣灘)이 되고, 의령에 이르러 정암진(定巖津)이 되어, 동쪽으로 흘러 기음강으로 들어간다."고 하였다. 『동국문헌비고』 「여지고」에서는 다음과 같이 자세히 해설하고 있다.

| 『해동지도』 합천군에 표기된 황강

진강(晉江)은 무주 덕유산의 봉황봉(鳳凰峰)에서 발원한다. 남쪽으로 흘러 추천(楸川)·용유담(龍游潭)·월연(月淵)이 되고, 동쪽으로 안의현 북쪽에 이르러 왼쪽으로 심진동천을 지나 서남쪽으로 흘러서 남계(灆溪)가 된다. 사근고성(沙斤古城)을 거쳐 오른쪽으로 뇌계 남쪽을 지나 와룡암(臥龍巖)에 이르고, 오른쪽으로 임천을 지나 우탄(牛灘)과 경호(鏡湖)가 된다. 동쪽으로 흘러 산청현을 돌아서 장선탄(長善灘)이 되고, 동남쪽으로 단성에 이르러 적벽(赤壁)을 거쳐 신안진(新安津)이 된다. 왼쪽으로 양천을 지나 남쪽으로 흘러 소남진(召南津)이 되고, 신풍(新豐) 서쪽에서 살천과 만나 청천강(菁川江)이 되며, 꺾어져 동쪽으로 흘

러 진주 촉석(矗石) 남쪽을 지나 남강이 된다. 오른쪽으로 고성 대둔산에서 발원한 영선천(永善川)을 지나 동북쪽으로 흘러 운당진(雲堂津)과 황류진(黃柳津)이 되고, 왼쪽으로 진주 집현산에서 발원한 독천(禿川)을 지나 대여(代如)에 이른다. 오른쪽으로 함안 여항산에서 발원한 반성천(班城川)과 의령 자굴산에서 발원한 검정천(黔井川)을 지나면 차례로 척당진(尺堂津)과 풍탄(楓灘)이 되고, 오른쪽으로 여항산에서 발원한 장안천(長安川)을 지나 용화산(龍華山) 북쪽에 이르러 기강(岐江)에서 낙동강과 만난다.(『동국문헌비고』권12, 「여지고」7, 산천1, 총설, 진강)

오늘날 황강(黃江)이라 부르는 황둔강에 대해서는 『세종실록지리지』 경상도 총설에서 "세째는 초계 황둔진이다. 그 근원이 둘이 있으니, 하나는 전라도 무주 초현(草峴)에서 나오고, 하나는 감음현(減陰縣) 황석산(黃石山)에서 나와서, 거창에서 합류되어 합천을 지나 동쪽으로 흘러 감물창진으로 들어간다."고 했는데 『동국문헌비고』, 「여지고」에서는 다음과 같이 좀 더 자세하다.

황둔강은 무주 덕유산의 불영봉(佛影峰)에서 발원하여, 남쪽으로 흘러 차례로 구연(龜淵)·위천(渭川)이 되어 수송대(愁送臺)에 이른다. 오른쪽으로 갈천(葛川) 남쪽을 지나 학담(鶴潭)이 되고, 동쪽으로 거창부 남쪽에 이르러 영천(瀯川)이 된다. 왼쪽으로 아월천 동쪽을 지나 권빈역(勸賓驛)에 이르러 부자연(父子淵)이 되고, 왼쪽으로 거창 수도산에서 발원한 가조천(加祚川)을 지나 남쪽으로 흘러 점연(砧淵)·황계(黃溪)의 명승지가 된다. 악견산(嶽堅山)을 지나 동북쪽으로 흘러 둔덕연(屯德淵)이 되고 합천군 남쪽에 이르러 오른쪽으로 합천 마현(馬峴)에서 발원한 징심천(澄心川)을 지나 남강(南江)이 된다. 동쪽으로 흘러 견천 (犬遷)을 경유하면 황둔진이 되고, 오른쪽으로 팔진천(八鎭川)을 지나 현창(玄倉)에 이르러 낙동강과 만난다.(『동국문헌비고』권 12,「여지고」7, 산천1, 총설, 황둔강)

 섬진강은 잔수진(潺水津)이라 불렸는데,『세종실록지지지』 전라도 총설 대천조에서 "잔수진은 구례에 있다.…지리산 남 쪽 기슭을 지나서 경상도 진주의 임내(任內)였던 화개현(花開 縣) 서쪽에 이르러 용왕연(龍王淵)이 되는데, 조수가 이르며, 동남쪽으로 흘러 광양현의 남쪽을 지나 섬진(蟾津)이 되어 바 다로 들어간다."고 하였다. 『연려실기술』,「지리전고」에서는 잔수진의 흐름에 대해 다음과 같이 자세히 소개하였다.

 광양의 섬진강은 진안(鎭安)의 중대(中臺) 마이산에서 발원하 여 임실의 오원천(烏原川)이 되고, 서쪽으로 꺾어져 남쪽으로 흘 러 운암(雲巖) 가단(可端)을 지나서 태인의 운주산(雲住山) 물과 합하여 순창의 적성진(赤城津)이 되는데 이것을 '화연(花淵)'이라 고도 한다. …잔수진은 동복(同福)의 서석(瑞石) 동쪽에서 발원 하여 현(縣) 남쪽 달천(達川)이 되고, 남쪽으로 흘러 보성 북쪽에 이르러서 죽천(竹川)이 되는데, 이것을 또 '정자천(亭子川)'이라 고도 한다. 다시 동북으로 흘러 순천의 낙수진(洛水津)이 되며,

잔수진에 이르러 순자강과 합하여 남쪽으로 흐르다가 화개(花開) 서쪽 경계에 이르러 용왕연이 되는데, 여기는 바닷물이 들어오는 곳이다. 또 광양 남쪽 60리에 이르러 섬진강이 되는데, 그 동쪽 언덕은 바로 하동의 악양(岳陽)으로서 동남쪽으로 흘러 바다로 들어간다. 고려 때에는 이 물이 거슬러 흐르는 3대강의 하나라 하였고, 이름을 '두치강(斗峙江)'이라 하였다.(『연려실기술별집』권16, 「지리전고」, 총지리)

| 남강 악양루 모래톱

이처럼 경남지역은 동쪽에 낙동강, 북쪽에 오늘의 황강인 황둔강, 서쪽에 섬진강, 중부 지역에 진강이라고도 부른 남강, 그리고 남쪽에 바다가 펼쳐져 고을의 경계를 이루고, 넓은 들을 형성하여 삶의 터전을 만들어 주고 있다. 경남지역 하천들은 주로 이 지역 4대 강인 낙동강·남강·황둔강·

섬진강과 그 지류가 주를 이루고 있으며, 여기에다 지역 여러 곳에 자리잡고 있는 산악에서 따로따로 발원한 곳이 추가되었다.

태백산 황지에서 발원한 낙동강이 현풍을 지나 남쪽으로 창녕·초계·영산·밀양·의령·함안·칠원·창원·양산·김해 등지를 지나면서 지역마다 낙동강의 다른 이름이 생겼고, 여러 지류를 만들어 냈다. 덕유산 불영봉에서 발원한 황둔강은 남쪽으로 안의·거창을 거쳐 동쪽으로 합천·삼가·초계를 지나 낙동강에 합류하는 과정에서 이들 지역의 크고 작은 하천들이 만들어졌다. 덕유산 봉황봉에서 발원한 진주 남강은 남류하면서 함양·산천·단성을 차례로 지나고, 진주에서 동쪽으로 흘러 의령과 함안을 지나 낙동강에 합류하는 과정에서 그 지류를 형성하여 이들 지역의 하천이 되었다. 섬진강이 전라도 구례를 지나 하동 서쪽을 끼고 남쪽으로 흘러 바다로 유입하는 과정에서 하동의 여러 나루터와 포구가 생겨난 것이다.

이제 『경상도지리지』(1425)·『세종실록지리지』(1453)·『신증동국여지승람』(1530)·『동국여지지』(1656)·『여지도서』(1757)·『동국문헌비고』「여지고」(1770)·『대동지지』(1861) 등 전국 지리서와 『경상도읍지』(1832)·『영남읍지』(1871, 1895)를 비롯한 각종 『읍지』를 활용하여 조선시대 경남지역의 하천을 조사하고 그 분포 현황을 검토하고자 한다.

2) 낙동강 동쪽 경남 고을의 강과 내

조선시대 낙동강은 경상도를 좌도와 우도로 나누는 경계였다. 태종 7년(1407) 9월 정부는 경상도를 나누어 좌·우도를 만들고, 낙동강 동쪽을 경상좌도, 그 서쪽을 경상우도라하였다. 경상좌도에는 경주 등 40개 고을, 경상우도에는 상주 등 31개 고을이 소속되었다. 오늘날 경상남도 지역은 대부분 경상우도에 속했지만, 양산·밀양·창녕·영산은 낙동강 동쪽에 위치해 있어 경상좌도 소속이었다.

(1) 양산군

양산군의 강과 내로는 『경상도지리지』에서 황산진과 동원진이 처음 소개된 이후, 『세종실록지리지』에서는 가야진을 기록하였고, 『신증동국여지승람』에서는 강 1곳, 천 2곳, 진 2곳, 포 4곳, 연(淵) 1곳 등 10곳의 하천을 소개하였다. 『경상도읍지』에서는 여기에다 구법진과 삼차수를 추가하였고, 『대동지지』에서는 3개의 포를 더하고 있다. 『영지요선(嶺誌要選)』에는 위수·물금진·감동포 등 3곳을 추가하여 소개하였다. 그 내용은 다음과 같다.

하천명	위치	특징	전거
황산강	서 18리	신라 사대독(四大瀆)의 하나	승람
위수(渭水)	서 20리		영지요선
영천(靈川)	동 22리	동래 해운포(海雲浦)	승람
북천(北川)	북 10리	물이 넘치면 바로 읍성으로 들이닥치기 때문에 뚝을 쌓아서 막음	//
가야진	서 40리	황산강 상류	세종실록지리지

하천명	위치	특징	전거
동원진(東院津)	남 25리	황산강 하류	승람
구법진(仇法津)	감동창 앞	진선 있음	경상도읍지
물금진(勿禁津)	서 20리		영지요선
내포(內浦)	서쪽 40리	내포천(대동지지)	승람
호포(狐浦)	남쪽 10리	원적산과 취서산에서 발원, 황산강으로 유입.	//
구읍포(仇邑浦)	서 3리	취서산에서 발원, 호포와 합류, 황산강으로	//
화자포(火者浦)	서 20리		//
축포(杻浦)	남 35리	주민 500여 호	//
감동포(甘同浦)	남 40리		영지요선
계원연(鷄原淵)	쌍벽루 아래	원적산과 범곡부곡에서 발원, 호포로 유입	승람
삼차수(三叉水)	남 40리	황산강 하류	경상도읍지
대저포(大楮浦)	서 20리		대동지지
동두저포(東頭渚浦)	축포하류		//
원포(源浦)	서 30리		//

1959년에 편찬한 『양산군지』에는 이들 하천 외에 회야천(回夜川, 동 30리)·이천(梨川, 서 30리)·금산진(琴山津, 남 10리)·감동진(甘同津)·혈연(血淵)·방소(芳沼, 재악산 아래)·천인소(千仞沼, 내포리)·삼감정(三甘井, 삼감리)·냉정(冷井, 가산리)·성천폭(省川瀑)·홍동폭(虹洞瀑)·청심폭(淸心瀑)·성불폭(成佛瀑) 등 수원이 소개되고 있다.

양산지역에서 중심이 되는 하천은 황산강이었다. 황산강은 양산과 김해지역을 흐르는 낙동강을 일컫는 것으로, 황산하 또는 황산진이라고도 하였는데, 넓은 들을 지나는 큰 강으로 풀이된다. 양산 서쪽 18리 지점을 흐르고 있었던 황산강은 신라 사대독(四大瀆)의 하나로, 중사(中祀)에 실려 있다. 고려에서는 무안(務安)의 용진강(龍津江)과 광양의 섬진강과 함께 삼대수(三大水)라고 일컬었다. 고려 말 왜구 침입이 극성을 부릴 때, 황산강에서 자주 전투가 벌어져, 우왕 3년 (1377) 4월에는 김해부사 박위(朴葳)가 왜적을 황산강 어귀에서 쳐 29급을 베고, 수많은 적을 강에 빠져 죽게 했다.

(2) 밀양도호부

조선시대 경상좌도 지역이었던 밀양도호부의 강과 내는 『경상도지리지』에서 수산진과 응천이 소개된 이후, 『신증동국여지승람』에서 해양강·내진천·용진·삽포·월영연·구연·양양지 등 7곳이 추가되었고, 『여지도서』에 오우정진 1곳, 『경상도읍지』에 용두연 1곳, 『대동지지』에 재악천 1곳이 더해졌다. 1928년 간행된 『영지요선』에는 여기에다 삼랑강·작원강·광탄·기우연·등연 등 5곳을 추가하고 있다. 이들밀양의 강과 내는 다음 표와 같다.

하천명	위치	특징	전거
해양강(海陽江)	남 34리	일명 뇌진(磊津), 『문헌비고』는 '낙동강'으로 표기	승람
응천(凝川)	읍성 남쪽	청도 동촌 동쪽에서 발원, 바다에 유입	경상도지리지
내진천(來進川)	내진향	화악산에서 나와 수산진으로 유입	승람
재악천(載岳川)		천화현(穿火峴)에서 발원, 서쪽으로 응천에 유입	대동지지
수산진(守山津)	수산현 서쪽	.	경상도지리지
용진(龍津)	남 36리	수산진의 하류	승람
오우정진(五友亭津)	남 40리		여지도서
삽포(鈒浦)	동 51리		승람
월영연(月盈淵)	동 7리		//
구연(臼淵)	천화령 아래	둘레 100여 척	//
양랑지(陽良池)	양랑부곡		//

하천명	위치	특징	전거
용두연(龍頭淵)		제언의 길이 1,400척, 너비 42척, 높이 20척	경상도읍지
삼랑강(三浪江)	남 30리		영지요선
작원강(鵲院江)	동남 42리		//
광탄(廣灘)	남 10리		//
기우연(祈雨淵)	용두연 밑		//
등연(燈淵)	동 15리		//

해양강은 뇌진이라고도 불렀으며, 밀양 등의 지역에서 낙동강을 부르는 이름이다. 밀양에서는 관아로부터 남쪽 34리 지점에, 김해에서는 북쪽 48리 지점에 위치한다. 『세종실록지리지』에서는 "해양강은 영산에서 남쪽으로 흘러서 동쪽 양산 경계로 들어간다."고 하였다.

| 밀양 하남과 김해 한림의 해양강 구간

응천은 오늘의 밀양강으로, 『세종실록지리지』에서는 응천을 소개하면서 "그 근원이 둘이니, 하나는 경주 서쪽에서 나오고, 하나는 청도 서쪽에서 나와서, 유천역(楡川驛)에

서 합류하여 남동쪽으로 흘러서 부성(府城) 동쪽을 지나 남쪽
으로 해양강으로 들어간다."고 해설하였다. 신익전(申翊全,
1605~1660)이 편찬한 『밀양지』에서는 응천을 중시하여 다
음과 같이 소개하였다.

"진산은 무봉산(舞鳳山)인데, 구불구불 이어진 산들이 그 좌우
와 앞에 솟아 있다. 그 안쪽에 있는 큰 들판을 긴 내가 둘러싸고
있는데 내의 이름은 남강(南江) 또는 응천이라고 한다. 그 발원
지는 셋인데 하나는 재악산에서, 하나는 운문산(雲門山)에서, 하
나는 비슬산(琵瑟山)에서 나온다. 이 세 물줄기가 합류하여 부성
을 지나 남쪽으로 해양강으로 들어가는데, 해양강은 바로 낙동
강의 하류이다."

(3) 창녕현

창녕현의 강과 내는 『경상도지리지』에 낙동강의 하나로 감
물진 1곳이 소개된 이후, 『신증동국여지승람』단계에서 물
슬천·남천·감물창진·이지포·누구택·반개택·용장택 등 7
곳이 수록되었고, 『여지도서』단계부터 낙동강·곽천·토천·
우산진·울진·마수원진·박지곡진 등 7곳이 추가 소개되어,
지리서에서 창녕의 강과 내는 모두 14곳이 전해지고 있다.
그 내용은 다음 표와 같다.

하천명	위치	특징	전거
낙강(洛江)	서쪽		여지도서
물슬천(勿瑟川)	서 15리	화왕산(火王山)과 유남산(榆南山)에서 발원, 이지포로 유입	승람

하천명	위치	특징	전거
남천(南川)	남 2리	화왕산에서 나와 영산 매포진으로 유입	//
곽천(藿川)	북 30리	비슬산과 마현산에서 발원·현풍 차천으로 유입	여지도서
토천(兎川)	남 5리	화왕산에서 나와 마수원진으로 유입	//
감물창진	서 41리	낙동강 하류	경상도지리지
우산진(牛山津)	서 40리	현풍 경계 아래 낙강	여지도서
울진(蔚津)	서 40리	현창진 밑 5리	//
마수원진(馬首院津)	서 20리	울진 밑 10리	//
박지곡진(朴只谷津)	남 50리	의령 경계 낙강	//
이지포(梨旨浦)	서 25리	유남산에서 나와서 매포진으로 유입	승람
누구택(樓仇澤)	서 25리		//
반개택(盤介澤)	남 30리		//
용장택(龍壯澤)	서북쪽 20리	둘레 5리	//

『여지도서』에서는 창녕의 강으로 낙강을 소개하였는데, 이는 『신증동국여지승람』에서 기록하고 있는 감물창진과 겹친다. 창녕과 초계 사이를 흐르는 낙동강을 '감물창진'이라 불렀던 것이다. 『신증동국여지승람』에서도 "감물창진은 현의 서쪽 41리에 있으니, 낙동강 하류이다."라고 했다. 물론 감물창진에는 합천의 남강 물이 초계의 황둔진을 거쳐 동쪽으로 흘러 낙동강과 합쳐진 것이기는 하다.

물슬천은 현의 서쪽 15리에 있었는데, 화왕산과 유남산에서 각각 발원하여 이곳에서 합류하고, 이지포와 우산진을 지나 낙동강으로 유입한다. 남천은 현의 남쪽 2리에 있었는데, 화왕산에서 발원하여 토천을 이루고 흘러 낙동강 매포진(買浦津)으로 들어간다.

(4) 영산현

조선시대 영산현에는 12곳의 강과 내가 있었다. 『경상도지리지』에서 낙동강의 하나로 매포진이 소개되었고, 『세종실록지리지』는 기음강 하나를 소개하였다. 『신증동국여지승람』에서는 기음강·계성천·매포진·동보포·천연·법사지·온천·장자택·작택 등 9곳을 소개하였고, 『여지도서』에서 우포진·송진·마고지 등 3곳을 추가하였다. 그 내용은 다음과 같다.

하천명	위치	특징	전거
기음강(岐音江)	서 28리	가야진이라고도 함	세종실록지리지
계성천(桂城川)	계성현	화왕산에서 나와 남쪽 매포로 유입	승람
매포진(買浦津)	남 23리	멸포(蔑浦). 칠원 우질포 하류	경상도지리지
우포진(雩浦津)	서 25리	칠원 경계	여지도서
송진(松津)	남 15리	칠원 경계	//
동보포(同步浦)	서 20리		승람
천연(穿淵)	동 2리	『대동지지』는 '천연천'으로 표기	//
법사지(法師池)	남 18리		//
마고지(麻姑池)	서 10리		여지도서
온천(溫泉)	동남쪽 17리	지금은 없다	승람
장자택(長者澤)	서쪽 10리		//
작택(鵲澤)	서쪽 11리		//

기음강은 낙동강의 영산지역 호칭이다. 즉 낙동강이 영산에 이르러 또 진주 남강의 물과 합하여 기음강이 되었다. 기음강에 대해서는 『경상도지리지』 영산현 속현 계성현조에도 실려 있는데, "낙동강이 흘러 현의 서쪽을 지나다가 의령

으로부터 흘러오는 대천(大川)과 합류하니 기음강이라 일컫는다."라고 하였다. 『세종실록지리지』에서는 기음강의 위치를 현 서쪽 28리 지점으로 설정하고, 용당(龍堂)이 있어 매년 봄과 가을에 수령이 제사 지내는데 축문(祝文)은 "가야진명소지신(伽倻津溟所之神)"이라고 칭하였다. 의령의 강으로도 기록되어 있다.

| 창녕군 남지읍 용산마을 낙동강-남강 합류지점

매포진은 현의 남쪽 23리에 위치했는데, 멸포라고도 했으며, 칠원 우질포의 하류이다. 『경상도지리지』 영산현 대천조에서는 "낙동강이 흘러 현의 서남쪽을 지나니, 매포진이라 이름하였다."고 소개하였다. 『대동지지』에서는 매포진을 칠원 소속으로 소개하여, "매포진은 영산현으로 통한다."고 하였다.

3) 낙동강 서쪽 네 고을의 강과 내

(1) 김해도호부

조선시대 김해의 강과 내로는 『경상도지리지』와 『세종실록지리지』에서 뇌진 1곳이 소개된 이후, 『신증동국여지승람』에서는 황산강을 비롯하여 태야강·삼분수·신교천·도요저·뇌진·불암진·동원진·태산진·주포·강창포·방포·덕진교포·호계 등 14곳과 주촌지 등 지(池)가 7곳, 모두 21곳이 소개되어 있다. 여기에다 김해의 읍지인 『분성여지승람신증초』에 산산진·삼랑진·유등저진·포항진·화성포 등 5곳, 『경상도읍지』에 용당강과 서진 2곳, 『대동지지』에 율천 1곳, 『영남읍지』(1895)에서 신용포 1곳, 『김해읍지』(1899)에 곡천 1곳이 추가되었다. 그 내용은 다음 표와 같다.

하천명	위치	특징	전거
뇌진	북쪽 48리	해양강이라 하기도 하며, 밀양 용진의 하류	경상도지리지
황산강	동쪽 40리	양산군 경계, 해양강 하류	승람
태야강(台也江)	남쪽 40리	황산강 하류	//
용당강(龍塘江)	동쪽 45리	비내리기를 빌면 효험이 있다고 전한다.	경상도읍지
삼분수(三分水)	동남 42리	『대동지지』는 '삼차하(三叉河)'	승람
신교천(薪橋川)	서북쪽 30리	북쪽으로 해양강에 유입	//
도요저(都要渚)	동쪽 30리	강가에 민가 200여 호	//
율천(栗川)	서남 10리	적항현(赤項峴)에서 발원, 동쪽으로 바다유입	대동지지
곡천(曲川)		호계에서 발원, 남쪽으로 강창포에 유입	『김해읍지』(1899)
불암진(佛巖津)	동쪽 10리		승람
동원진(東院津)	덕산역 밑		//
태산진(太山津)	태산역	밀양 수산현 앞 나루	//
서진(鼠津)	북쪽 40리		경상도읍지

하천명	위치	특징	전거
산산진(蒜山津)	동 30리		분성여지승람신증초
삼랑진	북 40리	뇌진 하류	//
유등저진(柳等渚津)	대산진 아래		//
포항진(浦項津)	동 40리	용당강 하류	//
화성포(花成浦)	북 30리	낙동강 남애(南涯)에서 신포에 유입	//
신옹포(愼翁浦)	서 15리	덕진 상류	영남읍지
주포(主浦)	남쪽 40리	명월산에서 발원, 바다에 유입	승람
강창포(江倉浦)	남쪽 6리		//
방포(防浦)	서쪽 5리	노현(露峴)에서 발원, 바다에 유입	//
덕진교포(德津橋浦)	서쪽 10리	운점산(雲岾山)에서 발원, 동남쪽으로 바다에 유입. 『대동지지』는 '덕포(德浦)'	//
호계(虎溪)	읍성 내	분산(盆山)에서 발원, 강창포에 유입. 시냇가에 5층의 파사석탑(『대동지지』)	//
주촌지(酒村池)	남쪽 15리	둘레가 4천 2백 30척	//
순지(蓴池)	서북쪽 6리		//
무송지(茂松池)	서쪽 35리		//
삼백천지(三百川池)	서남쪽 15리		//
동지방지(東地方池)	동쪽 10리		//
유등지(柳等池)	북쪽 5리		//
해택지(海澤池)	동남쪽 6리		//

한편 1929년에 간행된 『김해읍지』에는 김해의 나루터로 멱례진(覓禮津)·가산진(佳山津)·모정진(慕貞津)·작원진(鵲院津)·상탄진(桑灘津)·고성진(古城津)·창암진(蒼巖津)·용당진(龍塘津)·감로진(甘露津)·물금진(勿禁津)·도눌진(島訥津)·아막진(鵝幕津)·고성진(古城津·대저면 출두리)·구포진(龜浦津) 맥도진(麥島津) 도도진(桃島津)·명포진(榆浦津)·선암진(仙巖津·古佛巖津)·덕도진(德島津)·해창진(海倉津)·제도진(濟島津)·이울진(二蔚津)·수봉도진(水峰島津)·순아도진(順牙島津)·진동진(鎭東津)·여암진(汝巖津)·형산진(荊山津)·장낙진(獐洛津)·조만포진(潮滿

浦津)·곤지진(昆池津)·마찰진(麻札津)·도호선창진(都護船倉津)
등 32곳이나 전하고 있다.

| 『동여도』 19책 2열 낙동강 김해-창원 구간(서울대 규장각)

곡천은 '만세천'이라고도 불렀다. 『김해읍지』에서는 곡천
에 대해, "세월이 오래되어 강에 모래가 쌓이자, 1790년(정
조 14) 준설하여 직천(直川)으로 만들었다가 1831년(순조 31)
에 부사 권복(權馥)이 직천은 읍기(邑基)를 해칠 위험이 있다
하여, 다시 준설하고 곡천으로 바꿨다."고 하였다.

(2) 창원도호부

창원도호부의 강과 내로는 『경상도지리지』와 『세종실록지
리지』에서 주물연진 1곳만 소개되다가, 『신증동국여지승람』
단계에서 이와 함께 온천이 하나 추가되었고, 『동국여지지』
에서는 주물연진 대신에 낙동강을 수록했다. 『여지도서』에
서는 다시 주물연진을 실었고, 온천은 당시 존재하지 않는
것으로 소개하였다. 『경상도읍지』(1832), 『창원읍지』(1899)

단계까지 변함이 없다가 1937년에 편찬된『교남지(嶠南誌)』
에서 설계와 구천 2곳이 추가 소개되었다. 그 내용은 다음
과 같다.

하천명	위치	특징	전거
낙동강		칠원에서 유입하여 부의 북쪽 경계를 지나 동쪽으로 김해 경계로 유입	동국여지지
주물연진(主勿淵津)	북쪽 40리	칠원 매포(買浦) 하류	승람
온정(溫井)	북쪽 20리	『여지도서』단계부터 '금무(今無)'	//
설계(雪溪)	동쪽 화목동		교남지
구천(龜泉)	북쪽 달천동		//

주물연진은『경상도지리지』창원도호부 대천조에서 "낙동
강이 흘러 부의 북쪽을 지나는데, 주물연진이라고 이름한
다."고 하였고,『세종실록지리지』에서는 "주물연진은 부의
북쪽에 있는데, 낙동강의 하류이다."라고 하여, 주물연진이
낙동강 줄기임을 말해주고 있다.『신증동국여지승람』에서
는 주물연진의 위치가 관아로부터 북쪽 40리 지점이며, 칠
원현 매포 하류라고 하였다. 언덕 위에 작은 공관(公館)을 지
어서, 배 타고 왕래하는 왜(倭)의 사신을 접대한다는 설명을
덧붙였다. 이 공관은『여지도서』단계부터 '금무(今無)'라 하
여 폐허가 된 것으로 소개하고 있다. 온정도『여지도서』단
계부터는 없는 것으로 처리되었다.

(3) 칠원현(漆原縣)

조선시대 칠원현의 강과 내에 대한 정보는『세종실록지리
지』에서 우질포 1곳이 소개된 이후,『신증동국여지승람』에

서 대천·서천·멸포 등이 추가 소개되었고, 『동국여지지』에서는 우질포와 멸포가 빠지고 낙동강이 추가되었다. 『경상도읍지』에서는 낙동강이 빠졌다가 『대동지지』에는 다시 낙동강이 들어 있다. 칠원현의 강과 내는 다음 표와 같다.

하천명	위치	특징	전거
낙동강	북 25리	북쪽 30리 지점을 지나 창원부에 유입	동국여지지
대천(大川)	귀산현 동 1리	창원 광산 남쪽에서 발원. 귀산포에 유입	승람
서천(西川)	서쪽 5리	창원 광산에서 발원. 북쪽으로 매포에 유입	//
우질포(亏叱浦)	북쪽 30리	영산현 기음강 하류.	세종실록지리지
멸포(蔑浦)	북쪽 30리	일명 매포(買浦)이며, 벼랑 위에 누각.	승람

『동국여지지』에서 추가한 낙동강은 우질포와 같은 곳이다. 『세종실록지리지』경상도조에서 낙동강을 해설하면서, "초계(草溪)에 이르러 합천의 남강 물과 합하여 감물창진이 되고, 영산에 이르러 또 진주 남강의 물과 합하여 기음강이 되며, 칠원에서는 우질포가 된다."고 한 것이 이를 말해 주고 있다.

『경상도읍지』에서는 우질포를 매포라 하였으나, 이는 멸포와 혼동한 것으로 보인다. 『대동지지』에서는 우질포를 '상포(上浦)'라 하고, 서쪽 언덕에 10여 명이 앉을 수 있는 평평한 큰 바위가 돌출하여 있는데, 이를 '경양대(景釀臺)'라 일컬었다고 하였다.

(4) 함안군

조선시대 함안군의 강과 내에 대한 기록은『경상도지리지』
와『세종실록지리지』에서 풍탄 하나만 소개된 이후, 『신증동
국여지승람』에서는 정암진·대천·파수·도장연 등 4곳이 더
수록되었다. 1585년에 편찬된『함주지』에서는 대폭 늘어나
도흥진 등 16곳을 소개하였고,『동국여지』에서 진수와 숙
천 2곳,『경상도읍지』에서 별천 등 8곳,『대동지지』에서 낙동
강과 장안천 2곳이 추가되어 있다. 그 내용은 다음과 같다.

| 함안군 함안읍 정암교에서 바라본 정암 방면

하천명	위치	특징	전거
낙동강	북 40리		대동지지
파수(巴水)		여항산 서쪽에서 발원, 군 북쪽에서 대천과 합류하여 풍탄에 유입	승람
진수(晉水)	서 30리	고을 서쪽 40리 지점을 지나 동북쪽으로 낙동강과 합류	동국여지
장안천(長安川)	서북 40리	여항산 동북쪽에서 발원	대동지지

하천명	위치	특징	전거
대천(大川)	동쪽 1리	도장연 하류. 북쪽으로 풍탄에 유입	승람
별천(別川)	주리동 (主吏洞)	한강선생이 쉬던 곳	경상도읍지
성천(聲川)	서 20리	계곡 물소리에서 이름지음.	//
도흥진(道興津)	동 40리		함주지
정암진(鼎巖津)	서쪽 44리		
풍탄(楓灘)	북 25리	정암진 하류. 영산 기음강에 유입.	경상도 지리지
석포(石浦)	서북 15리		함주지
대포(大浦)	북 15리	大川下流	//
상목포(桑木浦)	대포 북쪽		//
송천포(松川浦)	북 30리		//
무한포(無限浦)	동북30리		//
도토곡포(都吐谷浦)	무한포 동쪽		//
도장연(道場淵)		여항산 동쪽에서 발원하여 군 남쪽 10리 지점에 이르러 고여서 못이 됨	승람
아견연(阿見淵)	북 20리	풍탄 하류	함주지
팔곡계(八谷溪)	동 10리	광산(匡山)에서 발원. 북쪽으로 문암 (門巖)	//
보통계(普通溪)	서 15리	미산(眉山) 서쪽 오곡(烏谷)에서 발원	//
장안계(長安溪)	서 20리	장안산 북쪽에서 발원	//
원북계(院北溪)	서 30리	어계(漁溪)라고도 하며, 방어산에서 발원하여 동북쪽으로 남정(南亭) 아래로 유입.	//
율계(栗溪)	동 15리	객산(客山)에서 발원. 문암에서 팔곡 계와 합류	//
답곡계(畓谷溪)	대포 동쪽		//
보전계(甫田溪)	서남30리	미산(眉山)과 여항산 남쪽에서 발원 하여 보전동(甫田洞) 입구에서 합류	//
남계(南溪)	원북	상류에 어계(漁溪)	경상도읍지
청계(聽溪)			//
중산계(中山溪)	남 5리		//
검계(儉溪)	검암(儉巖) 아래		//
군자지(君子池)	광평리	황암(篁嵒) 박제인(朴齊仁)이 축조	//
숙천(椒泉)	자구산 (柴丘山) 서		동국여지지
냉천(冷泉)	하리와 안인리 간		함주지
통천(桶泉)	파수 남쪽		경상도읍지

32

『대동지지』에서 함안의 강으로 소개한 낙동강은 의령 기음강에서 함안 도흥진 사이를 지나가는 곳을 말한 것이다. 이 강물은 도흥진을 지나면 칠원의 우질포진, 매포진을 차례로 지나 창원의 주물연진 쪽으로 남류하게 된다. 『함주지』에서는 도흥진을 낙동강으로 보았다.

『동국여지지』에 실린 진수는 진주 남강을 말하는 것으로 진강이라고도 했으며, 함안의 서북쪽 경계를 지나가는 강물이다. 함안의 서쪽 경계 40리 지점에서 의령과 마주하여 정암진을 지나 낙동강으로 들어가는 곳까지 여기에 해당한다. 『함주지』의 정암진 해설이 진수의 그것에 해당한다.

『신증동국여지승람』에서는 대천에 대해서 그 위치와 간단한 설명만 붙였는데, 『함주지』 산천조에서는 그 해설이 자세하다. 즉, 대천은 두 곳에서 발원했는데, 하나는 여항산 양천동(陽川洞)으로 북쪽으로 흘러 파산 서쪽 기슭 아래에 이르러 도장연이 된다. 하나는 생동산(生童山)에서 나와 파산 동쪽 기슭을 지나 도장연과 합쳐 북쪽으로 흘러 상리(上里)의 금천(琴川)과 검암(黔巖)의 용담(龍潭)이 된다. 북쪽으로 우암(牛巖)에 이르러 돌아서 남쪽으로 거슬러 올라 봉산(蓬山) 동쪽에 이르고, 다시 돌아 북쪽으로 흘러 대포(大浦)가 되고 아견연으로 들어간다고 하였다.

| 경호강(산청군청)

4) 남강을 끼고 있는 고을들의 강과 내

진주 남강은 진주시의 중앙을 서에서 동쪽으로 흐르는 하천이다. 남강은 '진강(晉江)'·'진수(晉水)'·'촉석강(矗石江)'이라고도 하며, 산청 지역에서는 '경호강(鏡湖江)', 함양에서는 '남천강(南川江)', 의령에서는 '정암진'이라 불렀다. 진주 남강을 끼고 있는 조선시대 경남 고을로는 진주목을 비롯하여 의령현·단성현·산음현·함양군 등이 있다.

(1) 진주목

진주목의 강과 내로는 『경상도지리지』와 『세종실록지리지』

34

에서 남강과 두치진(豆治津) 2곳이 소개된 이후, 『신증동국여지승람』에서 섬진·운당진·소남진·청천·금산지·부지·가차례지·촉석강 등 8곳이 추가되었으며, 『진양지』 산천조에서 반성천 등 13곳이 더해지고 있다. 이 밖에 『동국여지지』에서 살천과 화개천 두 곳을 추가하였고, 『대동지지』에서 독천이 새롭게 소개되었다.

하천명	위치	특징	전거
남강	남 1리	『동국여지지』 '진수(晉水)', 『대동지지』 '진강'.	승람
촉석강		『대동지지』는 '남강'	//
송강(松江)	송곡촌 앞	창탄(蒼灘) 하류. 일명 용당(龍塘)	진양지
정천(菁川)	서 3리	남강 상류. 『동국여지지』는 '청천강'	승람
살천(薩川)	서쪽 50리	지리산 동쪽에서 발원하는 여러 계곡물	동국여지지
반성천(班城川)	동 50리	발산(鉢山)과 장안산(長安山)에서 발원	진양지
영선천(永善川)	남 45리	고성의 혼돈산(混沌山)과 부용산(芙蓉山)에서 발원	//
광정천(廣程川)	북 15리	집현산 응석사동(凝石寺洞)에서 발원	//
소통천(小通川)	북 25리	감악산 지당(池堂)에서 발원, 남류하여 산북교(山北橋)에서 독천과 합류	//
오곡천(烏谷川)	동 30리	설매곡(雪梅谷) 감암(紺巖)에서 발원, 남쪽으로 송월진에 유입	//
화개천(花開川)	서 136리	지리산 남쪽에서 발원	동국여지지
독천(禿川)	동 5리	집현산에서 발원, 남쪽으로 진강에 유입	대동지지
두치진(豆恥津)		지리산 서남쪽과 전라도 구례에서 발원	경상도지리지
섬진(蟾津)	악양현 서쪽	지리산 서남쪽 물이 구례 용왕연(龍王淵)과 합쳐서 섬진. 『동국여지지』는 '섬강(蟾江)'	승람
운당진(雲堂津)	동 15리	남강 하류	//
소남진(召南津)	서 29리	단성 신안진(新安津)의 하류	//
황류진(黃柳津)	동쪽	운당진 하류	진양지
송월진(松月津)		송강하류. 아래에 제월담(霽月潭)	//
용당진(龍塘津)		두 바위가 마주하여 석문과 같음.	//
염창진(濂滄津)			//
도탄(陶灘)	악양 서20리	일두 정여창 선생이 은거한 곳	//
논탄(論灘)	서 3리	집현산에서 발원, 남쪽으로 나화원(羅火院)을 지남	//

하천명	위치	특징	전거
어풍연(御風淵)	황류진 아래	아래에 창탄(蒼灘)	//
금산지(金山池)	동 20리	길이 4리, 둘레 20리(문헌비고)	승람
부지(釜池)	북 3리	둘레 800여 보(문헌비고)	//
가차례지 (加次禮池)	가차례 부곡		//

| 진주 남강과 강변의 새비리길(진주시청)

　『경상도지리지』단계부터 소개된 남강은『신증동국여지승
람』·『여지도서』·『경상도읍지』등에서는 그대로 남강으로 소
개하고 있지만,『동국여지지』에서는 '진수(晉水)'라는 이름으
로 소개하고 있으며,『대동지지』에서는 '진강(晉江)'이라는 명
칭을 사용하고 있다.『신증동국여지승람』진주목 산천조에
는 〈신증〉의 난에 '촉석강'을 수록하고 있는데, 이 촉석강
또한 남강을 말한다.『여지도서』나『경상도읍지』에서도 촉석
강을 남강과 함께 수록하였으나,『동국여지지』와『대동지지』
는 촉석강을 기록하지 않았다.

두치진은『경상도지리지』와『세종실록지리지』에서 소개된 이후, 진주 관련 지리서에서 사라지고 없는데, 그 자리를 '섬진'·'섬강'·'섬진강'이 대신하고 있다.『경상도지리지』에서 두치진은 진주목의 속현인 악양현의 대천(大川)으로 수록하고 있는데, 그 해설에서 "수원이 둘인데, 하나는 지리산 서남쪽에서 나오고, 하나는 전라도 구례에서 나온다."고 하였다.『신증동국여지승람』의 진주 '섬진'조에서, "악양현 서쪽에 있는데 주에서는 93리이다. 지리산 서남쪽 물이 구례현 용왕연과 합쳐서 여기에 와서 섬진이 되며, 동남쪽으로 바다에 들어간다."고 해설한 내용과 흡사하다.『대동지지』전라도 영광군 진도(津渡)조에서 "섬진은 동쪽 60리 지점에 있으니, 즉 하동의 두치진이다."라고 한 데서, 두치진이 섬진이라는 것을 알 수 있다. 다산 정약용도『경세유표』에서 '섬진'에 주석을 달아 두치진이라고 하였다.[1]

(2) 의령현

조선시대 의령의 강과 내로는『세종실록지리지』에서 정암진 1곳이 기록되었고,『신증동국여지승람』에서는 정암진과 함께 기음강·검정천·세간천·우질포가 소개되었으며,『동국여지지』에서 낙동강 1곳,『경상도읍지』에서 박진 1곳,『대동지지』에서 척당진 1곳이 추가되었다.『여지도서』와『경

---

[1] "臣謹案荷東在潺水之東, 西渡蟾津【豆恥津】, 即抵光陽, 以達全羅之道."
(『경세유표』제3권, 천관수제(天官修制), 군현분예(郡縣分隸), 황서성)

상도읍지』는『승람』에서 소개된 것과 동일하며,『의춘지』 (1870)에서는 이와 함께 염창강·칠리탄·무이계·신반천 4 곳을 더 보태고 있다. 그 내용은 다음 표와 같다.

하천명	위치	특징	전거
낙동강	동쪽 20리		동국여지지
기음강	동쪽 10리		승람
정암진	동남쪽 9리	『동국여지지』 '진수(彛水)', 『대동지지』 '진강'	세종실록 지리지
검정천(黔丁川)	남쪽 2리	자굴산에서 나와, 동쪽으로 정암진에 유입	승람
세간천(世干川)	신번현 남쪽12리	자굴산에서 발원하여, 동쪽으로 우질포에 유입	//
우질포	신번현 동쪽15리	세간천과 낙동강이 교차하여 흐르는 곳	//
박진(朴津)	동쪽 50리	예날 강창(江倉)이 있었으나 지금은 없음	경상도 읍지
척당진(尺堂津)		진주 황류진 하류	대동지지
염창강(濂滄江)	남 20리		의춘지 (1870)
칠리탄(七里灘)	서 15리	자굴산에서 발원. 동쪽으로 검청천에 유입	//
무이계(武夷溪)	북 35리	자굴산에서 발원, 세간천으로 유입	//
신반천(新反川)	북 50리	동쪽으로 우질포에 유입	//

기음강은 영산현에서도 소개되었는데, 낙동강이 남쪽으로 흘러가는 과정에 영산과 의령 지역에서 부른 이름이다. 『동국여지지』와『대동지지』등에서는 기음강 대신에 이를 낙동강으로 소개하고 있다. 『동국여지지』에서 의령의 낙동강에 대해, "초계군 경계에서 유입하여 의령 동쪽 20리 지점에 이르러 진수(彛水)와 합친다. 세상에서 기강(岐江)이라고도 일컫는데, 영산현에서도 보인다."고 한 데서 낙동강이 기음강임을 말해주고 있다.

| 「1872년 지방지도」 의령현 지도 중의 정암진

　정암진은 의령의 대표적인 하천이다. 정암진은 진주 남강의 줄기로, 『동국여지지』와 『대동지지』에서는 정암진 대신에 각각 '진수'·'진강'으로 기록했다. 『동국여지지』의 정암진 해설이 자세한데, 즉, "진수는 진주 경계에서 나와 의령현 남쪽 10리 지점을 지나 정암도(鼎巖渡)가 되어 함안군과 경계가 나누어진다. 물속에 솥같은 바위가 있었으므로 이렇게 이름한 것인데, 바위 밑 수심은 헤아릴 수 없을 정도로 깊다. 용이 나타나면 홍수가 지거나 가뭄이 들어 희생을 가라앉히고 비를 빈다. 다시 동북쪽으로 30여 리를 흘러 낙동강에 합류한다."고 하였다.

(3) 단성현

　단성현의 강과 내로는 『경상도지리지』와 『세종실록지리지』에서 신안진 1곳이 소개된 후, 『신증동국여지승람』에서는 이와 함께 양천과 단계천 2곳을 추가 소개하였고, 『동국여지지』에서는 신안진 대신에 진수와 단계를 기록하였다. 『대동지지』또한 신안진 대신에 '진강'이라 하고 벽계담 한 곳을 추가하였으며, 『교남지』(1937)에서는 도천·법물천·가림천·용담·장자담 5곳을 더하였다. 단성현의 강과 내는 다음과 같다.

하천명	위치	특징	전거
양천(梁川)	동쪽 10리	단계천의 하류	승람
단계천(丹溪川)	단계현	산음현 황산에서 발원, 양천으로 유입	//
도천(道川)	동 20리	단계천 하류, 양천으로 유입	교남지
법물천(法勿川)	북 40리	황매산에서 발원, 가림천으로 유입	//
가림천(可林川)	북 35리	가수현 덕촌에서 발원, 법물천과 합쳐 도천으로 유입	교남지
신안진(新安津)	동쪽 5리	『동국여지지』는 '진수', 『대동지지』는 '진강'이라 함	경상도지리지
벽계담(碧溪潭)	북쪽 30리		대동지지
용담(龍潭)	동 15리		교남지
장자담(章紫潭)	북 50리	비를 빌면 효험	//

신안진은 『동국여지지』에서는 '진수', 『대동지지』는 '진강'으로 기록하여 진주 남강 줄기임을 보여주고 있다. 『동국여지지』는 신안진을 "산음현 경계에서 남쪽으로 흘러 단성현 동쪽 5리 지점을 지나가며, 다시 남쪽으로 흘러 진주 경계로 들어간다. 고을 동쪽에 나루터가 있으니 신안진이라 하며, 이로 인해 신안강이라 부르기도 한다."고 해설하였다. 『대동지지』는 "산청 장선탄(長善灘)에서부터 단성현 동북쪽을 지나 돌아서 남쪽으로 흘러 신안진이 되고, 소괴산 동쪽에 이르러 진주 경계로 들어간다."고 하였다.

양천에 대한 해설은 『동국문헌비고』와 『대동지지』의 그것이 자세한 편이다. 즉, 양천은 합천 화지현(花旨峴)에서 발원하여 남쪽으로 흘러 심천(深川)이 되고, 삼가현 동쪽을 지나 수정천(水晶川)이 된다. 서남쪽으로 집현산(集賢山) 북쪽을 흘러내려 오른쪽으로 단계천을 지나 서쪽으로 신안진에 들어간다고 하였다.

(4) 산음현

산음현의 강과 내로는 『신증동국여지승람』에서 장선탄과 우탄 2곳이 소개된 후, 『동국여지지』에서는 장선탄 대신에 '진수'를 기록하였으며, 『경상도읍지』(1832)에서는 경호를 추가하였다. 『대동지지』에서는 서계와 자탄진을 추가 기록하였고, 『교남지』에서는 이와 함께 수신천을 소개하였다.

하천명	위치	특징	전거
진수(泙水)			동국여지지
수신천(修身川)	장계리		교남지
장선탄(長善灘)	남쪽 2리		승람
우탄(牛灘)	서쪽 30리	함양군 임천(濫川) 하류	//
경호(鏡湖)	북쪽 1리.	환구정(換鵝亭) 밑	경상도읍지
서계(西溪)		고천령(古川嶺) 남쪽에서 발원, 장선탄으로 유입	대동지지
자탄진(自灘津)			//

『동국여지지』에서 산음현의 강으로 기록한 '진수'는 장성탄을 말하는 것으로 보인다. 그 해설에서, "함양군 임천(濫川)과 남계(灆溪)가 합류하여 이 강물이 되고, 산음현 서쪽 3리 지점을 지나 동쪽으로 흘러 단성현 경계로 들어간다."고 한 데서 이를 알 수 있다. 『신증동국여지승람』에서는 "장

선탄은 남쪽 2리 쯤에 있다."라고만 해설했는데, 『대동지리
지』에서는 "우탄과 장선탄 2곳은 함양 남계의 하류이고 진
주 남강의 상류이다"라고 하여 『동국여지』의 진수 해설에
가깝다.

(5) 함양군

함양의 강과 내로는 『신증동국여지승람』에서 임천·엄천·
남계·뇌계·서계·용유담 6곳이 소개된 이후, 『동국여지』
와 『여지도서』·『경상도읍지』에서도 그대로 유지되다가 『천
령지』에서 옥계와 덕곡계 2곳이 추가되었다. 『대동지지』는
여기에다 경수와 우탄을 더했으며, 『교남지』에서는 추담 1
곳이 추가되었다. 그 내용은 다음과 같다.

하천명	위친	특징	전거
임천(瀶川)	남 30리	지리산 북쪽 골물이 합쳐서 임천	승람
엄천(嚴川)	남쪽 25리	용유담 하류	//
남계(瀶溪)	동쪽 15리	안음현 동천(東川)의 하류. 산음현 경계에서 임천과 합류	//
뇌계(㵢溪)	서쪽 1리	백운산에서 발원. 동쪽으로 사근역가에서 남계로 유입	//
서계(西谿)	서쪽 8리	팔량현에서 발원. 제한역(蹄閑驛) 아래쪽으로 흐름	//
용유담(龍遊潭)	남쪽 40리	임천 하류. 담의 양 곁에 편평한 바위가 여러 개 쌓여 있음	//
옥계(玉溪)		영취산(靈鷲山) 남쪽에서 발원. 계곡(桂谷)을 지나 개평촌(介坪村) 앞에 이름	천령지
덕곡계(德谷溪)		영취산에서 발원하여 취암동에 이르러 용추	//
추담(楸潭)	남계 서쪽	가운데 추자도(楸子島)라 했던 작은 섬	교남지
경수(涇水)		보천치(寶天峙)에서 발원, 고을 동쪽에서 뇌계로 유입.	대동지지
우탄(牛灘)		임천과 남계가 만나는 곳	//

임천에 대한 해설은『동국문헌비고』와『대동지지』에서 자세한데, 지리산 반야봉 아래 저연(猪淵)에서 발원하여 북쪽으로 흘러 만수동천(萬水洞川)이 되고 황령동(黃嶺洞)을 경유하여 실상사(實相寺) 앞에서 부연(釜淵)이 된다고 하였다. 적산(赤山)의 광천(廣川)을 지나고, 동남쪽으로 흘러 마천소(馬川所) 및 임창(任倉)을 지나며, 동쪽으로 흘러 용유담과 엄천이 되고 우탄으로 유입했다.

『신증동국여지승람』에서는 용유담에 대한 해설이 자세한 편이다. 임천 하류인 용유담은 담의 양 곁에 모두 갈아놓은 듯한 편평한 바위가 여러 개 쌓여 있는데, 옆으로 벌려졌고 곁으로 펼쳐져서, 큰 독 같아 바닥이 보이지 않을 정도로 깊기도 하고, 혹은 술 항아리 같아서 온갖 기괴한 것이 신의 조화를 부린 것 같다고 했다.

『천령지』에서는 용유담을 비롯해 뇌계·서계·옥계·덕곡계 등에 대한 해설이 자세하다. 이들 하천의 수원이나 위치, 경유 지역을 세밀히 묘사했을 뿐 아니라, 점필제 김종직의 시문을 비롯한 문인들의 시문을 인용하여 하천의 모습을 형상화 할 수 있게 하였다.

5) 황강을 끼고 있는 북부 경남의 하천

황강(黃江)은 조선시대 합천에서는 '남강(南江)'·'영수(瀯水)', 초계에서는 '황둔진'·'황둔강'이라 불렀다. 현재 황강은 거창읍을 거쳐 동남쪽으로 흐르면서 거창의 위천(渭川)·대천(大川)·옥천(玉川)·가조천(加祚川)·가야천 등을 합류하고 합천호를 이룬다. 합천읍을 지나 합천군 청덕면에서 낙동강에 합류한다. 조선시대 황강을 끼고 있던 경남의 고을들은 거창·안음·합천·초계·삼가 등 5개 고을이다.

| 황강과 낙동강의 합류점

(1) 거창군

거창군의 강과 내는 『세종실록지리지』에 남천이 맨 처음 소개된 다음, 『신증동국여지승람』에서 영천·아월천·가조천·웅곡지 4곳을 기록하였고, 『경상도읍지』에서 회천, 『대동지지』에서 무촌천이 소개되었다. 1964년에 편찬한 『거창군지』에 실려 있는 위천 등 7곳의 하천은 본래 안의(安義)지역인데, 1914년 이후 안의의 일부가 거창에 편입됨으로써 거창의 하천으로 소개된 것이다. 거창군의 하천은 다음 표와 같다.

하천명	위치	특징	전거
영천(瀯川)	남 1리	군 동쪽 5리 지점에서 아월천과 합류	승람
남천(南川)		월성산에서 발원	세종실록 지리지
아월천(阿月川)	동 10리	우마현(牛馬峴)과 도마현(都麿峴)애서 각각 발원	승람
가조천	가조현 서 2리	적현(赤峴)에서 발원, 합천 부자연(父子淵) 위에 와서 영천과 합류	//
회천(會川)			경상도읍지
무촌천(茂村川)	남 15리	관술산(官述山)에서 발원, 동쪽으로 흘러 영천으로 유입.	대동지지
웅곡지(熊谷池)	남쪽 6리		승람
위천(渭川)	서북쪽	덕유산과 금원산·호음산의 물이 합하여 위천, 동쪽으로 흘러 영천	거창군지 (1964)
성천(星川)	월성(月星)	덕유산 서쪽 기슭에서 발원, 도계와 합쳐 동쪽으로 흘러 영천	//
다천(茶川)	가북면(加北面)	양각산(兩角山)에서 발원하여 가조천으로 들어감	//
가천(加川)			//
고천(古川)		진목리(眞木里)에서 나와 영천으로 유입	//
신원천(神院川)		대덕산(大德山) 필봉산(筆峯山) 경유원(經畟院)에서 발원, 옥계에서 향강(香江)으로 유입	//
도계(道溪)	갈계(葛溪)	덕유산 남쪽 기슭에서 발원	//

(2) 안음현

안음현의 하천으로 『신증동국여지승람』에서는 동천 하나만 소개되었다. 『경상도읍지』에서 위천 하나가 추가된 후, 『대동지지』에서 심진천·화림천·원학천·갈천 4곳이 추가되었고, 1871년 편찬의 『영남읍지』에서는 갈천 등 6곳이 더해졌으며, 『안의읍지』(1966)에서 장수천이 추가되었다. 그 내용은 다음과 같다.

| 함양군 서하면 화림동천의 거연정 앞

하천명	위치	특징	전거
동천(東川)	객관 동쪽	『안의읍지』는 금호천(錦湖川)이라 함	승람
위천(渭川)	북 40리		경상도읍지
심진천(尋眞川)		월봉산에서 발원	대동지지
화림천(花林川)		덕유산 봉황봉에서 발원	//
원학천(猿鶴川)		덕유산 불영봉에서 발원	//
갈천(葛川)	동북쪽 40리	월성산에서 발원. 동쪽으로 원학천에 유입	영남읍지
구연(龜淵)			//
용추(龍湫)	채호암에서 1리쯤		//
용유담(龍游潭)	군자정에서 10리		//
농월담(弄月潭)	북쪽 30리		//
학담(鶴潭)	역동 아래 1리		//
야담(夜潭)	척수암에서 1리		//
장수천(長水川)	북쪽 20리	남쪽으로 흘러 금호와 합류	안의읍지

(3) 합천군

조선시대 합천군의 강과 내로는 『경상도지리지』와 『세종실록지리지』에서 남강 하나만 소개된 이후, 『신증동국여지승람』에서 야천·징심천·둔덕탄·부자연·황계폭포 등 5곳이 추가되었고, 『경상도읍지』에서 군자계와 남정천 2곳이 더해졌다. 합천군의 강과 내는 다음과 같다.

하천명	위치	특징	전거
남강(南江)	남 5리	둔덕탄 하류. 삼봉산과 월성산에서 발원	경상도지리지
야천(倻川)	야로현	무릉교와 우두산에서 발원. 월광사 앞에서 합류	승람
징심천(澄心川)	징심루 앞	북쪽 상상곡(上上谷)과 두리현(頭里峴)에서 발원, 군 서쪽 10리에서 합류	//
남정천(南汀川)	남쪽 3리	동쪽으로 초계군 경계로 들어가 황둔진	경상도읍지
둔덕탄(屯德灘)	서 15리	『대동지지』는 둔덕연(屯德淵)	승람
부자연(父子淵)	서 45리	권빈역 앞. 둔덕탄 상류	//
황계폭포(黃溪瀑布)	서 30리		//
군자계(君子溪)	미숭산 아래		경상도읍지

합천 남강은 오늘날 황강이다. 『동국여지지』(1656)에서는 '영수(瀯水)'라고 했다. 『경상도읍지』에서 소개한 남정천은 그 해설 내용으로 미루어 보아 남강을 말하는 것으로 보인다. 남강에 대해서 『경상도지리지』에서는 "거창현 삼봉산과 감은현 월성산에서 각각 발원하여 고을 서쪽에서 합류, 고을 동남쪽을 지나간다."고 하였다. 『동국여지지』의 해설은 다음과 같이 좀 더 자세하다.

"영수는 남강이라고도 이름하며, 고을 남쪽 5리 지점에 있다. 덕유산에서 발원하니 거창현 영수 하류로, 고을 서쪽 경계로 들어간다. 다시 거창 가조천과 합하여 돌아서 부자연(父子淵)이 되며, 고을 남쪽을 지나 초계군 경계에 이르러 황둔진이 되고 동쪽으로 흘러 낙동강으로 들어간다."(『동국여지지』 권4하, 경상도 합천군 산천)

부자연에 대해서는 『신증동국여지승람』의 해설이 자세한데, 부자연은 거창군 삼봉산(三峯山)·소조산(所鳥山)·적계산(赤界山)·안음현 월성산(月星山) 네 곳에서 발원하여 합류하고 고을 경계에 들어와서 이 못이 되었다. 세상에서 전하기를 "신라에서 장성(長城)을 쌓을 적에 군졸 한 사람이 오랜 역사(役使) 끝에 돌아왔는데, 그 아버지를 못 위에서 만나서 서로 붙들고 울다가 함께 빠져 죽었으므로 그대로 이름하였다."고 한다.

(4) 초계군

초계군의 강과 내로는 『경상도지리지』와 『세종실록지리지』에서 황둔진 1곳을 기록하였고, 『신증동국여지승람』에서는 황둔진과 함께 감물창진을 소개하였다. 『동국여지지』에서는 황둔진과 감물창진이 빠지고 낙동강과 영수가 대신 들어가 있으며, 『여지도서』와 『경상도읍지』에는 다시 황둔진과 감물창진이 실렸고, 『대동지지』에서는 낙동강·황둔강·팔진천·삼학진·앙진 등이 추가되어 있다. 그 내용은 다음과 같다.

하천	위치	특징	전거
낙동강	동쪽 24리	동쪽 24리 지점을 지나 창녕현과 경계	동국여지
영수		고을 북쪽 10리를 지나 황둔진. 동쪽 24리에서 낙동강으로 유입	//
황둔진	북쪽 10리	『대동지지』는 '황둔강'	경상도지리지
감물창진(甘勿倉津)	동쪽 24리	고령현 개산강(開山江) 하류, 남쪽으로 흘러서 의령현 경계로 유입	승람
삼학진(三鶴津)	동 30리	현창진 상류	대동지지
앙진(仰津)	동남 35리	현창진 하류	//
팔진천(八鎭川)		동쪽으로 황둔강에 유입	//

황둔진은 합천 남쪽에서 동쪽으로 흘러온 황강의 초계 지역 호칭이다. 『경상도지리지』에서 황둔진을 "물의 근원이 둘인데, 하나는 감은현 월성산(月星山)에서 나오고, 하나는 거창현 삼봉산에서 나와 고을 북쪽을 지나 동쪽으로 감물이창진(甘勿尼倉津)으로 들어간다."고 한 것이 그것이다. 『동국여지지』에서는 이를 '영수'로 소개하였고, 『대동지지』에서는 '황둔강'이라 부르고 있다. 『대동지지』에서는 황둔강과 함께 황둔진도 소개하고 있는데, 여기에서 황둔진은 황둔강의 나루터를 의미한다. 다른 지리서와 달리 『대동지지』에서는 '진(津)'의 의미를 '나루터'로 한정하고 있다. 그래서 삼학진과 앙진도 남쪽으로 흐르는 낙동강의 나루터로 설정되어 있다.

『동국여지지』에서 소개한 '낙동강'은 『신증동국여지승람』의 감물창진을 가리킨 것이다. 『세종실록지리지』 경상도 총설에서 낙동강을 해설하면서 "초계에 이르러 합천의 남강 물과 합하여 감물창진이 된다."고 한 것이 그것이다. 여기서 감물창진의 진은 나루터의 의미가 아니라 강이나 내를 의미한다.

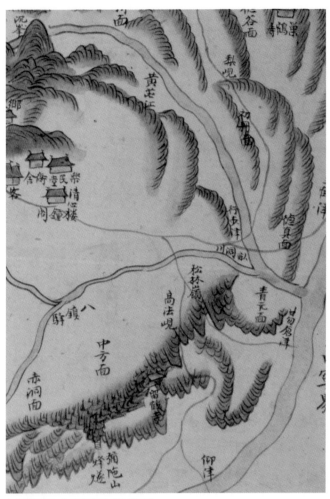

| 『해동지도』 초계군에 표기된 황둔강

(5) 삼가현

삼가현의 강과 내로는 『신증동국여지승람』에서 심천·점

연·율연·소을비포·도두지 5곳이 소개되어, 이후『여지도서』,『경상도읍지』,『대동지지』등에 그대로 유지되다가『영지요선』(1928)과『교남지』(1937) 단계에서 옥계천·사수천·사천·황석탄·발연 등이 추가되었다. 그 내용은 다음과 같다.

하천명	위치	특징	전거
심천(深川)	객관 남쪽	화지현(花旨峴)에서 발원. 단계천(丹溪川)에 유입.『대동지지』는 수정천(水晶川)	승람
소을비포(所乙非浦)	서쪽 47리	경상도읍지에는 '금무(今無)'	//
도두지(都豆池)	남쪽 10리	둘레가 2백 보	//
점연(坫淵)	서북쪽 46리	조산(鳥山)에서 발원하여 부자연을 지나, 현 경계에서 형성	//
율연(栗淵)	동쪽 2리		//
옥계천(玉溪川)		감악산(紺岳山)에서 발원 점연에 유입	교남지
사수천(泗水川)		황매산에서 발원. 구평(龜坪)을 지나 단성 서쪽에 유입	//
사천(斜川)		황산(黃山) 북쪽에서 발원 점연에 유입	//
황석탄(黃石灘)	악견산 남쪽	곁에 석굴 있음	//
발연(鉢淵)	서북 70리	남명 조식이 유상(遊賞)	//

율연은 고을 동쪽 2리 지점에 있었다. 지역에서 전해오는 "합포 장수 김광부(金光富)가 패전한 곳으로, 이곳에서 목욕하는 자가 가끔 칼을 건져 낸다."고 하였다. 고려 우왕 5년(1379) 8월에 합포도순문사(合浦都巡問使)로 임명된 김광부는 그해 9월 왜구가 단계(丹溪)·거창·야로·가수(嘉樹) 등의 현을 침략하자 맞서 싸우다가 패하여 사망했다.[2]

---

2 『고려사』권134, 열전47, 우왕 5년 8월·9월

6) 바다를 끼고 있는 고을들의 강과 내

(1) 웅천현(熊川縣)

웅천현의 강과 내에 대해서는 『신증동국여지승람』을 비롯한 각종 지리서에서 따로 소개하지 않고 있지만, 『동여도』등 조선후기 채색 지도에서는 웅천의 하천으로 율천(栗川)과 용추를 묘사하고 있다. 지리서에서 소개하고 있는 웅천의 포구는 대부분 해포(海浦)인데 주포(主浦)는 하천과 연결된 포구인 것으로 보인다. 『경상도읍지』 웅천현 산천 웅산(熊山)조에서는 웅천에도 주포를 비롯해 하천이 있었음을 다음과 같이 보여주고 있다.

"천자봉(天子峯) 한 줄기에서 동쪽으로 향하여 내려가면 팔판동(八阪洞)이 되고, 팔판동에서 동남쪽으로 향하면 굴암(窟菴)이 된다. 다시 아래로 동남쪽은 율현(栗峴) 산골짜기인데, 골짜기 물이 합류하여 바위 사이로 들어가 수십 장(丈)의 폭포를 만든다. 폭포는 세 갈래로 나누어 직하하여 용추(龍湫)가 되는데 그 깊이는 끝이 없을 정도이다. 사람들이 일컫기를, '호남(湖南)에 장차 가뭄이 들려면 서쪽 갈래 물이 마르고, 영남(嶺南)에 장차 가뭄이 들려면 동쪽 갈래 물이 마르며, 호서(湖西)에 장차 가뭄이 들려면 가운데 갈래 물이 말라 홍수와 가뭄을 예고한다.'고 하였다. 율현 한 줄기에서 아래로 향하여 동남쪽이 주포(主浦)이며, 주포에서 서쪽으로 가면 부인당(夫人堂)이다."

| 창원시 진해구 대장동 용추(창원시청)

(2) 진해현(鎭海縣)

진해현의 강과 내로는 『신증동국여지승람』에서 동성천·소달포·거차포 3곳이 소개된 후, 『동국여지지』와 『여지도서』에서도 그대로 유지되다가, 『경상도읍지』에서는 소달포와 거차포가 빠지고 대신에 서천이 추가되었다. 『교남지』에서는 부천·의림천·우풍천이 추가되었다. 그 내용은 다음과 같다.

하천명	위치	특징	전거
동성천(東城川)	동쪽 1리	창원 광산(匡山) 남쪽에서 발원, 바다에 유입	승람
소달포(小達浦)	서쪽 10리	여항산에서 발원, 바다에 유입	//
거차포(巨次浦)	서쪽 2리	함안군 파산(巴山) 남쪽에서 발원, 바다에 유입	//
서천(西川)	서 1리	여항산에서 발원, 바다에 유입	경상도읍지

하천명	위치	특징	전거
부천(釜川)	북 10리	여항산에서 발원, 바다에 유입	교남지
의림천(義林川)	북 10리	여항산에서 발원, 동쪽으로 흘러 부천과 합해 바다로 유입	//
우풍천(遇豊川)	서 10리	여항산 서쪽에서 발원, 동쪽으로 바다에 유입	//

(3) 고성현

고성의 강과 내는 『신증동국여지승람』이나 『동국여지지』·
『여지도서』·『경상도읍지』까지는 보이지 않다가 『대동지지』에
서 율천 1곳이 소개되었으며, 『고성현읍지』(1899)에서 불암
천·장대천·신천·갈천 4곳이 소개되었다. 1930년에 편찬된
『철성지(鐵城誌)』에는 이 밖에 이천·가천·영천·구진·구담·함
천이 더 수록되어 있다. 고성의 강과 내는 다음과 같다.

하천명	위치	특징	전거
율천(栗川)	북 5리	무량산에서 발원, 동쪽으로 바다에 유입	대동지지
불암천(佛巖川)	서 2리		고성현읍지
장대천(長大川)	동 10리		//
신천(新川)	북 30리		//
이천(理川)	북 50리		철성지
가천(佳川)	북 51리		//
영천(潁川)	서북 50리		//
갈천(葛川)	서북 35리		고성현읍지
군진(軍津)	동북 30리		철성지
구담(龜潭)	북 50리	구성촌(龜城村)	철성지
함천(函泉)	서 40리		철성지

(4) 거제현

거제현의 강과 내로는 『신증동국여지승람』에서 구천 1곳이 기록된 후 『여지도서』 단계까지 그대로 유지되다가 『경상도읍지』에서 광산천·둔덕천·신천 3곳이 추가 소개되었다. 그 내용은 다음 표와 같다.

하천명	위치	특징	전거
구천(九川)	남쪽 25리	주산(主山)에서 발원하여, 산촌포(山村浦)에 유입	승람
광산천(光山川)	동 30리	대금산(大今山)에서 발원	경상도읍지
둔덕천(屯德川)	서북 20리	산방산(山芳山)에서 발원	경상도읍지
신천(新川)	서 2리	계룡산(鷄龍山)에서 발원	경상도읍지

신천은 『교남지』에서 읍천(邑川)이라 했다. 계룡산에서 발원하여 읍치의 간의대(諫議臺) 아래를 흘렀는데, 1768년(영조 44) 부사 이윤국(李潤國)이 돈 200민(緡)으로 민전(民田)을 매입하여 물길을 내서 각산포(角山浦)로 빠지게 하였다. 다시 1841년(헌종 7)에는 부사 신표(申杓)가 민전을 사들여 물길을 파서 남산포(南山浦)로 흘러가게 하였다.

(5) 사천현

사천의 강과 내로는 『신증동국여지승람』에서 사수 1곳이 소개된 이후, 『동국여지지』에 병풍지, 『경상도읍지』에 구계, 『대동지지』에 통양포가 추가 기록되었다. 1936년에 편찬한 『동성승람(東城勝覽)』에서 죽천·종천·금성강·당천 4곳이 소개되었다. 그 내용은 다음과 같다.

하천명	위치	특징	전거
사수(泗水)	남쪽 4리	무량산에서 발원, 강주포(江州浦)에 유입	승람
통양포(通陽浦)	남 20리	고성 경계에서 발원, 서쪽으로 바다에 유입	대동지지
병풍지(屛風池)	현내		동국여지지
구계(龜溪)	북쪽 7리		경상도읍지
죽천(竹川)	남 10리	고성 봉암산에서 발원, 종천 · 가천 · 연천 · 우천을 경유하여 바다에 유입	동성승람
종천(宗川)	남 30리		//
금성강(金城江)	서 30리	진주 덕천 하류, 남강에 유입	//
당천(唐川)	서 30리	하동 황치(黃峙) 아래에서 발원	//

(6) 곤양군

곤양군의 강과 내는 『경상도지리지』에서 달계탄 1곳이 기록된 후, 『신증동국여지승람』이나 『동국여지지』에서는 기록되지 않다가 『여지도서』에서 금성강과 당천 2곳이 소개되었고, 『대동지지』에서 전천이 추가되었다. 그 내용은 다음과 같다.

하천명	위치	특징	전거
달계탄(達界灘)		지리산에서 유입	
금성강(金城江)	북 30리	진주 덕천 하류로, 동남쪽으로 흘러 진주 남강에 유입	여지도서
당천(唐川)	동 1리	하동 황치 아래에서 발원, 읍성 북쪽을 두르고 바다에 유입	여지도서
전천(前川)		하동 차점(車岾)에 발원, 군 앞을 지나 당천으로 모여듬	대동지지

(7) 남해현

조선시대 남해현의 하천으로는 『신증동국여지승람』·『동국

여지지』·『여지도서』 등의 지리서에는 수록되지 않다가, 『경
상도읍지』에서 비로소 동천·대천·파천 3곳이 소개되었다.
그 내용은 다음과 같다.

하천명	위치	특징	전거
동천(凍川)	동 25리	금산(錦山)에서 발원, 동쪽으로 바다에 유입	경상도읍지
대천(大川)	북 13리	망운산(望雲山)에서 발원, 동쪽으로 바다에 유입	//
파천(巴川)	남 3리	망운산에서 발원, 동쪽으로 바다에 유입	//

(8) 하동현

| 하동군 고전면 신월리 교차로에서 바라본 섬진강 하류 방향

하동의 강과 내로는 『신증동국여지승람』에서 합진·횡포
천·남포·사포 4곳이 소개된 후, 『동국여지지』에도 그대로
유지하다가 『동국문헌비고』 「여지고」 산천조에서 섬진강·쌍

계천·전탁진 3곳을 추가하여 소개하였다. 『경상도읍지』에서는 합진과 섬진강 2곳만 기록했으나, 『대동지지』에서는 섬강·쌍계천·횡포천·옥계·남포·사포·전탁포·두치진 등 8곳이나 소개하고 있다. 1930년에 편찬한 『하동지속수(河東誌續修)』에는 덕천강·악양천·주교천 등을 추가하였다. 하동의 강과 내는 다음 표와 같다.

하천명	위치	특징	전거
섬진강	서쪽 2리	구례로부터 하동부 경계를 지나 바다로 유입	동국문헌비고
덕천강(德川江)	군 동쪽	지리산에서 발원, 동쪽으로 남강에 유입	하동지속수
횡포천(橫浦川)	동쪽 20리	지리산에서 발원, 남쪽으로 바다에 유입. '횡천'·'횡천강'이라고도 함.	승람
쌍계천	서북 40리	화개동천이라고도 함. 지리산 항적봉에서 발원, 남쪽으로 섬진강의 용연(龍淵)에 유입	동국문헌비고
악양천(岳陽川)	군 북쪽	증봉(甑峯)에서 발원, 섬진강으로 유입.	하동지속수
주교천(舟橋川)	군 동쪽	이맹산(理盲山)에서 발원, 바다에 유입	//
옥계(玉溪)		이산(梨山)에서 발원, 남쪽으로 횡포천에 유입	대동지지
두치진(豆治津)	서 5리	광양(光陽) 섬진강 남쪽 30리에 통함	//
합진(蛤津)	서쪽 5리	조수가 드나드는 곳	승람
전탁진(錢卓津)	남 20리	섬진강 하류. 『대동지지』는 '전탁포'	동국문헌비고
남포(南浦)	남쪽 5리	현 북쪽 차점(車岾)에서 발원, 바다에 유입	승람
사포(蛇浦)	동쪽 15리	조수가 드나드는 곳	//

〈참고문헌〉

『경상도지리지』(1425), 『세종실록지리지』(1453), 『신증동국여지승람』
　　(1530), 『동국여지지』(1656), 『여지도서』(1757), 『동국문헌비고』
　　「여지고」(1770), 『대동지지』(1861) 등 전국 지리서와 『경상도읍지』
　　(1832), 『영남읍지』(1871, 1895), 『함주지』, 『진양지』, 『밀양지』,
　　『천성지』, 『분성여지승람신증초』

조선총독부, 『조선하천조사서』, 1929.

문창로, 『사료로 본 낙동강문화권』, 국민대출판부, 2007.

남재우, 『낙동강과 경남』, 선인, 2014.

임의제·소현수, 『『신증동국여지승람』의 경상도편 「산천」 항목에 수록
　　된 水景 요소의 특징」, 『한국전통조경학회지』 34-2, 2006.

박인호, 『『동국문헌비고』에 나타난 우리나라와 해로·도서 인식」, 『영토
　　해양연구』 24, 2022.

이재두, 『『여지도서』의 편찬시기와 항목구성 및 신설항목의 유래」, 『민
　　족문화연구』 82, 2019.

전덕재, 「조선시대 영남지역 포구와 나루의 변천」, 『도서문화』 28,
　　2006.

변광석, 「조선후기 경상도 수로·해로의 교통망 발달과 오광대 문화」,
　　『역사학연구』 59, 2015.

2. 고지도로 본 경남의 강과 내 _ 김광철

　조선후기에 제작된 채색 고지도에는 군현마다 산천 관련 정보가 풍부하다. 지도의 특성이 그렇듯이, 18세기 중엽에서 19세기 후반까지 제작된 각종 고지도에서도 지역의 자연환경과 공간을 보여주기 위해 산과 하천, 바다, 섬 등을 자세히 묘사한 다음, 관아와 성곽, 도로, 교량 등 지역의 각종 시설을 그려 넣었다.

　조선후기 고지도에서 산과 강의 묘사는 각종 지리서 산천조의 내용을 참고하였을 것이다. 『해동지도』 등 1750년대 이후에 제작된 지도들은 당시까지 편찬된 『신증동국여지승람』(1530), 『동국여지지』(1656), 『여지도서』(1757-1765) 등 전국 지리서와 『읍지』의 산천조를 바탕으로 하였다. 『대동여지도(大東輿地圖)』, 『청구도(靑丘圖)』, 『동여도(東輿圖)』 등 전국지도는 김정호가 직접 편찬한 『대동지지』(1861-1866) 산수조의 내용이 반영되었다.

　고지도에서 강과 내는 청색 선으로 그리는데, 강과 내의 크기에 따라 색의 농도와 선의 굵기가 다르게 묘사된다. 강과 내의 명칭은 지도의 공간에 따라 표기되고 생략되기도 한다. 명칭의 표기는 해당 하천에 직접 하거나 따로 주기(註記)로 처리하기도 한다. 『대동여지도』, 『동여도』 등 전국지도에서는 하천명만 기입하고 있다.

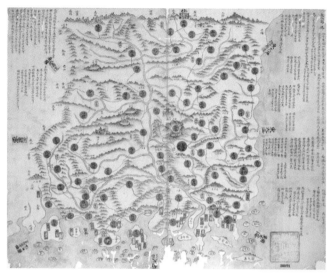

| 『해동지도』-경상도(서울대 규장각)

　고지도의 주기는 『해동지도』나 『영남도(嶺南圖)』처럼 같은 지도 화면 주위에 배치하기도 하고, 『광여도(廣輿圖)』나 『여지도(輿地圖)』, 『지승(地乘)』처럼 별지에 작성하기도 했다. 군현에 따라 강과 내의 명칭을 일부는 직접 표기하고 주기로 처리한 경우도 있다. 『해동지도』의 진주와 함양, 하동 주기에는 산천 관련 내용이 빠져 있는데, 이는 많은 수의 면리(面里)를 주기에 담고 있어 생략된 것으로 보인다.

　조선후기 고지도에서 주기의 내용 구성은 지도에 따라 조금씩 차이가 있다. 지도 화면에 주기를 담고 있는 『해동지도』에서는 『읍지』 등 지리서의 주요 항목을 그대로 옮겨놓은 것처럼 주기의 내용이 자세하다. 호구와 군인 수는 물론이고, 건치연혁·면리·산천·역원·봉수·누정·고적 등 다양한 서술 항목을 주기로 처리하고 있는 것이다. 반면에 별지에 작성된 『광여도』나 『지승』의 주기는 주로 호구수, 군병수, 납세 항목, 면리, 산천 등 그 서술 항목이 간결한 편이다.

주기에서 강과 내의 서술 내용은 관문으로부터 거리, 발원지, 하류 등을 간결하게 표현하고 있지만, 하천의 종류에 따라 내용은 조금씩 차이를 보이고 있다. 내(川)의 경우는 위치와 발원지, 흐름을 표현하는 데 그친 반면, 진(津)과 포(浦)의 경우에는 그 너비와 진선 배치가 추가로 서술되고 있기 때문이다. 『해동지도』 칠원현 주기에서 칠원의 내인 서천(西川)에 대해서는 "서천은 현 서쪽에 있는데, 창원부 광산에서 발원하여 북쪽으로 흘러 매포로 들어간다."라고 한 반면, 우질포(亏叱浦)에 대해서는 "우질포는 현 북쪽 30리 지점에 있는데, 영산현(靈山縣) 기음강(歧音江)의 하류로, 낙동강에서 발원한다. 포의 너비가 150보이고 진선(津船)이 1척이다."라고 한 것이 그 예이다. 지도에서 진과 포의 수심, 너비, 진선 배치 여부를 기록한 것은 지리서의 기록에서는 찾아볼 수 없는 것으로 안내자의 기능을 하는 지도의 특성을 보여준 것이라 하겠다.

이제 군현별 고지도인 『해동지도』, 『광여도』, 『영남도』, 『조선지도(朝鮮地圖)』와 전국지도인 『동여도』에서 경남 지역 군현별 하천을 조사하여 통계하면 표1 〈고지도의 경남 하천 표〉와 같다.

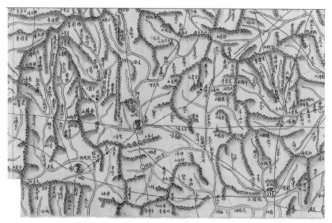

| 『동여도』-18책의 거창 합천 부분(서울대 규장각)

고지도에 표시된 경남 26개 고을의 하천 총수는 251곳이다. 고지도 별로는『해동지도』에 134곳,『광여도』에 101곳,『영남도』에 109곳,『조선지도』에 64곳,『동여도』에 143곳이 표시되어 있다.『해동지도』와『광여도』,『영남도』의 것은 주기에 기록된 것을 포함한 개수이고,『조선지도』와『동여도』의 그것은 화면에만 기입된 곳들이다.『동여도』에 표시된 하천의 개수가 가장 많은데, 이는『동여도』가 갖는 특성을 보여준 것이기도 하다.『동여도』에는 약 18,000여 개에 달하는 지명이 실려 있는데 이는 현재까지 남아 있는 전국지도 중에서 가장 많은 것으로, 역사·지리적인 정보가 풍부하여 지도의 자료적 가치를 높여주고 있다.

고을별로는 김해가 26곳으로 가장 많고, 다음으로 양산(20), 창녕(19), 진주(18), 밀양(15), 함안(15), 영산(14), 하

동(13), 초계(12), 함양(10) 순으로 많다. 전국지도인『동여
도』에 표시된 하천만 중심으로 하면, 진주가 16곳으로 가장
많고, 다음으로 김해(12), 양산(12), 창녕(12), 함양(10), 함
안(9), 안음(9), 밀양(8), 영산(6), 합천(6) 순이다. 대체로 낙
동강을 끼고 있는 지역들이 하천을 많이 갖고 있으며, 내륙
지역이지만 진주 남강을 끼고 있는 지역들 또한 하천이 많
다. 반면에 바다를 끼고 있는 연해지역인 웅천·진해·고성·
거제·사천·곤양·남해 지역은 하천의 수가 적은 편이다.

한편 하천의 종류와 명칭은 지역에 따라 차이를 보이고 있
다. 내륙 지역의 하천은 '천(川)', '계(溪)', '연(淵)', '담(潭)'이
많은 반면, 강을 끼고 있는 지역의 하천은 '진(津)'과 '포(浦)'
의 비중이 높다. 특히 진과 포에는 그 크기를 수심과 너비로
표시하고 관선(官船)과 사선(私船) 등 나룻배의 보유 여부를
기록하고 있다.

〈표 1〉 고지도의 경남 하천표

고을	하천명	위치	해동지도	광여도	영남지도	조선지도	동여도
양산	황산강(黃山江)	서 18리	●			●	
	영천(靈川)	동 22리	●			●	●
	서대천(西大川)	서 2리	●	●	●		
	북천(北川)		●				●
	위천(渭川)						●
	남포천						●
	가야진(伽倻津)	서 40리	●	●	●		●
	동원진(東院津)	남 25리	●				
	구법진(仇法津)	40리, 광 1리	●	●	●		●
	물금진(勿禁津)	25리, 광 3리		●	●		
	월당진(月唐津)					●	

고을	하천명	위치	해동지도	광여도	영남지도	조선지도	동여도
	내포(內浦)	서쪽 40리, 광 50보	●	●	●		
	호포(狐浦)	남쪽 20리, 광 50보	●	●	●		●
	구읍포(仇邑浦)	서 3리	●				●
	화자포(火者浦)	서 20리	●				
	축포(杻浦)	남 35리	●				●
	감동포(甘同浦)						●
	계원연(鷄原淵)	쌍벽루 아래					●
	삼차수(三义水)	남 40리				●	
	동두저포(東頭渚浦)	축포하류					●
	소계(20)		12	6	8	5	12
밀양	해양강(海陽江)	남 34리	●	●	●		
	응천(凝川)	읍성 남쪽 아래	●	●	●		
	내진천(來進川)	내진향	●			●	●
	감천(甘川)		●	●			
	재악천(載岳川)						●
	멱례진(覓禮津)	280보	●	●	●		
	손가진(孫哥津)	300보	●	●	●		
	수산진(守山津)	수산현 서쪽, 150보	●	●	●		
	용진(龍津)	남 36리, 수산진 하류	●				●
	오우정진(五友亭津)	남 40리					●
	삽포(鈒浦)	동 51리	●				
	곡연(曲淵)					●	
	월영연(月盈淵)	동 7리	●				●
	구연(臼淵)	천화령 아래	●				
	삼랑진(三浪津)	남 30리, 300보	●	●			●
	소계(15)		12	7	6	4	9
영산	기음강(岐音江)	서 28리, 광 158리	●	●	●	●	●
	낙동강			●		●	
	계성천(桂城川)	계성현	●	●		●	●
	남천(南川)		●	●			
	매포진(買浦津)	남 23리, 광 146척	●	●	●		
	우포진(雩浦津)	서 25리		●	●		
	송진(松津)	남 15리, 광 155척	●	●			
	도흥진(道興津)	광 150척	●	●	●		

고을	하천명	위치	해동지도	광여도	영남지도	조선지도	동여도
	우질포진(亏叱浦津)	19리, 광 117척	●	●			
	임해진(臨海津)	28리, 광 70척	●	●	●		
	밀진(密津)						●
	동보포(同步浦)	서 20리	●				●
	대포(大浦)					●	
	천연(穿淵)	동 2리	●			●	●
	소계(14)		10	10	5	5	5
창녕	낙강(洛江)	서쪽		●	●		
	물슬천(勿瑟川)	서 15리	●			●	●
	남천(南川)	남 2리	●	●	●		●
	곽천(藿川)	북 30리	●	●	●	●	●
	토천(兎川)	남 5리	●	●	●	●	●
	경산천(京山川)	4리	●	●			
	감물창진(甘物倉津)	서 41리	●			●	
	우산진(牛山津)	서 40리, 광 200보	●	●	●		●
	우을어진(亏乙於津)	40리, 광 170척	●	●	●		●
	마수원진(馬首院津)	서 20리, 광 170척	●	●	●		●
	박지곡진(朴只谷津)	남 50리, 광 200보	●	●	●		●
	삼학진(三鶴津)	40리, 광 20척	●	●	●		●
	현창진(玄倉津)	40리, 160척	●	●	●		●
	이지포(梨旨浦)	서 25리	●		●		●
	우질포						●
	누포(漏浦)						●
	누구택(樓仇澤)	서 25리	●				
	반개택(盤介澤)	남 30리	●				
	용장택(龍壯澤)	서북쪽 20리	●				
	소계(19)		16	11	11	4	12
김해	낙동강		●				●
	해양강						●
	황산강	동쪽 40리					●
	태야강(台也江)	남쪽 40리					●
	용당강龍塘江	동쪽 45리	●		●	●	
	삼분수(三分水)	동남 42리(대동지지)	●				
	신교천(薪橋川)	서북쪽 30리					●

고을	하천명	위치	해동지도	광여도	영남지도	조선지도	동여도
	해반천(海畔川)			●	●		
	호계천(虎溪川)			●	●		
	덕암천(德巖川)				●		
	동지천(東池川)				●		
	율천(栗川)	서남 10리				●	●
	뇌진(磊津)	북쪽 48리					●
	불암진(佛巖津)	동쪽 10리	●				●
	동원진(東院津)	덕산역(德山驛) 밑					●
	태산진(太山津)	태산역(太山驛) 동쪽					●
	서진(鼠津)	북쪽 40리	●				
	손가진(孫哥津)		●			●	
	산산진(蒜山津)	동 30리	●		●		●
	삼랑진	북 40리	●	●	●		
	유등저진(柳等渚津)	대산진 아래			●		
	포항진(浦項津)	동 40리	●				
	곤지소전진(昆池所田津)		●				
	멱례진		●	●			
	월당진		●	●	●	●	
	방포(防浦)	서쪽 5리					●
	소계(26)		12	5	9	4	12
창원	낙동강			●	●		
	주물연진(主勿淵津)	북쪽 40리, 광 1리	●	●	●		●
	손진(孫津)		●	●	●	●	
	신촌진(新村津)	30리, 광 1리	●	●	●		
	온정(溫井)	북쪽 20리	●				●
	소계(5)		4	4	4	1	2
칠원	낙동강	북 25리			●		
	남강				●		
	대천(大川)	귀산현 동 1리	●				
	서천(西川)	서쪽 5리	●			●	●
	우질포(亏叱浦)	북쪽 30리, 광 150보	●	●	●		●
	멸포(蔑浦)	북쪽 30리, 광 120보	●	●	●		●
	영포(靈浦)						●

고을	하천명	위치	해동지도	광여도	영남지도	조선지도	동여도
	동전진(東田津)		●				
	금포진(金浦津)	27리, 광 100보	●	●	●		
	소계(9)		6	3	5	2	4
함안	낙동강	북 40리			●		
	파수(巴水)		●				●
	진수(晉水)	서 30리			●		
	장안천(長安川)	서북 40리					●
	대천(大川)	동쪽 1리	●			●	●
	금천(琴川)	5리	●	●	●		
	별천(別川)					●	●
	도흥진(道興津)	동 40리, 광 300보	●	●	●	●	●
	정암진(鼎巖津)	서쪽 44리	●	●	●	●	●
	주물진(主勿津)			●	●		
	염창진(廉倉津)				●		
	풍탄(楓灘)	북 25리	●				●
	대포(大浦)	북 15리					●
	도장연(道場淵)		●				●
	검계(儉溪)	7리	●	●	●		
	소계(15)		8	5	8	4	9
진주	남강	남 1리	●	●	●		●
	진강(晉江)						●
	정천(菁川)	서 3리					●
	살천(薩川)					●	●
	십류천(十流川)					●	●
	선천(鐥川)					●	●
	반성천(班城川)	반성현					●
	영선천(永善川)	영선현					●
	섭천(涉川)	북 15리					●
	덕천(德川)	북 25리					●
	양천(梁川)	동 30리					●
	인천(仁川)	서 136리					●
	독천(禿川)	동 5리					●
	광탄진(廣灘津)			●	●		
	운당진(雲堂津)	동 15리					●

고을	하천명	위치	해동지도	광여도	영남지도	조선지도	동여도
	소남진(召南津)	서 29리		●	●		●
	황류진(黃柳津)	운당진 하류		●	●	●	●
	염창진(鹽滄津)	의령경계	●				
	소계(18)		2	4	4	4	16
합천	남강	남 5리	●	●	●		●
	야천(倻川)	야로현	●				
	징심천(澄心川)	징심루 앞	●			●	●
	율진(栗津)						●
	둔덕탄(屯德灘)	서 15리	●			●	●
	부자연(父子淵)	서 45리 권빈역 앞	●			●	●
	황계폭포(黃溪瀑布)	서 30리		●	●	●	●
	소계(7)		5	2	2	4	6
초계	낙동강		●				
	개산강(開山江)			●	●		
	합천 남강				●		
	황둔강(진)(黃芚江(津))	북쪽 30리, 광 190보	●		●		●
	무동천(畝洞川)		●				
	감물창진(甘勿倉津)	동쪽 24리	●			●	
	팔진천(八鎭川)						●
	삼학진(三鶴津)	동 30리, 광 160보	●	●	●	●	●
	앙진(仰津)	동남 35리, 광 190보	●	●	●		
	횡보진(橫步津)	10리, 광 120보	●	●	●		
	구연(舊淵)		●				
	신연(新淵)		●				
	소계(12)		9	4	6	3	3
함양	임천(瀶川)	남 30리		●		●	●
	엄천(嚴川)	남쪽 25리					●
	북천(北川)						●
	마천(馬川)						●
	백천(白川)			●			
	남계(灆溪)	동쪽 15리		●		●	●
	뇌계(㵢溪)	서쪽 1리		●	●	●	●
	서계(西谿)	서쪽 8리		●			●
	용유담(龍遊潭)	남쪽 40리		●			●

고을	하천명	위치	해동지도	광여도	영남지도	조선지도	동여도
	위수(渭水)			●	●	●	●
	경수(涇水)				●		●
	소계(11)		0	7	3	4	10
거창	영천(瀯川)	남 1리	●	●	●		●
	아월천(阿月川)	동 10리	●	●	●		●
	가조천(加祚川)	가조현 서 2리	●	●	●	●	
	무촌천(茂村川)	남 15리					●
	소계(4)		3	3	3	2	3
삼가	심천(深川)	객관 남쪽	●				●
	수정천(水晶川)	3리		●	●	●	●
	거창천(居昌川)	80리		●	●		
	소을비포(所乙非浦)	서쪽 47리	●				
	점연(砧淵)	서북쪽 46리	●				●
	율연(栗淵)	동쪽 2리	●				●
	소계(6)		4	2	2	1	4
의령	낙동강	동쪽 20리	●				
	남강		●				
	기음강	동쪽 10리(50리)	●		●		
	정암진	동남쪽 9리, 광 150보	●	●	●	●	●
	검정천(黔丁川)	남쪽 2리	●				●
	세간천(世干川)	신번현 남쪽 12리	●				●
	우질포(于叱浦)	신번현 동쪽 15리	●				
	앙진(仰津)						●
	박진(朴津)	동쪽 50리, 광 150보	●	●	●	●	
	소계(8)		8	2	3	2	4
산음	사근수(沙斤水)				●	●	
	장선탄(長善灘)	남쪽 2리	●				●
	우탄(牛灘)	서쪽 30리	●				●
	경호(鏡湖)	북 1리	●		●		
	서원촌전진(書院村前津)	13리	●	●	●		
	환구정전진(換鷗亭前津)	6리	●	●	●		
	지곡촌전진(智谷村前津)	9리	●	●	●		

고을	하천명	위치	해동지도	광여도	영남지도	조선지도	동여도
	자탄진(自灘津)					●	●
	서계(西溪)						●
	소계(9)		6	3	5	2	4
안음	동천(東川)	동쪽 2리		●	●		●
	위천(渭川)	북 40리					●
	심진천(尋眞川)	10리		●	●	●	●
	화림천(花林川)	8리		●	●	●	●
	원학천(猿鶴川)	30리		●	●	●	●
	갈천(葛川)						●
	추천(楸川)						●
	귀연(龜淵)						●
	용유담(龍游潭)						●
	소계(9)		0	4	4	3	9
단성	양천(梁川)	동쪽 10리	●			●	
	단계천(丹溪川)	단계현	●			●	●
	도천(道川)	동 20리	●				
	토천(吐川)	10리	●	●		●	
	신안진(新安津)	동쪽 5리, 광 130보	●	●	●	●	●
	벽계담(碧溪潭)	단계천 북 30리					
	소계(6)		5	2	2	3	3
웅천	율천(栗川)						●
	용주(龍湫)						●
	소계(2)		0	0	0	0	2
사천	사수(泗水)	남쪽 4리	●	●	●	●	●
	동계(東溪)						●
	소계(2)		1	1	1	1	2
거제	구천(九川)	남쪽 25리			●		●
	대천(大川)				●		
	명진천(明珍川)				●		
	선산천(先山川)				●		
	옥산천(玉山川)				●		
	지소동천(紙所洞川)				●		
	소계(6)		0	0	6	0	1
고성	율천(栗川)	북쪽 5리					●

71

고을	하천명	위치	해동지도	광여도	영남지도	조선지도	동여도
진해	동성천(東城川)	동쪽 1리	●			●	●
	근곡천(斤谷川)			●	●		
	상령천(常令川)			●	●		
	황산천(荒山川)			●	●		
	부산천(夫山川)				●		
	용소천(龍所川)				●		
	소달포(小達浦)	서쪽 10리	●				●
	거차포(巨次浦)	서쪽 2리	●				●
	소계(8)		3	3	5	1	3
곤양	금성강(金城江)	북 30리				●	●
	당천(唐川)	동 1리	●			●	●
	소계(2)		1	0	0	2	2
남해	동천(凍川)	동 25리			●		
	대곡천(大谷川)	북 13리	●				
	파천(巴川)	남 3리	●				●
	지족암진(只族岩津)	30리, 광 2리	●	●	●	●	
	소계(4)		3	1	2	1	1
하동	섬진강(蟾津江)	서쪽 몇리					
	횡포천(橫浦川)	서쪽 20리		●	●	●	●
	쌍계천(雙溪川)	서북 50리		●			●
	독포천(獨浦川)	26		●	●		
	화개천(花開川)	41		●	●		
	선교천(船橋川)	36		●			
	옥계(玉溪)					●	●
	두치진(豆恥津)		●	●			●
	진부진(津夫津)	7리, 광 170보	●	●	●		
	전탁진(錢卓津)	남 20리	●	●			●
	신암진(薪巖津)	29리, 광 120보		●	●		
	노도진(櫓島津)	33리, 광 187보		●	●		
	신촌진(新村津)	16리, 광 132보		●	●		
	소계(13)		3	11	7	2	5
26	251		134	101	109	64	143

〈참고문헌〉

『해동지도(海東地圖)』, 『광여도(廣輿圖)』, 『여지도(輿地圖)』, 『지승(地乘)』, 『조선지도』, 『영남도』, 『1872년지방지도』, 『대동여지도(大東輿地圖)』, 『청구도(靑丘圖)』, 『동여도(東輿圖)』, 『청구요람(靑丘要覽)』

박은순, 「19세기 회화식 군현지도와 지방문화」, 『한국고지도연구』 1-1, 2009.

김성희, 『1872년 군현지도』 중 경상도지도 연구」, 『한국고지도연구』 7-1, 2015.

박정애, 「18-19세기 지방 이해와 도시경관의 시각적 이미지」, 『미술사학보』 49, 2017.

정은주, 「조선시대 회화식 지도의 발달 배경과 화풍적 특징」, 『한국고지도연구』 9-1, 2017.

권선정, 「조선후기 고지도 상 지명의 유형과 의미」, 『문화역사지리』 30-2, 2018.

이대화·한미라, 『대동여지도』로 읽는 19세기 조선」, 『교양학연구』 15, 2021.

하동군 고전면 신월리 교차로에서 바라본 섬진강 우안 돈탁마을 모습

강, 경계가 되다

Ⅱ. 강, 경계가 되다

1. 가야와 신라의 경계, 낙동강 _ 남재우

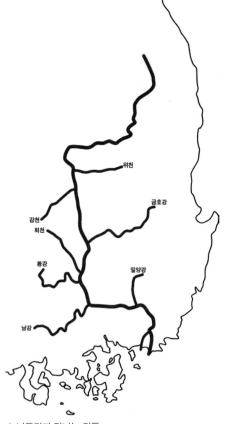

위천

금호강

감천

회천

황강

밀양강

남강

| 낙동강과 만나는 강들

낙동강은 태백산에서 시작되어 남해에 이른다. 남해와 만나기 이전에 여러 강물을 만난다. 합천군 덕곡면 부근에서 고령에서 내려오는 회천과 합류하여 경남으로 들어온다. 이어서 덕유산에서 발원하여 동쪽으로 흐르는 황강과 합천군 청덕면 적포에서 만난다. 창녕군 남지읍에서는 지리산에서 흘러나온 남강과 접한다. 삼랑진 부근에서 밀양강과 합해지고 양산과 김해 사이의 물금을 지나 양산천과 섞이고 마침내 남해로 흘러든다.

낙동강의 주변, 낙동강과 만났던 여러 물길의 주변에서는 이른 시기부터 사람들이 살았던 삶의 흔적이 나타나고 있다. 특히 고구려를 비롯한 삼국과 함께 발전했던 가야의 여러 나라들이 자리잡고 있었음을 잘 보여주는 가야의 유적들이 즐비하다. 다만 낙동강의 동쪽과 서쪽의 문화가 시기마다 차이가 있지만 다르게 나타난다. 이것이 낙동강이 신라와 가야의 경계였음을 보여주는 근거가 되고 있다.

1) 낙동강을 경계로 한 가야와 신라

한국 고대사회에 존재했던 각국의 영역을 설정하는 것은 쉽지 않다. 가야와 신라도 마찬가지다. 따라서 가야와 신라의 경계를 확인하는 것은 어렵다. 특히 가야의 경우 백제와 신라처럼 하나로 통합되지 못했기 때문에 그 영역을 정할 수 없다. 다만 가야에 속했던 여러 나라들에 대한 위치 비정을 통해 가야의 범위를 추정할 수는 있다. 가야 각국들의 위치를 확인함으로써 신라와의 경계, 백제와의 경계를 대략

유추해 볼 수 있다. 이것 역시도 시기에 따라 다르긴 하다.

가야의 전기는 변한이다. 변한에는 12개국이 있었다. 여기에 포함되지 않은 나라도 있다. 지금의 창원지역에 있었을 것으로 추정되는 골포국 등이 그것이다. 가야 후기에는 13개 나라가 있었다.

가야의 영역을 어느 정도 짐작할 수 하게 하는 것이 『삼국유사』에 기록되어있는 「가락국기」이다.

동쪽으로는 황산강, 서남쪽으로는 넓은 바다, 서북쪽으로는 지리산, 동북쪽으로는 가야산, 남쪽은 나라의 끝이 된다.

[가락기의 찬(贊)에서 이르기를, "자줏빛 끈 한 개가 하늘에서 내려와 여섯 개의 둥근 알을 내려주었는데, 그 중 다섯 개는 각 읍으로 돌아가고 하나는 그 성에 남았다"라고 하였으니, 하나는 수로왕이 된 것이고 나머지 다섯은 각기 다섯 가야의 주인이 된 것이다. 금관(金官)이 다섯에 들어가지 않은 것은 당연한 것인데, 본조사략에서 금관까지 함께 세고, 창녕까지 멋대로 기록한 것은 잘못이다]. 아라(阿羅)가야[지금의 함안이다], 고녕가야[지금의 함녕], 대가야[지금의 고령이다], 성산가야[지금의 경산이니, 벽진이라고도 한다], 소가야[지금 고성이다] 또 본조사략에 이르기를 "태조 천복 5년(940)경 경자에 오가야의 이름을 고쳤다. 첫째는 금관[김해부가 되었다], 둘째는 고령(古寧)[가리현이 되었다], 셋째는 비화[지금의 창녕인데, 아마도 고령(高靈)의 잘못이 아닌가 한다. 나머지 둘은 아라와 성산[성산은 벽진가야라

고도 한다]이다."

첫 번째 기록은 가야 영역을 추정해 볼 수 있는 기록이다. 황산강은 낙동강을 말한다. 하지만 이 기록을 그대로 받아들일 수는 없다. 『삼국유사』의 오가야조에 보이는 내용과 다르기 때문이다. 비화(非火)는 낙동강 동쪽에 있으며, 성산(星山)은 가야산의 북쪽에 있기 때문이다. 그리고 가야에는 「가락국기」에 등장하는 나라의 수보다 더 많은 나라가 있었기 때문에 「가락국기」의 가야영역은 특정한 시기의 축소된 사정을 전하는 것으로 추정되고 있다.

그런 까닭으로 가야전기에 해당되는 변한 12국, 가야후기에 등장하는 13국과 그리고 우륵 12곡 등을 근거로 그 나라의 위치 비정을 통하여 가야 영역의 대강을 추정하기도 한다.

『삼국지』위서동이전 변진조에 의하면 가야전기인 변한시기에는 12개의 나라가 있었다. 변진미리미동국(弁辰彌離彌凍國), 변진접도국(弁辰接塗國), 변진고자미동국(弁辰古資彌凍國), 변진고순시국(弁辰古淳是國), 변진반로국(弁辰半盧國), 변낙노국(弁樂奴國), 변진미오야마국(弁辰彌烏邪馬國), 변진감로국(弁辰甘路國), 변진구야국(弁辰狗邪國), 변진주조마국(弁辰走漕馬國), 변진안야국(弁辰安邪國), 변진독로국(弁辰瀆盧國)이다.

변한 12국 이외에도 『삼국사기』나 『삼국유사』에 나라 이름들이 보인다. 변한과 가까운 지역에 위치하고 있는 것이 포상팔국(浦上八國)이다. 여덟 나라 중에서 골포(骨浦), 칠포(柒

浦), 고사포(古史浦), 사물국(史勿國), 보라국(保羅國) 등만 확인되고 있다. 이들 나라들도 가야사의 범위에 포함시킬 수 있을 것이다.

『일본서기』와 우륵 12곡을 통해 가야 나라들을 확인할 수 있다.

23년(562) 정월에 신라가 가야제국을 쳐서 멸망시켰다. [어떤 책에는 21년에 임나가 멸망하였다 하고 총칭하여 임나라 하며 별도로는 가라국(加羅國)·안라국(安羅國)·사이기국(斯二岐國)·다라국(多羅國)·졸마국(卒麻國)·고차국(古嵯國)·자타국(子他國)·산반하국(散半下國)·걸찬국(乞湌國)·임례국(稔禮國)을 합하여 10국이다.](『일본서기』흠명기 23년(562)조)

가야금 역시 중국 악부의 쟁을 모범으로 하여 만들었다. …… (신)라고기(羅古記)에 말하기를 가야국의 가실왕이 중국의 악기를 보고 만들었다. 왕이 여러 나라의 방언에 성음의 차이가 있어 하나로 통일하고자 악사인 성열현 사람 우륵에게 명하여 12곡을 만들게 하였다. 뒷날 나라가 어지럽게 되자 우륵은 악기를 가지고 신라 진흥왕에게 투항했다. 진흥왕은 그를 받아들여 국원(지금의 충주)에 안치했다. …… 우륵이 지은 12곡은 1. 하가라도(下加羅都) 2. 상가라도(上加羅都) 3. 보기(寶伎) 4. 달이(達已) 5. 사물(思勿) 6. 물혜(勿慧) 7. 하기물(下奇物) 8. 사자기(師子伎) 9. 거열(居烈) 10.사팔혜(沙八兮) 11. 이혁(爾赤兮) 12. 상기물(上奇物)이다. 니문(泥文)이 지은 3곡은 ① 오(烏), ② 서

80

(鼠), ③ 순(?)이다.(『삼국사기』권32 잡지1 악, 가야금)

신라와 안라 양국의 접경에 대강수(大江水)가 있어 요해의 땅이라고 한다.(『일본서기』흠명기 5년(544) 11월조)

『일본서기』에 의하면 후기가야에는 13국이 있었다. 가야 멸망 당시를 보여주는 위의 기록에 10국 밖에 없는 것은 이미 남가라, 탁기탄, 탁순이 신라에 멸망했기 때문이다. 이외에 가야의 국명을 보여주는 것이 우륵 12곡의 곡명이다. 기악명인 것도 있지만 대부분은 지역명 혹은 국명을 가리키고 있다. 이들 국명의 위치 비정을 통해서 가야후기의 가야 영역에 대한 대강을 알아볼 수 있다. 하지만 나라에 대한 위치 비정이 쉽지 않다. 연구자들끼리 견해가 많이 다르다. 따라서 연구자들의 견해가 대체로 일치하는 국명을 중심으로 가야 영역의 대강을 살펴볼 수밖에 없다.

전기가야에서 지명 비정이 가능한 것은 변진미리미동국(밀양), 변진고자미동국(고성), 변진구야국(김해), 변진안야국(함안)이다. 변진독로국은 일본과의 거리가 가장 가깝다는 『삼국지』의 기록에 근거하여 동래나 거제로 비정되고 있다. 어느 지역이 독로국에 해당하는지 명확하지 않지만 가야지역의 범주에 포함시켜도 문제가 되지는 않을 것이다. 포상팔국 중에서 지명추정이 가능한 것은 골포국(창원), 칠포국(칠원), 고사포국(고성), 사물국(사천)이다.

후기가야 13국에서 지명 비정이 가능한 것은 가라국(고

령), 다라국(합천), 안라국(함안), 탁순국(창원), 사이기국(의
령), 고차국(고성), 자타국(거창), 산반하국(합천 초계) 등이다.
우륵의 12곡명에서는 상가라도(고령), 하가라도(합천), 사물
(사천), 거열(거창), 하기물(남원), 상기물(임실) 등이다.

따라서 이러한 지명 비정 결과를 바탕으로 가야의 영역을
어느 정도 추정해 볼 수 있을 것이다. 그리고 신라와 안라의
국경이 대강수였는데, 이 대강수는 낙동강이라 추정되므로
낙동강을 경계로 하여 가야영역을 그려 볼 수 있다.

이를 토대로 가야의 범위를 지도에 표시해 보면, 가야의
정치집단이 있었다고 보여지는 창녕의 비화가야, 밀양의 미
리미동국을 제외하고는 낙동강의 서쪽에 위치해 있다.

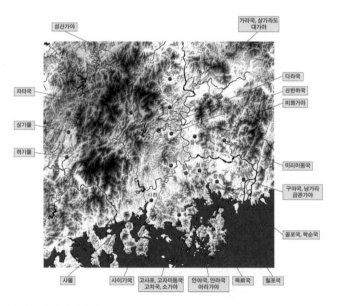

| 가야 각국 위치 비정

2) 전쟁으로 본 낙동강

전쟁 등의 기록을 통해 가야와 신라의 경계를 추정해 볼 수 있다.

탈해이사금 21년(77) 가을 8월에 아찬 길문이 가야병과 황산진(黃山津)의 입구에서 싸워 포로 1천여 명을 얻었다.(『삼국사기』권제1 신라본기 제1 탈해이사금)

파사이사금 8년(87) 가을 7월에 명령을 내리기를, "짐이 덕이 없는 사람으로 이 나라를 소유하고 있다. 서쪽에는 백제가 남쪽에는 가야(加耶)가 접해 있는데, 덕으로 그들을 잠잠하게 할 수 없고, 위세로도 그들을 두렵게 만들지 못하고 있다. 마땅히 성채를 수리하여 침략에 대비하라."고 하였다.(『삼국사기』권제1 신라본기 제1 파사이사금)

지마이사금 4년(115) 봄 2월에 가야가 남쪽 변경을 침략하였다. 가을 7월에 왕이 친히 가야를 정벌하여, 보병과 기병을 거느리고 황산하(黃山河)를 건너는데 가야 사람들이 병사를 숲속에 숨겨두고 기다리고 있었다. (『삼국사기』권제2 신라본기 제2 지마이사금)

법흥왕 11년(524) 가을 7월에 왕이 남쪽 국경을 순찰하고 땅을 개척하였다. 가야국왕이 와서 회동하였다.(『삼국사기』권제4 신라본기 제4 법흥왕)

법흥왕 19년(532)에 금관국의 왕인 김구해(金仇亥)가 왕비 및 세 아들, 즉 장남 노종, 차남 무덕, 삼남 무력을 데리고 나라의 보물을 갖고서 항복해 왔다.(『삼국사기』권제4 신라본기 제4 법흥왕)

남독(南瀆)은 황산하(黃山河)[삽량주(歃良州)에 있다](『삼국사기』권제32 잡지 제1 제사)

위의 기록은 낙동강이 가야(가락국)와 신라의 경계였음을 잘 보여주고 있다. 『삼국사기』초기 기록에 등장하는 황산하는 김해와 양산 사이를 흐르는 강이며, 황산진은 양산시 물금읍에 위치하는 나루이다. 신라가 황산진, 황산하에서 가야와 전쟁을 벌이고 있는 것은 이들 지역이 가야와 신라의 경계였던 증거이다. 가야와 신라 사이의 전쟁이 어느 시기에 일어났는지에 대해서는 다양한 견해가 있지만 낙동강이 신라와 가야의 경계가 되고 있었던 것은 확실하다.

황산진은 물금에서 부산시 북구 금곡동 동원 사이로 비정되고 있다. 물금면 증산리의 대안인 김해시 대동면 덕산리에는 삼국시대에 축조된 것으로 추정되는 '각성산성'이 위치하고 있는 것으로 보아 물금 쪽으로부터 진출하는 신라 세력에 대비하기 위한 축성이었을 것으로 추정된다.

낙동강변의 가야진(伽耶津)도 신라가 가야지역으로 진출하는 통로였다. 가야진터는 양산시 부원동 용당리 지역으로서 낙동강변의 충적지 위에 위치해 있다. 이곳은 현재도 맞은

편의 김해시 상동면 여차리와 물길로 왕래하는 용당나루가 개설되어 있다. 이 나루는 김해 쪽에서 북쪽으로 뻗은 용산(해발 46.8m)의 머리가 낙동강을 치고 들어 자연방파제의 구실을 하고 있어 접안이 용이한 곳이다. 가야진은『양산군읍지』에 신라가 가야국을 정벌할 때 사용되었던 나루라 하였던 것으로도 신라의 가야지역 진출 통로임을 알 수 있다. 현재 이곳에는 1965년 비석골로 옮겨 세운 가야진사(伽耶津祠)가 위치해 있다.

| 가야진사공원 전경(양산시청)

따라서 법흥왕대 신라의 남쪽 국경은 황산하, 즉 낙동강이었으며, 이것은 가야의 동쪽 경계가 황산강이라는『삼국유사』의 기록과 일치한다. 또한『일본서기』에 신라와 안라 양국의 접경에 있었다는 '대강수(大江水)'도 낙동강이라 볼 수 있다.

가야[가락국]와 신라는 낙동강을 경계로 치열하게 싸웠다. 낙동강을 경계로 가야와 신라세력이 대립하다가, 신라가 그 수로를 장악하게 됨으로써 그 서안의 가야세력을 통제하게 되었다. 신라의 전진기지 역할을 했던 나루들이 황산진과 가야진이다. 신라로서는 이곳의 확보를 통하여 가야로 진출할 수 있었다. 가락국은 낙동강을 통하여 영남내륙 지역으로의 교통로를 확보를 확보하고 교역루트를 장악하려 했던 것이다. 처음에는 황산강이 가락국에 속했지만, 이후 신라에게 빼앗기게 되어 가락국은 쇠퇴의 길을 걸을 수 밖에 없었다. 524년 진흥황의 순행과 가야국왕의 만남은 당시의 상황을 보여주는 기록이다. 이를 계기로 532년 가락국은 신라에 항복하게 되었다.

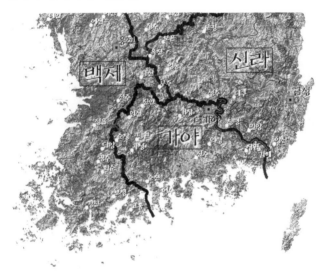

| 가야권역도

〈참고문헌〉

전덕재,「삼국시대 낙동강 수로를 둘러싼 신라와 가야세력」,『역사상의
　　강물길과 경제문화』, 주류성, 2009.

선석열,「삼국시대 낙동강 하구의 황산진」,『역사와세계』42, 2012.

남재우,「기록과 문화유산으로 본 낙동강」,『낙동강과 경남』, 선인,
　　2014.

2. 호남과 영남을 가로지르는 강, 섬진강 _ 신은제

"전라도와 경상도를 가로지르는 섬진강"이라는 노랫가사는 한국 사람들 특히 90년대 이전 출생한 한국 사람들에게는 친숙하다. 70년대 한국에서 호남과 영남의 지역감정이 정치적 이유로 발생한 이래, 호남과 영남의 지역감정은 87년 대통령 선거에서 호남을 대표하는 김대중 후보와 경남을 대표하는 김영삼 후보가 함께 출마하면서 절정에 달했다. 영남과 호남의 이러한 심리적 경계는 예로부터 공간적 경계를 더욱 부각시켰고 섬진강은 그 경계의 상징이었다. 삼국시대 이래 지금의 전남과 경남은 섬진강을 사이에 두고 구분되어 있었고 그 경계를 가로지르며 섬진강이 흐르고 있었던 것이다.

| 하동군 고전면 신월리 교차로에서 바라본 섬진강 상류쪽 모습

1) 다양한 이름의 섬진강(蟾津江)

섬진강은 총 연장이 222km에 달하는 한반도에서 네 번째로 큰 강이다. 섬진강은 진안군의 마이산에 발원하여 임실, 남원을 거쳐 구례에 이르고 구례에서 다시 지리산과 백운산 사이를 흘러 하동 화개에 이르러 완전한 모습을 갖춘후 하동과 광양을 가로질러 남해로 흘러든다. 고려시대에는 개경을 등지로 바다로 흘러드는 강이라는 의미로 낙동강, 영산강과 더불어 배수(背水)로 간주되었다. 섬진강이라는 이름은 광양과 하동에 위치한 섬진(蟾津) 즉 두꺼비 나루에서 말미암은 것이고 이는 이곳에 두꺼비 바위 즉 섬암(蟾巖)이 있었기 때문으로 생각된다. 섬진강은 두치(斗峙), 두치(豆耻), 두치(斗赤)로도 불렸다.

섬진강은 지역에 따라 다른 이름으로 불렸다. 섬진강의 명칭에 대한 가장 이른 기록은 15세기 간행된 『세종실록』지리지이다. 『세종실록』지리지에 의하면 섬진강은 크게 2가지 지류가 만나 강을 이룬다. 첫 번째 줄기는 진안 마이산에서 발원한 물이 임실과 순창을 돌아 남원 남쪽에 이르러 지리산에서 발원한 요천

| 『해동지도』 광양현 일부(규장각한국학연구원)

89

과 합수하여 순자진(鶉子津)이 된다. 때문에 곡성과 남원 경계를 흐르는 강을 순자강이라고도 한다.

섬진강의 또 다른 줄기는 낙수강(洛水江 : 보성강)이다. 낙수강은 보성을 끼고 돌아 승주군 조계산을 지나 지금의 곡성군 죽곡면에 이르러 순자강과 합수한다. 이곳을 압록진(鴨綠津)이라 하였는데 이곳은 넓은 백사장이 펼쳐져 있어 현재는 압록유원지로 유명하다. 압록진에서 덩치를 키운 물줄기는 구례를 싸고도는데 구례 남쪽에서 황전천과 합수하는데 이곳이 잔수진(潺水津)이고 구례에서 잔수진을 지나면 순천으로 가는 길로 이어져 있다. 순자진 때문에 순자강이라 했듯이, 구례의 잔수진 때문에 구례 앞을 지나는 강을 잔수강이라 불렀다. 구례 남쪽을 가로지른 잔수강은 하동 화개에 이르러 지리산 대성동 계곡에서 발원해 내려온 지금의 화개천과 합수하여 비로소 완전한 모습을 갖추게 된다. 화개를 지난 강은 지금의 광양 매화마을에서 하동으로 건너는 나루와 만나는데 이 나루가 바로 섬진(蟾津)이다. 때문에 하동과 광양을 가로지르는 강을 섬강(蟾江)이라 했고 현재는 섬진강이라 한다.

섬진강은 임실에서는 순자강, 보성에서는 낙수강, 구례에서는 잔수강이라 불리다가 화개를 지나 광양 땅에 이르러 섬진강이라 불리게 된 것이다. 실제 섬진강이 영남과 호남의 경계로 자신의 모습을 갖춘 것은 광양 땅에 이르러서이다. 따라서 호남과 영남의 경계로서 섬진강은 화개에서 지금의 광양군 진월면 망덕리에 있는 망덕포구까지 약 30km

가량이다. 화개북쪽은 지리산이라는 큰 산이 버티고 있어 영남과 호남을 구분하고 있다.

『세종실록』 지리지에 의하면 섬진강에는 '조수 즉 바닷물이 들어 온다(潮水至焉)'고, 1872년 지방지도에는 "바닷물과 서로 통하여 조수가 들어오면 깊이가 7장이나 된다(海水相通 潮入則深可七丈)"고 나와 있어 바닷물이 섬진까지 들어 왔음을 알 수 있다.

2) 조선시대 전라 방어의 요충지

영남과 호남을 가로지르는 섬진강은 영남에서 호남으로 넘어가는 교통로이자 군사적 요충지였다. 『세종실록』 지리지 전라도 광양현조에는 광양의 요해처로 섬진을 꼽고 있다. 섬진에서 강을 건너 하동에 이르고 하동을 거쳐 진주로 가는 길이 열리기 때문이다. 임진왜란이 발발하고 1년이 지난 뒤인 1593년 진주성 전투가 한창일 때, 장흥부사 유희선(柳希先)이 전라도 방어를 위해 섬진에 주둔하고 있었다. 1593년 음력 6월 22일부터 29일까지 일주일간 왜병들은 진주성을 공략해 함락시킨다. 1592년 1차 진주성 전투에서는 왜병을 성공적으로 방어했지만 명과의 화의가 진행 중이던 당시 토요토미 히데요시의 명령으로 왜병은 전 병력을 모아 진주성을 공략했는데 그 수가 10만에 달했다. 이에 조명연합군 그리고 의병장 곽재우 등은 왜병의 군세를 보고 모두 진주성 원조를 포기한다. 고립무원이 된 진주성에는 김천일 등이 죽음을 무릅쓰고 수성을 결의했다. 진주성이

뚫리면 왜병이 곧장 전라도로 향할 수 있었기 때문이다.

진주성 전투가 시급하게 전개될 때 장흥부사 유희선은 전라도 방어를 위해 진주에서 광양으로 향하는 요해처인 섬진에 군사를 주둔시키고 만약의 사태에 대비하였다. 진주성이 끝내 함락당했으나, 명과의 화의가 진행되고 있던 상황이라 왜병들은 전라도로 진입하지 않았는데 장흥부사 유희선은 도리어 겁을 집어먹고 도주하면서 왜병들이 공격해 온다고 떠들어 댔다. 때문에 광양과 순천의 난민들이 소요를 일으키기도 했다. 유희선의 사례를 통해 섬진이 조선시대 경상도 쪽에서 침입해 오는 적을 막는 요충지였음을 알 수 있다. 바닷물이 들어오는 섬진이 요해처가 된 것은 왜구의 침입이 활발했던 고려말 즈음부터였을 가능성이 크다. 특히 섬진강은 경상도와 전라도의 경계였으므로 강을 사이에 두고 방어진지를 설치하여 왜병의 공격을 방어하려 했다.

섬진이 임진왜란과 정유재란 사이에 요충지였기에 충무공 이순신은 섬진에 조방장(助防將)을 파견하였다. 이후 도청(都廳)을 설치하고 장시(場市)를 설치한 후 이를 기초로 군사를 모았다. 이순신이 설치한 섬진의 장시는 지금의 하동읍 두곡포구 일원이었다. 1705년(숙종 31)에 전라도 순사(巡使) 민진원(閔鎭遠)과 순무사(巡撫使) 권상유(權尙游), 통제사(統制使) 오중주(吳重周) 등은 섬진이 군사적 요충지라는 장계를 올려 조방장을 혁파하고 진(鎭)으로 올리고 종8품의 별장(別將)을 두었는데 이때 두곡포구 맞은편에 있는 광양군 다압면으로 옮겼다.

이러한 섬진진의 연혁과 유래는 규장각한국학연구원에서『광양현섬진진지도(光陽縣蟾津鎭地圖)』에 자세하게 수록되어 있고 섬진진의 모습도 확인할 수 있다. 섬진진에는 관아가 있고 장교들이 직무를 보던 장청(將廳)과 아전들이 사무를 보던 작청(作廳)이 있고 그 앞으로 진의 창고 있고 그 옆에는 초가로 된 사령들을 위한 사령청(使令廳)이 있다. 섬진진에는 선박도 3척이 있었는데 중간규모의 병선인 방선(防船) 2척과 진부선(津夫船) 1척이 정박해 있다. 진부선은 뗏목 모양을 하고 있으며 명칭으로 보아 나루를 건너는 배로 생각된다. 방선은 병선인데 때로 조세를 수송하는 조운선으로도 이용되었다. 정조 때 통제사 윤득규가 올린 장계를 보면 방선에는 곡물 300석을 적재할 수 있었다.『각사등록』에 의하면 1889년(고종 26)까지 별장이 파견되고 있어 조선말까지 섬진진이 유지되었음을 알 수 있다.

| 광양현 섬진진도(규장각한국학연구원 소장)

3) 백제와 가야의 전선

요충지로서 섬진강이 중요했던 시기는 백제, 신라가 가야 땅으로 진출하고 가야가 그에 적극적으로 대응하기 시작한 6세기 초였다. 섬진강 유역인 하동과 광양지역으로 세력을 확장한 나라는 백제와 고령의 대가야였다. 섬진강 유역으로 가장 먼저 진출한 세력은 고령의 대가야였다. 내륙에 위치한 고령으로서는 중국과 교역하기 위해서는 바다로 진출할 필요가 있었다. 479년 대가야의 하지왕(荷知王)은 중국 남조인 제나라에 사신을 보내 '보국장군가라국왕(輔國將軍加羅國王)'이라는 작호를 받았다. 이는 대가야가 이 시기에 이미 중국 등과 교류하고 있음을 잘 보여준다. 대가야는 5세기 말엽 상당한 왕권을 가지고 인근지역으로 세력을 확장했으며 5세기 말 즈음 섬진강 하류인 하동지역으로까지 세력을 확장한 것으로 보인다. 하동지역은 왜 혹은 중국의 남조로 진출할 수 있는 주요한 교통로였다.

대가야에 이어 섬진강으로 진출을 시도한 나라는 백제였다. 장수왕의 공격으로 개로왕이 사망한 이후 공주로 천도한 백제는 문주왕, 삼근왕, 동성왕 대의 혼란을 거쳐 무령왕이 즉위하면서 안정을 되찾기 시작했다. 무령왕은 고구려가 신라를 주로 공격하던 상황을 이용하여 국가 체제를 정비하고 중국의 남조인 제(齊)나라, 양(梁)나라 등과 우호관계를 맺었다. 무령왕은 지금의 임진강과 예성강 일대를 여러 차례 공략하여 고구려를 곤경에 빠뜨렸으며 양나라에 사신을 보내 고구려를 공격해 깨뜨렸다고 알려주기도 했다. 한강유역에서 고구려를 압박하던 무령왕은 남쪽으로도 진출했는데 512년 하다리(下哆唎, 돌산도), 상다리(上哆唎, 여수), 사타(沙陀, 순천), 모루(牟婁, 광양)를 장악했고 이듬해인 513년에는 기문(己汶, 임실 남원)으로 진출하였다. 따라서 백제는 무령왕대 섬진강유 역으로 진출하여 동쪽 가야지역으로 세력을 확장하고 있었다.

| 하동군 고전면 신월리 교차로에서 바라본 섬진강 우안 돈탁마을 모습

이에 백제는 섬진강 하구 하동으로 왜를 불러들여 이곳을 교역의 장으로 삼아 이 지역에 대한 통제를 강화하려 했다. 이에 위기를 느낀 대가야는 한편으로는 섬진강 하구에 정박한 왜선을 무력으로 공격하여 물리치고 다른 한편으로는 신라와 결혼동맹을 맺어 백제의 동진을 차단하려 했다. 6세기 초 백제와 대가야는 이처럼 섬진강을 두고 치열하게 각축하고 있었던 것이다. 그러나 대가야의 국력은 백제만 못했다.

530년 하동지역은 백제에게 복속되면서 백제는 보다 적극적으로 대가야를 위협했다. 사실 대가야에게 더 큰 위협은 신라였다. 신라 진흥왕은 대가야 동부 지역의 여러 가야제국들을 복속시키면서 대가야를 위협했고 이에 대가야는 백제와 적극적으로 교류하면서 백제의 힘을 빌어 신라를 방어하려 했다. 이러한 대가야의 노력은 백제-대가야 연합군이 관산성에서 패배함으로 인해 실패하게 되고 결국 562년 대가야는 신라에 복속하게 된다. 대가야를 장악한 신라는 서쪽으로 영역을 확장하였으나 지리산과 섬진강을 넘지 못했다. 섬진강은 이제 백제와 신라의 국경이 된 것이다.

백제가 6세기 초 섬진강 유역으로 진출한 사실은 광양 지역에 축조된 백제계 산성의 존재를 통해서도 확인할 수 있다. 지표조사에 의하면 여수 4개소, 순천 4개소, 광양 3개소의 백제시기에 축조된 산성들이 확인되었다. 광양의 경우 마로산성, 불암산성, 봉암산성이 백제시기에 축조된 산성이었다. 현재 전남 동부지역의 산성 가운데 광양의 마로산성과 순천의 검단산성에 대한 발굴조사가 이루어졌는데 검단산성은 백제말기에 처음 축조된 산성이며 마로산성은 백제시기 후기에 축조된 것으로 알려져 있다. 백제 후기에 이들 지역에 산성이 축조된 것은 백제가 섬진강 서쪽 지역 광양과 여수 순천 지역을 차지한 이후 방어 거점을 강화한 것으로 판단된다. 이 가운데 불암산성은 섬진강을 지척에 두고 있어 하동으로부터 진격해 오는 적을 방어하기 위해 축조된 것으로 판단된다.

광양과 섬진강을 사이에 두고 마주하고 있는 하동에도 산성이 축조되었다. 아직 발굴조사가 진행되지 않아 정확한 축성 주체와 시기를 확인할 수 없으나 하동군 악양면에 있는 고소산성은 섬진강을 내려보고 있어 섬진강을 건너는 적들을 방어하기 위해 축조되었음을 알 수 있다. 이처럼 섬진강 일대에 여러 산성들이 축조된 것은 섬진강이 가진 전략적 중요성 때문으로 생각된다.

4) 사람을 쉬이 허락하지 않는 강

큰 강은 사람들이 건너는 것을 쉽게 허락하지 않는다. 배를 이용해서 갈 수밖에 없기에 강은 사람들의 교류를 차단하고 이로 인해 강들은 정치적, 문화적 경계가 되기도 한다. 물론 강은 배를 이용해 서로 교류하는 수단이기도 하다. 영산강 유역, 낙동강 유역, 한강 유역의 여러 지역들은 강을 이용해 서로 교류하며 성장해 갔다. 하지만 섬진강은 교류보다는 경계로서 자신의 지위를 분명히 했다. 백제와 가야, 백제와 신라의 국경이었고 호남과 영남의 경계였으며 호남을 방어하기 위한 군사적 요충지였다.

〈참고문헌〉

『고려사』, 『세종실록』, 『정조실록』, 『일성록』

『광양 마로산성』 1, 순천대학교 박물관, 2005

『한국고대사』 1, 푸른역사, 2016

『한국사』 6, 국사편찬위원회, 1995

『가야 각국사의 재구성』, 부산대학교 한국민족문화연구소, 혜안, 2000.

3. 낙동강 경상좌도 · 우도의 경계 _ 안순형

'경상도(慶尙道)'의 '경상'이란 명칭은 '영남(嶺南)'이란 별칭과 함께 오랜 역사성을 지닌 지명이자 행정명이다. 이곳은 내륙 지역의 분지, 낙동강 유역의 저지대, 동쪽과 남쪽 지역의 바다가 공존하는데, 날씨가 따뜻하면서 강수량도 풍부하여 선주민이 생활하기에 적합한 곳이었다. 일찍부터 내륙의 구릉지대나 강변, 혹은 해변에서 터를 잡고 생활함으로써 이 지역에서는 내륙성 요소와 해양성 요소가 공존하는 문화가 만들어졌다. 삼한시대에는 초기 농경문화를 바탕으로 한 진한·변한의 성읍국가들이 다양한 형태로 출현하면서 고대 한반도의 주요 정치세력으로 발전하였다.

1) '경상도'란 지명의 유래

'경상'이란 이름은 고려 때부터 보이기 시작한다. 이것은 신라의 옛 수도 '경주'와 군사 중진이었던 '상주(尙州)'의 앞 글자에서 각각 한자씩 취해서 만들어졌다고 전한다. '경주'는 신라의 옛 수도로 고려 때도 동남지역의 대읍(大邑)이었다는 것을 쉽게 짐작

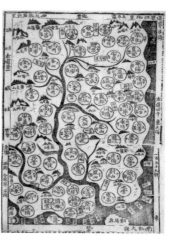

| 목판본 팔도지도−경상도(서울대학교 규장각)

99

할 수 있다. 상주는 소백산맥 남쪽에 위치하는데 525년에 법흥왕이 사벌국(沙伐國)에 사벌주를 두고, 552년에 진흥왕이 상주(上州)를 설치했던 서북방 변경의 군사 요충지였다.

삼국통일 이후 경덕왕 때 모든 군현의 명칭을 당나라식으로 개칭할 때 '상주'란 이름을 얻게 되었다. 『삼국사기』권34 '지리지'에는 "본국(신라) 경계 내에 세 개의 주를 설치했는데, 왕성(王城)의 동북쪽은 당은포로(唐恩浦路)로 상주라 하였다"고 전한다. 신라가 통일한 이후에도 상주지역은 여전히 왕경의 북쪽 요충지였을 뿐만 아니라 당나라와 교류에 있어서도 중요한 길목이라는 점을 잘 반영한다. 이 때문에 상주지역은 고려 때에도 성종이 전국을 효율적으로 통제하기 위하여 12목(牧)을 설치할 때 1곳으로 선정되었다.

대읍인 경주와 상주에서 한 글자씩 취해 만들어진 '경상'이란 행정명은 '영남'이란 지역명보다는 늦게 출현하였지만 이후 계속 동격으로 사용되었다. 『고려사』권56 「지리 1」의 서문에 의하면, 고려 성종은 군현을 정비하고, 역관(驛關)이나 강포(江浦)의 명칭을 변경하였다. 그는 995년에 전국을 10도(道)로 편제하면서 이 지역에 영남도(嶺南道)·영동도(嶺東道)·산남도(山南道)를 두었다. 1018년(현종 9)에는 '5도양계제(五道兩界制)'를 시행하게 되면서 동경(東京)·상주·진주를 관할하는 '경상도'가 두어졌는데, 이것이 '경상도'란 용어가 처음으로 보이는 것으로 현재 영남지역의 포괄 범위와 대동소이하다.

이후 지방 행정제도가 계속 변화되면서 예종 때인 1106

년에는 계수관(界首官)이 있는 대읍의 첫 글자를 취하여 '경상진주도(慶尙晉州道)'를 두었고, 1171년(명종 원년)에는 '경상주도(慶尙州道)'와 '진합주도(晉陜州道)'를 각각 두었다. 하지만 여기서 지칭하는 '경상주도'는 상주와 경주를 중심으로 하는 낙동강 동쪽 지역을 말하는 것이지 전체 영남지역을 의미하는 것은 아닌 것으로 보인다. '경상도'라는 명칭이 영남지역 전체를 지칭했던 것은 고려말 충숙왕(忠肅王) 원년인 1314년에 처음 보이기 시작하였다. 조선의 건국 후에도 이 명칭이 계속 사용되다가 1896년에 남도와 북도로 나누어지게 되었다.

2) 좌·우도의 경계 낙동강

| 삼랑진생태공원에서 바라본 상류 방면

영남지역은 동·서가 376리, 남·북이 448리인 길쭉한 모습을 갖고 있다. 서쪽으로는 지리산·덕유산, 북쪽으로는 속리산·월악산·소백산, 동쪽으로는 청량산·주왕산·가지산 등의 높은 산들에 의해 둘러 싸인 분지 지형이다. 그 가운데를 낙동강의 본류가 북쪽에서 남쪽으로 가로질러 굽이굽이 흐르며 좌·우측 산간으로부터 쏟아 내린 물을 실핏줄 같이 펼쳐진 내성천·반변천·위천·금호강·황강·남강·밀양강 등의 지류를 통해 받아들이며 점차 하폭(河幅)을 넓혀간다. 김해를 지나면서 하폭이 더욱 넓어지고, 하구에는 다량의 퇴적층이 쌓이면서 김해평야가 형성되었다. 현재의 대동면 초정리에서 삼차수(三叉水)가 만들어져 을숙도와 명지도를 지나 바다로 들어간다.

낙동강이란 명칭은『고려사』권57「지리 2」'상주목'조, 『세종실록 지리지』등에서 보인다. '낙동(洛東)'은 하류에 있는 '가락(국)'의 동쪽에서 유래했다는 설, 신라 진흥왕이 상주(上州)를 폐하여 '상낙군(上洛郡)'으로 삼았는데 군의 동쪽에 강이 있었던 것에서 유래했다는 설 등이 있다. 조선후기 실학자 이중환의『택리지』'경상도'조에서도 "낙동은 상주의 동쪽이다"고 언급하고 있다. 이 중에서 어느 것이 정확한지는 알 수 없지만『신증동국여지승람』권28 상주목 '누정'조에 김종직의 '영풍루 중수기', 남곤의 '한연당 기문' 등에 의하면 조선전기의 문학 작품에서는 여전히 '낙수(洛水)'나 '낙강(洛江)'이란 명칭이 함께 사용되고 있다.

낙동강의 수원(水源)에 대해서는『세종실록 지리지』에서는 봉화현 북쪽 태백산의 황지(潢池), 문경현의 북쪽 초점(草岾), 순흥 소백산 등의 3곳을 제시하였다. 하지만『고려사』권58 「지리 3」'삼척현'조에서는 "황지가 곧 낙동강의 수원이다"고 하였고,『신증동국여지승람』권28 상주목 '누정조'에서는 "낙수는 태백(산)에서 나와 남해로 들어가는데"라고 하였다. 이를 통해서 볼 때, 조선전기의 사람들은 이미 낙동강의 수원이 황지라는 것을 알고 있었다.

황지에서 발원한 본류는 상주 동북쪽 경내에서 문경과 소백산으로부터 흘러 내려오는 영강과 내성천을 합치면서 비로소 낙동강으로 불리게 된다. 상주의 아래쪽은 전체적으로 낙동강이나 가야진(伽倻津)이라고 칭해졌지만 큰 지류와 합류하는 구간, 지역적으로 중요한 의미를 지니는 특정한 구간에서는 그곳만을 지칭하는 별칭이 사용되기도 하였다. 『칠곡지』'산천'조에서는 낙동강을 소야강(所也江)·석전진(石田津)·공암진(孔巖津)이라 불렀고,『신증동국여지승람』권27 영산현 '산천'조에서는 영산현의 서쪽인 진주 남강의 물과 합류하는 현재의 남지 부근을 기음강(岐音江)이라 불렀다. 또한 같은 책 권32 김해도호부 '산천조'에서는 밀양부 용진(龍津)의 하류인 뇌진(磊津)이 있던 현재 밀양강의 유입부를 해양강(海陽江)으로 불렀고, 양산군과 경계 구간을 황산강(黃山江)이라고 불렀다.

이 중에서 황산강과 관련하여『삼국사기』신라본기에서는 탈해이사금 때인 77년 8월에 아찬 길문(吉門)이 황산진 어귀에서 가야 병사들과 싸워 1천여 명의 목을 베었다고 하고,

지마(祗摩)이사금은 115년에 가야를 정벌하기 위하여 '황산하(黃山河)'를 건넜다고 했으며, 837년에는 우징(祐徵)이 처자식과 함께 '황산진구(黃山津口)'로 달아났다는 등의 사실을 전한다. 고려 때에도 『고려사 절요』권30에서는 박위(朴葳)가 황산강 어귀에서 왜구를 격파하였고, 조민수(曹敏修)는 강을 거슬러 올라와 밀양을 노략질하던 왜구를 격파했다는 등의 전투에 대한 기록을 많이 수록하고 있다. 이외에도 황산강 유역은 자연 풍광이 뛰어나 통일신라 말 최치원이 '황산강 임경대(臨鏡臺)'란 작품을 지은 이래로 고려 때 이규보·정포(鄭誧)·이곡(李穀) 등과 조선 때 남구만(南九萬) 등도 황산(강)을 대상으로 많은 작품을 남겼다.

| 양산시 원동면 용당리 가야진사

이를 통해서 볼 때 '황산'이란 별칭은 신라초기부터 이미 낙동강을 지칭하는 것으로 사용되었고, 고려에서도 줄곧 사용되었던 것으로 보인다. 황산강처럼 별칭이 사용되었던 구간은 각지를 연결하는 수륙교통의 요충지였던 곳이 많았다.

조선초기부터 조운체제가 정비되면서 강변의 진(津)과 포(浦)는 관방의 체계적인 관리를 받게 되었고, 조선후기 상업의 발전으로 민간에서도 요긴하게 활용하면서 삼랑진의 후조창(後漕倉)처럼 종종 상업 포구로 성장하는 곳도 있었다. 번창한 나루터 주변에는 용당을 건립하여 지역의 수령이 백성과 함께 안전을 기원하며 정기적으로 제사를 모시기도 하였다. 조정에서는 낙동강의 수계를 일괄적으로 관리할 필요성이 제기되면서 기존의 이칭이나 별칭보다 점차 '낙동강'이란 명칭으로 일원화했던 것으로 보인다.

3) 경상좌도 · 우도의 설치

조선시대는 이전보다 중앙집권화가 강화되기는 했다지만 여전히 통신과 교통의 발달이 미비하였기 때문에 죽령(竹嶺) 이남의 넓은 지역을 하나의 행정구역으로 관리한다는 것이 쉽지는 않았다. 삼국시대까지 이 지역에는 다양한 소국연맹체들이 활동하였고, 삼국시대에도 낙동강 좌측 지역은 신라가, 우측 지역은 가야가 점유하며 상호간에 치열한 경쟁이 있었다. 통일신라 때는 상주·양주(良州)·강주(康州)가 두어졌는데, 앞의 1개 주(州)는 현재의 경상북도에 해당하고, 뒤의 2개 주(州)는 현재의 경상남도에 해당한다. 앞에서 언급했던 것처럼 고려 성종 때는 이 지역에 3개의 도(道)가 두어졌고, 충숙왕 때 '경상도'라는 1개의 도(道)로 정리되면서 1경(京), 2목(牧), 3부(府), 30군(郡), 92현(縣)을 관할하게 되었다. 총 128곳의 지역 중에서 중앙의 관리가 파견된 곳은

14개에 불과했다는 것에서도 알 수 있듯이 여전히 중앙집권화는 미약하였다.

조선초기에 지방행정을 '팔도체제'로 개편하면서 경상도의 관할에는 유수부(留守府) 1곳, 대도호부 1곳, 목(牧) 3곳, 도호부 6곳, 군 15곳, 현령 6곳, 현감 34곳으로 총 66곳에 읍을 두었다. 1425년에 편찬된『경상도 지리지』에는 1408년(태종 8)에 처음으로 "땅이 넓고 업무가 많아" 경상도를 '경주·안동도'와 '상주·진주도'로 나누었다가, 1416년에 다시 '좌도'와 '우도'로 나누었다고 전한다. 본영은 경주에 두었는데, 1408년에는 "도관찰사가 (상주)목사를 겸판하도록 하였다"고 한다. 1432년에 완성되어『세종실록 지리지』에 수록된『신찬팔도지리지』에는 '상주에 감영을 설치하다[置司尙州]'고 전한다. 이후에 임진왜란을 겪으면서 계속 분도(分道)와 합도(合道)가 반복되었고, 감영도 칠곡·달성·안동·대구 등지로 거듭 옮겨졌다.

좌도와 우도의 경계에 대하여『태종실록』권14에는 "경상도를 나누어 좌·우도로 했는데, 낙동(洛東)과 낙서(落西)를 경계를 삼았다"고 하고,『택리지』「팔도총론」'경상도'조에는 "강은 도(道)의 중앙을 가로지르는데, 강의 동쪽을 좌도(左道)라 하고 강의 서쪽을 우도(右道)라 한다"고 하였다. 하폭이 좁은 중·상류지역에서는 하나의 고을 영역이 낙동강 좌우에 걸쳐 있었던 반면 하폭이 넓은 중·하류지역에서는 낙동강이 각 고을의 경계구역이 된다는 차이도 있었다.

좌도와 우도는 군주가 있는 한양을 기준으로 나뉘는데,

동쪽이 좌도가 되고, 서쪽이 우도가 된다. 좌도에는 울산·동래·예천·풍기·봉화·칠곡·창녕·양산 등의 37개 읍이 예속되었고, 우도에는 문경·함창(咸昌)·고령·함양·곤양·남해·창원·거제·웅천(熊川) 등의 28개 읍이 예속되었다. 김종직도 「낙동요(洛東謠)」에서 "강줄기 하나가 60개 고을을 반으로 나누었는데"라고 하였다. 각 군현은 조선전기를 기준으로 좌도의 황산도(黃山道, 현 양산)·성현도(省峴道, 청도)·안기도(安奇道, 안동)·송라도(松羅道, 청하)·장수도(長水道, 영천)·창락도(昌樂道, 풍기) 등 6곳, 우도의 자여도(自如道, 창원)·소촌도(召村道, 진주)·유곡도(幽谷道, 문경)·사근도(沙斤道, 함양)·김천도(金泉道, 금산) 등 5곳의 역로를 통해 긴밀하게 소통하였다.

넓게 펼쳐진 경상도 지역은 남쪽과 북쪽의 문화적 차이뿐만 아니라 낙동강을 경계로 한 좌도와 우도의 문화적 차이도 상당히 컸다. 지리적으로 볼 때 좌도지역은 산악에 둘러싸인 내륙적·폐쇄적 문화의 성향을 지녔다면 우도지역은 낙동강과 남해를 기반으로 한 해양적·개방적 문화의 성향을 지녔다고 할 수 있다. 초기 신라문화와 가야문화의 특징, 특히 불교 수용에 있어 신라의 이차돈 순교와 가야 불교의 수용에서 외래적 요소에서 이런 성향이 반영되어 있다.

다음으로, 인물들을 통해서 볼 때 두 지역을 대표하는 퇴계 이황과 남명 조식은 학문에서 뚜렷한 차이를 보였다. 이익(李瀷)은 『성호사설』1권 「천지문」 '백두정간(白頭正幹)'에서 "(퇴계의) 계통을 이어받은 인물들은 깊이가 있고 빛을 발하

여 예의가 있으며, 겸손하
며 문학이 찬란하여 수사(洙
泗)의 유풍을 방불케 하였
다. (남명의) 후계자들은 정
신이 강하고 실천에 용감하
며 정의를 사랑하고 …… 위
험이 닥치더라도 지조를 변
치 아니하여 독립적 지조
를 가졌다. 이것은 영남 북
부와 남부의 다른 점이다"

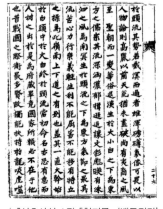

| 『성호사설』1권 「천지문」 '백두정간'
(한국고전종합DB)

라고 두 학파의 특징을 평가하였다. 다시 말하자면, 좌도를
대표하는 퇴계는 자기 학문의 중심을 '리(理)'에 두고 상세히
설명하였고, 그의 학맥을 이은 남인들은 현실 문제에 대해
서도 신중한 행보를 보이며 경세제민(經世濟民)의 태도를 견
지하였다. 반면에 우도를 대표하는 남명은 자신의 학문에
노장적 요소를 활용함으로써 간명함을 추구하였고, 그의 학
맥을 이은 북인들은 의(義)의 실천과 도덕적 주체성의 확립
을 통해 형식이나 관행에 구애받지 않는 태도를 취하였다.

〈참고문헌〉

『고려사』 56~57권 「지리 1~2」

『신증동국여지승람』 권28 상주목

경상남도사편찬위원회, 『경상남도사』 1권 · 3권, 2020.

한정훈, 「고려 · 조선 초기 낙동강유역 교통 네트워크 연구」, 『대구사학』
　　제110집, 대구사학회, 2013.

진주 평거동 유적 전경

교역로, 강

Ⅲ. 교역로, 강

1. 낙동강과 남강의 변화 _ 김재현

1) 영남의 지형과 낙동강, 남강

선사시대부터 강은 풍부한 수자원을 바탕으로 사람들이 살아가는데 절대적으로 필요한 것들을 제공하였고, 사람들은 강을 중심으로 삶을 이어 나갔다. 이외에도 강은 다른 지역으로 이동하는 교통의 대상으로도 중요한 역할을 하였다. 한반도 중부와 남부의 지형은 대부분이 산지로 이루어져 있다. 큰 산과 산맥은 사람들의 왕래를 가로막는 장애물이지만 이 산지에서 발원한 크고 작은 하천들은 산맥들을 지나 강이 되고 마지막엔 바다에 다다른다. 그래서 하천은 오래전부터 바다에서 산지 깊은 곳을 이어주는 교통로이자 길잡이 역할을 하였다.

영남지역은 동쪽으로는 태백산맥, 서남쪽으로는 소백산맥으로 인해 남쪽을 제외한 북쪽·서쪽·동쪽은 산지로 둘

| 한반도 남부의 산맥과 강(국토지리정보원, 한국의 지도집)

러싸여 있는 형태로 관동, 호서, 호남 지방과는 지리적으로 단절된 지형적 요건을 가지고 있다. 좀 더 구체적으로는 북쪽과 서쪽은 백두대간, 동쪽으로는 낙동정맥, 남쪽은 낙남정맥 등의 산맥으로 동해안, 남해안 등의 해안지역을 제외한 내륙은 큰 분지와 같은 지형이다. 이러한 산맥이라는 자연적인 장애물로 인해 영남지방을 남–북 방향으로 관통하여 남해안으로 이어지는 낙동강은 선사시대부터 이 지역과 다른 지역을 이어주는 주요 교통로로 기능하였다. 낙동강은 영남 북부 안동, 예천 등 산지에서는 동쪽에서 서쪽으로 흐르다가 문경에서부터 남쪽으로 방향으로 틀어 상주, 구미, 대구를 거쳐 경남 북쪽의 창녕군까지는 계속해서 남류한다. 하지만 남강과 합류되는 지점부터는 동쪽으로 방향을 틀어 함안, 창원, 김해를 거쳐 최종적으로 남해안과 만난다.

한편 낙동강이 영남 북부에서 남류하며 주변 산맥에서 발원한 크고 작은 하천들이 합류하게 되는데 이 중 남강은 경남지역의 대표적인 낙동강의 지류로 소백산맥에서 발원하여 합천, 산청까지 남쪽으로 흐르다가, 진주를 기점으로 방향을 동쪽으로 틀어 의령, 함안 등을 거쳐 창녕군 남지읍 인근에서 낙동강에 합류한다.

2) 강과 범람원

강은 범람과 퇴적을 반복하며 지속적으로 변화하기 때문에 강의 구조와 지형에 대한 이해가 필요하다. 강은 상류와 중·하류에서의 침식과 퇴적의 양상에 따라 생성되는 지형의 차이를 보인다. 강의 상류에서는 원래 하천의 형태를 유지하면서 아래쪽으로의 침식이 강한 반면 중·하류에 해당하는 지역은 평지 사이를 흘러 하천의 좌우 측면의 침식이 강하다. 따라서 상류에 해당하는 산지와 평지가 만나는 계곡 입구에서는 주로 단구와 선상지성 지형이 형성되며, 계속해서 하천의 바닥이 계단상으로 낮아지기는 하지만 유로의 변화는 별로 없는 특징이 있다. 하지만 중·하류에서는 하천의 범람과 퇴적으로 인해 범람원이 넓게 형성되고 유로의 변화도 발생한다. 마지막으로 바다와 만나는 하류에서는 퇴적물이 계속해서 퇴적되며 삼각주로 대표되는 섬과 같은 지형이 만들어지게 된다. 따라서 강수량에 따른 강의 범람 또는 해수면의 상승, 하강 같은 변화는 강의 유로와 지형변화에 영향을 주고 이러한 변화는 주로 범람원과 삼각주가 위치한 강의 중·하류에서 확인할 수 있다.

낙동강은 영남지방 북부의 백두대간에서 발원하여 경북을 거쳐 경남지역으로 흐르기 때문에 경남지역은 대부분 낙동강의 중·하류역에 해당한다. 창녕 남지읍 및 영산면, 함안 칠서면, 창원 대산면, 밀양 하남읍, 양산 물금읍, 김해 대동면 등이 낙동강의 대표적인 범람원에 해당한다. 낙동강 하구에 해당하는 김해평야는 바로 낙동하구의 삼각주에 해당한다. 남강의 경우 경상남도 서쪽의 덕유산에서 발원하여 함양, 산청 지역에서는 험준한 산지의 사이를 흐르는데, 이 지역은 상류에 해당하며 주변으로 단구성 지형이 발달하였다. 하지만 산청과 진주 인근에서부터는 크고 작은 범람원들이 형성되기 시작하며, 현재의 진주시는 이 범람원 위에 도시가 조성되어 있다. 진주 이후부터도 주변 산지의 영향으로 비록 규모는 작지만 의령군과 함안군 군북면 일대의 크고 작은 범람원을 형성하며 창녕 남지읍 인근에서 낙동강에 합류된다.

| 남강 범람원 발굴조사전경(경남문화재연구원)

강과 관련된 지형 중 인간 생활과 가장 밀접한 곳은 범람원이다. 범람원은 강의 범람으로 토사가 퇴적되어 형성된 지형으로 충적평야의 대표적인 지형이다. 범람원은 크게 자연제방과 배후습지로 구성되며, 이 범람원 내로 하천이 유로를 변경하며 굽이쳐 흘러 우각호, 하중도, 구하도 등의 지형이 발달한다. 자연제방은 강의 양쪽에 퇴적물이 쌓여 약간 볼록하게 올라온 지형이다. 이러한 지형은 모래질 퇴적물로 구성되어 배수가 양호하고, 강의 수위가 높아져도

쉽게 침수되지 않기 때문에 선사시대부터 취락과 밭으로 이용되어 왔다. 반면 배후 습지는 점토질 퇴적물로 구성되어 배수가 불량하며, 강의 수위가 높아지면 쉽게 침수되었다. 따라서 오랜시간 습지의 형태로 남아 있는 경우가 많으며, 사람들은 이 땅을 활용하기 위해 인공제방을 쌓고 대부분 논으로 개간하여 이용하였다. 따라서 강의 변화를 파악하기 위해서는 이러한 범람원의 변화를 살펴보는 것이 주요하다.

3) 낙동강의 변화

낙동강은 한반도 남부지역에서 가장 큰 강으로 발원지를 제외한 대부분의 유역이 영남지방에 위치한다. 삼국시대 및 통일신라시대에는 황산강으로 불리었다. 명칭에 대해서는 우선 과거 김해지역에 위치한 가락국의 동쪽을 흐르는 강이라는 것과 경상북도 상주시의 옛 이름인 '낙양'의 동쪽을 흐르는 강이라는 뜻에서 낙동강이라는 해석이 있다.

낙동강은 우리나라 다른 큰 강에 비해 경사도가 매우 완만한 편이다. 상류에 해당하는 경상북도 북부지역은 경사가 가파른 편이지만 얼마 흐르지 않아 경사도가 많이 떨어진다. 특히 하류에 해당하는 경상남도 밀양시 삼랑진과 양산시 물금읍 사이의 구간은 경사도가 거의 없는 편이라, 과거 이 일대는 유수에 의한 범람과 바닷물이 거슬러 올라오는 현상도 심했다고 한다.

하지만 이러한 낙동강의 특징으로 오히려 교통로로써 이용에는 매우 유리했다. 강의 경사가 완만한 탓에 유속이 느리고 수위가 높아 상류지역인 안동까지 물길을 이용한 교통로가 오래전부터 발달할 수 있었던 원인이 되었다.

(1) 삼국시대 이전의 낙동강

삼국시대 이전 경남지역 낙동강의 모습은 해수면과 관련 있다. 지금으로부터 18,000년 전까지는 가장 가까운 빙하기의 극성기였다. 하지만 후빙기가 시작되는 1만년 전쯤이 되면 기후는 현재와 거의 비슷한 수준으로 회복되는 것으로 알려져 있다. 후빙기에 들어서도 지구의 기온은 조금씩 변화를 보이는데 그에 따라 해수면도 변화하였다. 해수면의 경우 1만년 전 이전부터 약 5,300년 전까지 꾸준히 상승하였고, 특히 약 6,000년 전까지는 기온 및 해수면의 극상기로 지금의 해수면보다 더 높았을 것으로 추측되고 있다. 이 시기 남해안은 지금보다 더 내륙으로 깊숙이 들어와 있었다. 이를 증명하는 고고학적 자료들이 낙동강 하류에서 확인되고 있는데, 대표적인 것이 '창녕 비봉리 유적'과 '고(古) 대

| 고(古) 대산만 추정 복원도(임학종)

117

산만'이다.

창녕 비봉리 유적은 낙동강 하구로부터 약 70km 떨어진 창녕군 부곡면 비봉리 청도천 변에 위치한 패총 유적으로 2004년부터 2005년까지 실시된 발굴조사에서 신석기시대 패각층을 비롯하여 배(목선)와 도토리 구덩이 등 해양과 관련된 유구와 유물들이 확인되었다. 이러한 조사결과를 통해 신석기시대 초기에는 현재의 낙동강 본류와 그 창녕과 밀양 등의 낙동강 지류 영역까지 직접 또는 간접적으로 바다의 영향권에 있었음을 알게 되었다. 비봉리 유적에 대한 조사와 더불어 창원 대산면 일원에 대한 신석기시대 패총의 범위에 대한 조사를 통해 현재의 창원 동읍, 대산면, 밀양 부곡면, 하남면 일대가 과거 내륙 깊숙이 들어선 만(灣)을 이루고 있었음이 확인되었다.

비봉리 유적에서는 도토리 구덩이가 형성되는 시기를 기점으로 해수면은 조금 상승하여 신석기시대 말까지는 이를 유지하다가 청동기시대에 접어들어 하강하는 경향을 보인다. 이후 해수면은 점점 하강한 것으로 보이며 고대산만은 점차 낙동강의 영역으로 변해간 것으로 추정된다. 하지만 앞서 이야기한 것처럼 밀양시 삼랑진부터 양산시 물금읍 구간은 낙동강의 경사도가 거의 없는 만큼 해수면에 의한 강의 역류 등과 같은 간접적인 영향을 받는 지역이었을 것이다. 이러한 과정에서 낙동강의 자연제방에서 멀리 떨어진 배후습지 영역은 현재의 주남저수지와 같은 형태로 남아 있다. 창녕의 우포습지 역시 이와 비슷한 예로 이해된다. 대산면이 바다에 직접적인 영향을 받던 시기 창녕군은 낙동강의 하구로 남지읍을 비롯하여 영산면, 장마면까지 낙동강 또는 바다에 의한 간접적 영향이 미쳤을 것으로 추정되며, 현재의 토평천을 따라 창녕읍 일대까지도 낙동강의 직접적인 영향권이었을 가능성이 있다.

| 고김해만 추정 복원도(김정윤)

삼국시대 낙동강의 범위는 김해 지역의 고고학적 자료를 통해 확인할 수 있다. 김해 지역은 가락국과 관련하여 일찍부터 많은 고고학적 조사와 연구가 진행되었다. 이를 통해 삼국시대 당시에 김해평야는 바다였음을 알 수 있었다. 사실 이 시기 바다의 직접적인 영향이 어디까지 미쳤는지는 현재로서는 정확히 알지 못한다. 신석기시대 이후 해수면은

삼국시대까지 상승과 하강을 반복한 것으로 파악되는데, 이와 관련된 명확한 사실을 증명할 수 있는 자료는 아직 없는 상태이다. 다만 김해평야에서 파악된 해수면의 높이를 현재의 지형도에 그대로 적용했을 경우 김해를 넘어서 양산시 물금읍 일원 그리고 앞서 언급한 고대산면 일대까지도 영향을 끼쳤음은 분명하다. 이를 종합해 볼 때 삼국시대 이전까지 경남지역의 낙동강은 현재와 달리 대부분의 범위가 바다였음을 알 수 있다. 창녕 및 함안 등 낙동강이 남강과 합류하는 지역까지는 바다가 직·간접적으로 영향을 미친 것은 분명한 것으로 보이나 아쉽게도 아직까지는 이에 대해 뚜렷하게 밝혀진 것은 없다.

(2) 삼국시대 이후의 낙동강

고려시대 낙동강의 모습을 확인하기 위한 자료는 현재 잘 확인되지 않는다. 따라서 삼국시대 이후 낙동강의 변화는 조선 후기 지도와 근대 지형도를 통해 알 수 있다. 먼저 1861년 김정호가 제작한 대동여지도에서 과거 고대산만이 존재했던 창원 대산면 일원은 낙동강이 현재와 같은 강의 형태를 하고 있으며 삼랑진 인근에는 하중도가 확인된다. 또한 고김해만의 위치에는 5개의 크고 작은 섬의 형태가 확인된다. 이를 통해 볼 때 조선 후기에는 바다가 과거보다 현재의 낙동강 하구 쪽으로 멀리 이동하였으며, 고대산만 일대는 이제 낙동강의 범람원으로 변화되었음을 알 수 있다. 또한 고김해만은 낙동강의 하류로 많은 퇴적물이 쌓이며 삼각주의 형태를 조금씩 갖추어 가고 있음을 대동여지도를 통해 확인할 수 있다.

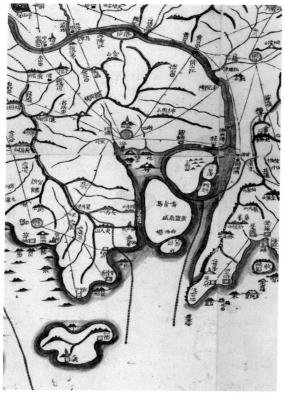

| 대동여지도 낙동강 하류

하지만 조선시대까지도 김해지역은 여전히 해수의 영향을 받았던 것으로 보이고 대산면 일대의 낙동강 주변은 잦은 하천의 범람으로 토지의 이용이 쉽지 않았음이 각종 기

록으로 확인된다. 대표적인 사건이 황산역의 이전이다. 황산역은 원래 양산시 물금읍에 위치하였으나, 1857년(철종 8)에 낙동강이 범람하며 홍수로 잠겨버렸고, 이후 낙동강의 본류에서 멀리 북쪽으로 떨어진 지금의 양산시 상북면 상삼리 일대로 이전하게 되었다. 이 지역은 낙동강 하류로 바다의 수위에 따라 강물의 역류 또는 직접적인 바닷물의 유입 등으로 범람이 빈번하였으며, 이러한 범람을 막기 위해 황산역 주변에 대나무 숲을 조성하거나, 강변에 제방을 쌓았던 것이 고지도 및 발굴조사에서 확인되기도 하였다.

낙동강 범람원과 하류가 현재와 같은 지형으로 변화된 것은 일제강점기부터이다. 일제는 1926년에 한강과 낙동강을 비롯한 6개의 하천에 대해 본격적으로 개수공사를 시작하였다. 낙동강에 대한 개수공사는 수해가 가장 심한 남강 합류지점까지 약 90㎞ 구간 및 밀양강 하류지역을 중심으로 이루어졌다. 이 당시 작성된 자료를

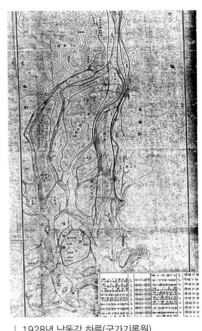

| 1928년 낙동강 하류(국가기록원)

통해 볼 때 낙동강 하류는 대동여지도에서 확인되는 것보다 더 많은 섬의 형태가 확인되며 낙동강은 그물망과 같은 형태로 변화되어 있다. 이러한 변화는 낙동강 하구가 얼마나 빨리 변화되었는가를 가늠해 볼 수 있으며, 경남지역의 낙동강이 현재와 같은 모습으로 변화하는 것은 오래전부터가 아니라 근래에 이루어진 것을 의미한다. 이후 낙동강 범람원들은 지속적인 습지의 매립과 경지정리 등을 통해 현재의 모습으로 변화되었으며, 1987년 낙동강 하구둑이 조성되며 바닷물을 차단하며 이러한 변화는 더욱 가속화되었다.

4) 남강의 변화

남강은 함양군 서상면 덕유산에서 발원하여 남쪽으로 흐르면서 함양읍 동쪽에서 함양 위천이 합류하여 국가하천이 된다. 남강은 진주의 남쪽으로 돌아 흐르기 때문에 붙여진 이름으로 과거에는 영강이라고 불렸다. 과거 산청지역에서는 경호강, 덕천강 등으로 구분하여 불렀으나 법정 하천 명칭은 아니다. 남강은 산청과 진주를 기점으로 상류와 중류·하류로 구분되는데, 본격적으로 남강의 범람원이 형성되는 곳은 산청과 진주 인근부터이다.

남강은 덕유산, 지리산과 같은 서쪽의 소백산맥에 의해 유량의 변화가 심한 강이다. 여름철 남해안에서 형성된 저기압이 내륙으로 이동하며 이 산맥에 부딪쳐서 지형성강우가 많은 곳으로, 연간 평균강수량이 전국 평균보다 약 1.3배 많으며 홍수 시엔 수위가 평소보다 42%까지 높아지기도 한다. 따라서 남강댐이 조성되기 이전에는 범람으로 피해가 매우 컸던 강이었다.

(1) 삼국시대 이전의 남강

삼국시대 이전 남강의 모습은 산청과 진주 일원에서 실시된 범람원들에 대한 발굴조사를 통해 확인할 수 있다. 이 중 대표적인 유적이 바로 대평리 유적과 평거동 유적이다. 대평리 유적은 1967년부터 1999년까지 남강댐 및 수몰지역에 대한 공사를 하는 과정에서 발굴조사가 실시되었고, 신석기시대부터 삼국시대의 취락유적(주거지, 분묘, 경작유구 등)과 조선시대 경작유구 등이 확인되었다. 평거동 유적은 남강변에 대규모 도심을 조성하는 과정에서 발굴된 유적으로 신석기시대부터 삼국시대에 이르는 취락이 확인되었고, 고려·조선시대의 대규모 경작지가 확인되었다. 이외에도 산청과 진주 일원에서는 강루리 유적, 가호동 유적, 초전동 유적 등 남강의 범람원에 형성된 청동기시대, 삼국시대의 취락유적이 조사되었다.

이와 같은 유적의 확인 양상은 신석기시대부터 남강이 산청 및 진주 지역 범람원에 자연제방을 형성하기 시작하였음을 의미한다. 범람원의 형성을 시작으로 사람들은 남강변 자연제방 및 배후습지를 기반으로 생활을 영위하기 시작하였고 이는 삼국시대까지 이어졌다. 하지만 신석기시대부터 삼국시대까지도 남강은 범람과 퇴적 등 활발한 하천 활동으로 범람원에 변화가 지속적으로 있었던 것으로 파악된다. 앞서도 언급했듯이 남강은 서쪽의 소백산맥으로 인해 여름철 범람이 빈번하였다. 평거동 유적에서는 신석기시대부터 형성되기 시작한 자연제방이 범람으로 인한 퇴적물이 공급되며 시간이 흐르면서 점차 규모가 커졌음이 확인되었다. 자연제방의 규모가 커짐에 따라 사람들이 활용할 수 있는 공간은 확대되었고 이로 인해 청동기시대 산청, 진주 인근의 범람원은 대규모 취락이 만들어지는 원인이 되었다. 삼국시대에도 이러한 양상은 계속해서 이어졌다.

| 진주 평거동 유적 전경

하지만 삼국시대 후기부터는 남강의 범람원에도 큰 변화가 생겼다. 신석기시대부터 점진적으로 규모를 키우던 자연제방이 지속적인 퇴적물의 공급으로 자연제방의 기능을 할 수 없게 되어 버렸다. 나말여초의 어느 시점에서는 유로의 변화를 동반한 큰 변화가 있었을 것으로 추정되며 기존의 자연제방은 더 이상 취락으로의 사용이 어렵게 되었다. 지

금까지의 발굴조사 결과를 종합해 보면 이러한 현상은 삼국시대 후기에 처음으로 발생한 것으로 보이진 않는다. 진주와 산청 일대 남강의 범람원에서는 신석기시대에서 청동기시대로 그리고 청동기시대에서 삼국시대로 이어지며 각 시대의 전환기에 일시적으로 유적이 확인되지 않는 양상이 확인된다. 특히 산청 및 진주 지역의 범람원과 그 주변에서는 기원을 전후한 시기의 유적이 거의 확인되지 않는 것이 대표적인 예이다. 다만 삼국시대부터 시작된 남강의 하천 활동은 이전과는 비교되지 않을 정도로 대규모의 변화를 가져왔던 것으로 추정된다.

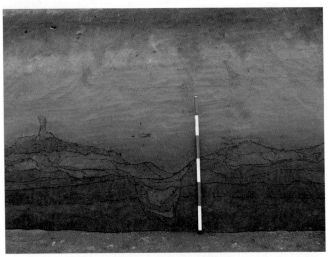

| 평거동 유적 삼국시대 경작유구와 상부 범람퇴적층

이에 반해 남강의 하류인 의령 및 함안의 경우 신석기시대 유물은 확인되었지만 명확한 실체를 갖춘 유적은 아직까지

확인되지 않고 있다. 앞서 낙동강에서 살펴본 바와 같이 신석기시대에는 창원 대산면 일대까지 바다가 들어와 있었고, 인근의 밀양, 창녕까지 영향을 주고 있었다. 따라서 이들과 같은 지형적 조건을 가지고 있었던 함안도 바다에 직·간접적인 영향을 받는 지역으로 대부분이 습지와 같은 형태였을 것으로 추정된다. 신석기시대 이후 해수면의 하강으로 남강의 유로와 멀리 떨어진 습지의 가장자리는 여항산 등의 배후산지에서 공급되는 퇴적물이 쌓이고, 남강의 유로 인근에는 하천 활동으로 인한 퇴적물이 쌓이며 지상화가 진행되었다. 하지만 가야리 제방유적과 39사단 이전부지에 대한 발굴조사 등을 통해 삼국시대까지는 여전히 가야리, 군북면 소재지 인근까지는 습지가 넓게 분포하고 있었음이 확인되었다.

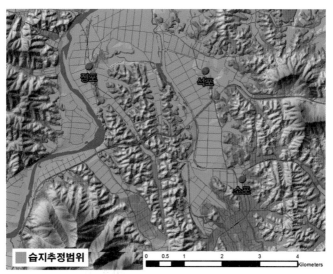

| 삼국시대 군북면 습지 추정범위도

(2) 삼국시대 이후의 남강

삼국시대 이후 산청 및 진주 일원의 남강은 기존과 다른 지형으로 변화되는 것이 발굴조사 결과로 확인된다. 먼저 남강의 상류에 해당

| 산청 갈전리 유적 임시 유로 흔적(동서문물연구원)

하는 산청군 생초IC 인근에서 실시된 발굴조사에서는 과거 삼국시대 주거지 및 무덤으로 이용되던 지형이 홍수로 인해 생긴 임시 유로에 원지형이 양분되는 흔적이 확인된다. 이로 인해 공동묘역으로 사용되던 지역이 강 사이에 점점 섬이 되는 지형변화가 있었다. 이후 이 지역은 현대까지 계속해서 하천과 경작지 조성이 반복되는 양상이다. 대평리 유적 및 평거동 유적에서도 이러한 변화는 확인된다. 삼국시대까지는 자연제방, 배후습지 등의 기복이 있는 지형에서, 범람 퇴적물이 과거 범람원 전체에 퇴적되며 지형이 평탄화되고 더 이상 주거지와 무덤들은 확인되지 않고 경작지만 확인되는 변화가 보인다.

반대로 현재 진주종합경기장이 위치한 곳은 과거 '둥섬들'로 불렸던 곳으로, 발굴조사 결과 삼국시대 이후 새로 생겨났으며 통일신라시대 또는 고려시대부터 사람들이 경작지로 이용한 섬인 것이 확인되었다. 이와 더불어 현재 진주시

의 상평공단이 위치한 넓은 충
적지 그리고 금산면 일대에 넓
은 하우스단지가 위치한 충적
지 역시 이와 비슷한 시기에 새
롭게 조성된 지형으로 추정된
다. 이러한 변화는 진주성 북쪽
도심에 조선시대까지 남아 있
던 대사지, 집현면의 서원못과
같은 우각호 그리고 과거의 하
천을 복개하여 도로로 조성한
도동천로, 그리고 지수면의 압
사리와 같은 구하도의 흔적으
로도 남아 있다.

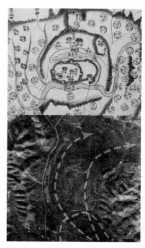

| 진주 대사지(『해동지도』) 및 집현
면 상원못(1954년 항공사진)

삼국시대 이후의 남강은 대규모 범람으로 인해 자연제방
및 배후습지와 같은 지형이 완전히 새롭게 생겨났으며, 현
재의 남강 유로는 이 시기에 형성된 것으로 판단된다. 산청
과 진주 지역은 이렇게 새롭게 생겨난 지형에 따라 고려·조
선시대 새로운 취락이 구도심을 중심으로 생겨났으며, 점차
범람원에 대한 개발이 진행되며 현재와 같이 도심지와 경작
지가 확대되었다.

낙동강 하류의 의령 및 함안은 삼국시대 이후 지속적인 육
상화가 이루어졌던 것으로 생각된다. 남강 유로의 주변으
로는 지속적인 퇴적물이 쌓이며 자연제방의 범위가 넓어지
는 반면, 그 배후의 저지대는 배후산지에서 유입되는 유수

가 남강으로 바로 유입되지 못해 계속해서 크고 작은 습지의 형태로 넓게 분포했던 것으로 보인다. 19세기말 함안군수 오횡묵은 부임지를 돌아보며 대부분의 땅이 홍수가 잦고 쓸모없는 개펄밖에 없다고 기록하고 있다. 이러한 양상은 조선시대 함안의 치소가 남강에서 멀리 떨어진 함안면에 위치하고 있었다는 것으로도 알 수 있다. 20세기 초반 철도의 조성으로 치소가 지금과 같이 가야읍으로 이동되어 오긴 했지만, 함안천에 대한 개수공사가 이루어지기 전까지는 매년 홍수 피해가 심했음을 신문 기사에서도 찾아볼 수 있다.

남강 역시 낙동강과 마찬가지로 조선 후기부터 습지 주변으로 제방 및 배수시설들을 만들며 조금씩 경작지의 범위를 넓혀 나갔는데, 일제강점기 실시된 낙동강 개수사업을 기점으로 더욱 많은 습지들이 경작지로 변화되었다. 함안군과 의령에는 1960년까지의 지형도에서도 습지들을 다수 확인할 수 있었지만 그 이후 경지정리 및 하천정비사업 등으로 지금은 거의 대부분 사라져버렸다.

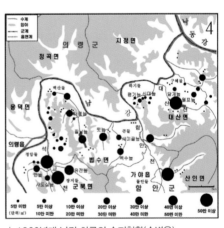

| 1960년대 남강 하류의 습지현황(송병욱)

〈참고문헌〉

경남문화재연구원, 『진주 평거동유적 I ~ IV』, 2012.

경남문화재연구원, 『함안 군북 ○○부대 이전사업부지내 함안 군북 5-1·2구역 유적』, 2015.

경상문화재연구원·진주시, 『진주혁신도시 개발사업지구내 진주종합 경기장 건립부지내 유적』, 2011.

동서문물연구원, 『山淸 葛田里遺蹟』, 2011.

동서문물연구원, 『진주 평거4지구 도시개발사업지구내(II구역) 유적』, 2012.

우리문화재연구원·咸安郡, 『咸安 伽倻里 堤防遺蹟』, 2010.

해동문화재연구원·경상남도개발공사, 『경남진주 혁신도시개발사업지 구(II-2지구)내 진주 소문리 둥섬들유적 III』, 2012.

송병욱, 「남강 유역의 습지 발달과 개발」, 경상대학교 석사학위논문, 2006.

임학종, 「洛東江 下·支流域의 貝塚文化에 對한 再認識」, 『大東考古』創 刊號, 재단법인 대동문화재연구원, 2007.

김정윤, 『고김해만 북서부 Holocene 후기 환경변화와 지형발달』, 2009.

김재현, 「선사·고대 남강의 범람으로 인한 사회변화—주거지와 경작 지를 중심으로—」, 창원대학교대학원 석사학위논문, 2014.

국토교통부 국토지리정보원(https://www.ngii.go.kr/)

행정안전부 국가기록원(https://www.archives.go.kr/)

서울대학교 규장각한국학연구원(https://kyu.snu.ac.kr/)

2. 가야의 교역로, 낙동강 · 남강 · 황강 _ 김양훈

낙동강은 강원도 함백산에서 발원하여 영남분지를 관통하여 남해까지 이른다. 영남분지 내에서 발달한 황강, 남강 등 크고 작은 하천들은 국지적으로 형성된 분지를 가로질러 낙동강 본류와 합류하여 거대한 낙동강유역을 형성한다.

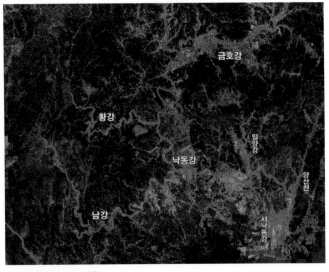

| 낙동강유역 주요 하천

영남분지 안에는 높고 낮은 산지가 넓게 펼쳐져 있어 호남평야처럼 넓은 평야가 형성되지 못하지만, 낙동강 본류와 지류가 대체로 완만한 경사를 이루어 하천 가까이에 배후습지, 곡저평야, 선상지 등이 발달되어 있다. 이러한 지형은 인간들의 거주와 농경에 유리하여 일찍부터 영남지역 주민들이 생활하는데 천혜의 땅이었다. 선사시대부터 삼국시대

132

에 이르기까지 크고 작은 무덤, 주거, 생산 등 다양한 성격의 유적들이 밀도 높게 분포한 점에서 충분히 짐작할 수 있다. 그 중, 가야의 고분이나 주거유적이 하천에 인접한 낮은 구릉이나 평지에 군집을 이루고 있어 가야인들이 선호한 곳이었음을 쉽게 추측할 수 있다.

낙동강과 그 지류들은 자연제방이 발달하여 일찍부터 사람들이 오가는 교통로이기도 하였다. 자연제방은 영남분지 내 협소한 분지들과 이어져 있고, 상류에 있는 고개와도 연결되어 영남분지의 외부와도 소통할 수 있어 일찍이 주민 이동이나 정치체 간의 교섭·교역 등 다양한 상호작용이 이루어졌다. 또한 물의 흐름이 느리고 강폭이 넓기 때문에 낙동강 하구부터 경북 상주까지 거슬러 올라갈 수 있었다. 한편, 낙동강 본류와 지류간 연결된 자연제방과 하천은 사람과 물자만의 소통만이 이루어진 것이 아니라 토기, 철기 등의 생산기술이나 정보 등의 다양한 무형의 물자도 유통되어 정치체들 사이의 정치·경제·군사·이념의 통로가 되기도 하였다.

1) 선사시대

낙동강은 일찍부터 사람들이 이용하는 주요 교통로였다. 신석기시대 패총인 비봉리유적에서 선박 부재가 발견되어 신석기시대에 이미 낙동강과 남해를 오간 것으로 확인되었다. 이것은 인접한 청도 오진리유적의 투박조개 팔찌를 통해 짐작할 수 있는데, 동남해안지역에서 출토된 투박조개 팔찌가 백합, 담치 등의 바다조개와 함께 출토되어 남해안-낙동강을 이용한 교역이 일찍이 이루어졌음을 알 수 있다. 한편, 투박조개 팔찌는 소백산맥 너머의 단양 도담금굴에서도 출토되어 남해안-낙동강-김천-상주-소백산맥-단양으로 교역로가 형성되었을 가능성도 생각할 수 있다.

경남지역에는 지석묘, 주거지 등이 군집한 청동기시대 유적이 남해안과 낙동강, 남강 등 주요 하천변과 해안에서 확인된다. 낙동강 교역로는 신석기시대의 것과 유사하지만, 주변의 크고 작은 지류로 뻗어나갔다. 특히 남강 교역로는 중류의 진주 대평리, 산청 묵곡리 등지에서 청동기시대 복합유적 등 다양한 성격의 유적이 조사된 바 있다. 그 중 대평리유적은 지석묘, 경작지, 주거지, 환호 등이 입지한 대규모 취락유적으로 확인되었고, 경남의 청동기시대 생활유적에서 주로 보이는 송국리형 주거지와 무문토기가 출토되어 남강을 이용한 교역이 이루어졌음을 확인할 수 있다.

2) 가야 전기(기원전 1세기~기원후 4세기)

가야 전기 낙동강유역의 교역로와 관련하여 주목되는 사실이 있다. 『삼국지』 위서동이전 한조에 의하면,

변진도 12국으로 되어 있다. …… 이저국 · 불사국 · 변진미리미동국 · 변진접도국 · 근기국 · 난미리미동국 · 변진고자미동국 · 변진고순시국 · 염해국 · 변진반로국 · 변낙노국 · 군미국 · 변진미오야마국 · 여담국 · 변진감로국 · 호로국 · 주선국 · 변진

구야국 · 변진주조마국 · 변진안야국 · 변진독로국 · 사로국 · 우
유국이 있어서, 변한과 진한의 합계가 24국이 된다. …… 변진
은 진한 사람들과 뒤섞여 살며 성곽도 있다. 의복과 주택은 진한
과 같다. 언어와 법속이 서로 비슷하지만, 귀신에게 제사 지내는
방식은 달라서 문의 서쪽에 모두들 부엌신을 모신다.

위의 기사는 변·진한 24국의 국명을 나열하였고, 변한과
진한 풍속의 차이를 기술한 것이다. 진수의『삼국지』위서동
이전 한조는 기원전 3세기부터 기원후 3세기까지의 한반도
남부지역의 정세를 중국인의 시각에서 기록된 것이지만, 기
년을 적지 않은 사건이나 사회, 풍속 등의 내용은 특정 시기
로 설정하여 이해하기 어렵다. 어쨌든 사서(史書)의 한계를
차치하고 위의 기사를 살펴보면, 기원전 1세기부터 기원후
3세기까지 "변진"자 붙인 것은 변한 12국, 붙이지 않는 것
은 진한 12국이 있었으며, 국명 순서를 변한과 진한을 구분
하지 않고 열거되어 있다.

변·진한을 구분하지 않고 나열한 것은 기준이 무엇인지
찾기 어렵다. 다만, 현재까지 소국 비정에 큰 이견이 없는
몇몇 소국을 살펴보면, 이저국(청도)→불사국(창녕)→변진미
리미동국(밀양), 변진구야국(김해)→변진주조마국(창원)→변
진안야국(함안), 변진독로국(동래)→사로국(경주)→우유국(울
진) 등으로 나열되어 있다. 이같은 나열은 삼국지 찬자가 무
작위 순으로 기술하기보다는 특정 교통로의 방향성을 두고
표기한 것으로 추론된다.

위의 기사에서 낙동강 교역로와 연관된 것은 이저국-불사국-변진미리미동국-변진접도국 순으로 나열되어 있다. 이것은 기원전 2세기~기원후 1세기의 청동거울, 동전 등의 다양한 중국계 유물이 상주, 성주, 대구, 경산, 밀양, 창원, 김해 등 낙동강과 그 지류에 인접한 지역에서 출토된 사실과 연계된다. 특히 창원 다호리 1호 목관묘에서 거울[星雲文鏡], 동전[五銖錢], 띠고리[帶鉤], 작은동종[小銅鐸] 등의 청동기와 붓이 출토되었는데, 다호리 1호 피장자는 학식과 견문이 있는 계층으로서 다호리 읍락과 주변의 크고 작은 집단을 이끌면서 낙동강 교역로를 통해 군현과의 교역을 주도한 수장층이었을 것으로 생각된다. 한편, 이 교통로와 관련하여 직접적인 내용으로 규정하기 어렵지만, 『위략』의 염사치사 기록에서 지황연간 (20~22)에 진한(辰韓) 사람 염사치가 낙랑에 망명한 후 한인(漢人) 500명을 데려가면서 진한인 15,000명과 변한포를 거두어 간 사실을 보아서도 기원전 1세기~기원후 1세기의 군현-변·진한 교역에서 낙동강 교역로는 많은 사람이 이용한 것을 짐작할 수 있다.

이와 달리 낙동강 하구에서 거슬러 상류 방면으로 연결된 경

| 다호리 105호 주변수습 야요이토기(국립김해박물관, 2011)

우가 있는데, 다호리 1호의 투겁창[銅矛], 다호리 105호 주변 수습 일본계 야요이토기, 대구 만촌동 넓은 투겁창[廣形銅矛]를 통해서 추측할 수 있다. 그 중 야요이토기는 스쿠(須玖) Ⅱ식으로 분류되며, 김해 회현동패총에서도 확인된다. 기원전 1세기~기원후 2세기의 일본계 유물이 낙동강 하구에 낙동강을 따라 내륙지역으로 전해진 것으로 추정할 수 있다.

이후 군현−변한의 교역로는 크게 변하였다. 기존 낙동강을 통한 교역로는 쇠퇴한 반면, 남해안을 통한 교역은 활발하였다. 낙동강 교역로는 합천 저포리, 함안 말산리에서 부여 혹은 고구려계로 알려진 주조 철부가 출토되었고, 영남 각지에서 출토된 와질토기 기종과 형태 유사성을 보면 여전히 이용된 것은 분명하지만, 2세기 후반 이후 청동거울 등의 한식 유물이 대부분 김해에 집중되었고, 창원 다호리, 밀양 교동 등의 낙동강 교역로 내의 주요 유적에서는 보이지 않는다. 이 변화의 직접적인 배경은 알 수 없지만, 환제와 영제 혼란기(146~189) 군현이 쇠퇴하고, 마한과 예가 강성해져 군현−변한 교섭이 낙동강 교역로가 가로막혀 해로로 통했을 것으로 추정해볼 수 있다. 이후 경초 연간(237~239)에 위(魏)가 바다를 건너 낙랑, 대방을 확보한 점을 보면, 위는 기존의 육로를 탈피하고 해로를 통해 한반도 제세력과의 교역을 주도한 것으로 추정되는데, 3세기 전반 군현−구야한국−왜의 항해로를 기재된 점을 보아서도 짐작할 수 있다.

하지만, 낙동강 교
역로는 4세기에 이르
러 다른 모습을 보여
준다. 4세기대 가야
의 교역을 읽을 수 있
는 문헌 기록은 찾기
어렵고, 영남 각지에

| 대성동 29호분 단경호(경성대학교박물관)

서 출토한 도질토기 자료를 통해 살펴볼 수 있다.

최초의 도질토기인 단경호가 3세기 말에 조영된 대성동
29호분에서 출토된 이후, 당시 선진지역인 김해·부산에서
생산된 것으로 생산된 것으로 알려져 있다. 4세기 전반에는
다양한 기종의 도질토기가 생산되었고, 일부 기종은 밀양·
함안·대구 등지에서 소량 확인되어 낙동강을 따라 제품이
유통된 것으로 알려졌다. 이것은 3세기 후반 가락국이 가
야–군현·왜의 교섭을 주도하면서 획득한 선진물자를 재분
배하면서 이루어진 결과라고 판단된다.

가락국의 재분배 행위에서 토기 등의 유형물만 전해진 것
이 아니라 토기생산 기술 등 무형물도 전해지기도 하였다.
함안에서는 4세기 전반에 도질토기가 처음 생산되었다. 이
토기들은 와질토기 생산기술을 그대로 이용하여 생산되었
는데, 함안의 와질토기 공인들이 낙동강하구의 도질토기 생
산기술을 습득하여 제품을 만든 것으로 보고 있다. 이렇게
등장한 함안산 단경호는 김해·부산·밀양·대구·경산 등지
에서 출토되고, 4세기 후반의 함안 우거리, 창녕 여초리 등

의 토기가마가 낙동강 인접지역에서 확인되어 낙동강을 따라 영남 각지에 전해진 것이었다.

4세기 후반에는 함안양식 토기의 다양한 기종이 영남 각지에 유통되었는데, 기존의 낙동강 교역로에서 남강, 황강 등의 지류를 따라 유통망이 확산되었고, 경주, 울산 등 동해안 지역까지 전해졌다. 그런데, 함안양식 토기의 광범위한 유통망에 대해 특정 제작소에서 생산되어 주변지역으로 전해졌거나 함안산의 영향을 받아 현지에서 생산, 유통된 것으로 의견이 갈리는데, 함안 우거리 토기가마에서 약 25 ㎞ 정도 떨어져 있는 창녕 여초리 토기가마에서 함안산과 동일하거나 비슷한 토기들이 생산된 점을 보면 함안산 토기 제작기술이 범영남지역에 확산되었을 가능성이 있다.

함안산(系) 토기 유통망이 영남 각지로 확산되는데, 김해·부산식 토기 유통망은 이원적인 양상을 보이고 있다. 4세기 후반에 낙동강 하구에서 출현한 유개식이단일렬투창고배, 대부파수부호, 유개장경호, 컵형토기는 함안·창녕·합천·고령 등에서 확인되어 함안산(系) 토기 유통망과 비슷하지만, 외절구연고배와 파수부노형기대의 토기 유통망은 김해와 부산 복천동 중심으로 이루어져 있되, 창원·기장 등의 외곽지역에서 소량 확인된다. 김해·부산식 토기의 이원적 유통체계가 형성된 것은 소비지의 선호도의 차이보다는 중심집단이 외절구연고배와 파수부노형기대에 위신재 성격을 부여하여 제품의 외부 유통뿐만 아니라 생산정보와 기술 유출을 막았기 때문에 비롯된 것일지도 모르겠다.

| 창원 대평리유적 함안산(계)토기(가야문화재연구소, 2018)

　하여튼 4세기대 낙동강과 남강, 황강 등의 지류는 김해·
부산양식, 함안양식 토기 등의 물자 뿐만 아니라 다양한 정
보들도 넘나들면서 가야제국간의 교류가 빈번하게 이루어
진 곳이었다.

| 대성동 3호 출토 외절구연고배와 파수부노형기대(경성대학교박물관, 2000)

3) 가야 후기(5~6세기)

4세기 말 가야제국은 소용돌이의 현장이었다. 고구려의 광개토왕은 391년에 즉위하면서 백제와의 구원(舊怨)을 해결하기 위해 남진정책을 적극적으로 펼쳤다. 이 정책은 가야와 신라에도 적잖은 영향을 끼쳤다. 이 동향을 보여주는 「광개토왕릉비문」 중 가야관련 내용은 영락 10년(400)에 일어난 사건이다.

(영락) 10년 경자에 교를 내려 보병과 기병[步騎] 5만 명을 보내어 신라를 구원하게 하였다. 남거성에서 신라성에 이르니 왜가 그 안에 가득하였다. 관군이 막 이르자 왜적은 ㅁ로 퇴각하였다. (관군)은 배후를 급히 추격하여 임나가라의 종발성까지 닿자, 성이 곧 귀복하였다. 안라인 수비병이 신라성·염성을 공략하여 왜구를 크게 궤멸하였다. …… 안라인 수비병 …… 안라인 수비병. 옛날 신라매금이 직접 와서 논사한 적이 없었는데, …… 광개토경호태왕 …… 매금 …… 복구(僕勾) …… 조공.

위의 내용은 고구려가 신라를 침범한 왜를 섬멸하고 신라와의 조공관계가 성립된 사실을 전하고 있다. 이 전쟁은 399년 신라 사신의 평양방문 계기로 광개토왕이 신라에 ㅁ계를 전달된 이후에 이루어졌다. 이것은 고구려가 신라를 둘러싼 제국 동향에 대한 정보를 수집하고 계책을 마련한 후에 이루어진 것이다. 당시 가야제국의 동향를 읽을 수 있는 기록이나 고고자료를 확인할 수 없어 고구려가 어떤 정보를 취하였는지 알 수 없다. 다만, 앞서 언급된 4세기 후반 이후 영남 각지에 유통된 승석문호 등의 함안산(계) 도질토기의 광범위한 유통망이 주목된다.

함안산(계) 도질토기 유통망은 토기 제품뿐만 아니라 생산기술 등 무형의 정보가 오가는 곳이었다. 특히 울산, 경주 등지의 수장급 대형묘에서 함안산(계) 토기가 출토되었고, 남정 이후에 조성된 경주 화산리 토기가마에서 함안양식 토기가 출토된 사실을 보면 안라국은 신라의 수장층간의 교류로 전개되었을 뿐만 아니라 교역을 통해 토기 공인 파견 등 인적교류가 이루어졌을 것으로 짐작할 수 있다. 그렇다면, 고구려는 직접 또는 신라로부터 가락국, 안라국 등 가야 관련 다양한 정보를 수집하여 신라 구원(救援)을 위한 전략과 전술을 마련하였고, 그 일환으로 낙동강과 그 지류의 정세에 익숙한 안라인을 활용하여 남정을 주도한 것으로 추측할 수 있다.

남정 이후 전쟁의 여파로 낙동강 교역로를 둘러싼 가야제국 동향은 많은 변화가 일어났다. 가락국과 안라국이 주도한 낙동강 교역이 가락국이 쇠퇴해지면서, 가라·다라·비사벌 등의 가야의 여러 나라들이 참여하였다. 이로 말미암아 5세기 중반에는 주요 지역에서는 지역적 특색을 가진 토기양식 즉 "지역양식"이 성립되었다. 함안·창녕 등지에서 각각의 특색을 가진 토기가 지역간의 교류, 집단 이동 등을 통해 출현한 것으로 이해되어 왔다.

가야토기 지역양식이 성립되기 앞서, 새로운 기종이 낙

동강유역권에 분포하였다. 새로운 기종이 등장한 것은 동일 공인이 제작한 것으로 봐도 무방할 정도의 동일한 형태의 발형기대가 문양의 형태나 배치가 대동소이한 점을 보면, 최초로 등장한 김해·부산의 토기 생산정보의 전파나 공인집단의 이주가 낙동강 교역로를 따라 이루어진 것으로 볼 수 있다. 이 계기는 짧은 시기에 동일 형태의 토기가 영남 각지에 분포한 점을 보면, 400년 고구려남정 이후 가락국이 쇠퇴하면서 일부 세력이 영남 내륙으로 이주하면서 생산정보가 전해진 것이 타당할 것이다.

고구려 남정의 여파가 해소되면서 낙동강 이서지역에는 또 다른 변화가 일어났다. 가야제국은 점차 안정을 찾으면서 내재적인 발전을 기하였는데, 함안·창녕·합천·고령 등 낙동강과 그 지류에 인접한 지역에 크고 작은 고총고분군이 조영되기 시작되었고, 다양한 성격의 유물이 부장되는 등 질적으로 많은 변화가 일어났다. 그 중, 교역품인 토기는 가야-신라토기의 분화와 함께 여러 지역양식이 형성되었고, 주요 하천을 따라 각지에 유통되거나 재지에서 생산, 소비가 이루어지기도 하였다.

5세기 중·후반 낙동강과 그 지류는 여러 지역양식 토기가 오가는 곳이었다. 가락국, 안라국이 점유하였던 낙동강 교역로는 창녕의 비사벌이 등장하면서 이전 시기와 다른 양상이 되었다. 창녕지역은 5세기 전반까지 함안양식 토기의 생산, 유통권역이었는데, 5세기 중반이후 신라토기와 가야토기 양식이 모두 반영된 토기들이 등장하면서 창녕양식 토기가 만들어졌다. 이후 낙동강을 중심으로 여러 지류를 통해 부산, 김해, 합천 등지로 유통되었다. 이 유통양상을 두고 비사벌 집단의 교역활동 혹은 신라의 간접지배 혹은 신라에 의한 낙동강 중·하류역의 창녕집단의 역할 확대의 근거로 보는데, 신라의 정치적 영향권에 들어서는 것은 5세기 말 ~6세기 전반이고, 송현동 7호에서 일본산 녹나무제 목관이 출토된 점을 보면, 낙동강 교역로를 통한 창녕양식 토기 유통은 비사벌집단의 교역활동에 의해 이루어진 것으로 이해해야 할 것 같다.

| 창녕 교동고분군 창녕양식 토기(가야문화재연구소, 2018))

이때, 가락국과 안라국의 낙동강 교역은 이전과 다른 양상이었다. 가락국은 5세기 전반까지 이어졌던 김해·부산양식 토기가 사라졌고, 동일 문화권이었던 부산지역에서는 소위 부산식토기가 등장하였지만, 이전의 교역망을 계승하지 못하였다. 안라국은 5세기 전반에 화염문투창고배 등 고유양식 토기들이 등장하였지만, 그 유통망은 함안분지 중심으

로 한정되었다. 함안 도항리고분군의 고총고분의 최성기가 5세기 후반~6세기 전반이며, 529년 가야제국과 신라, 백제, 왜를 한데 모아 '안라고당회의'를 주재한 만큼 정치적 위세를 발휘하는 정치체임에도 불구하고 토기 유통망이 함안분지 내로 좁아진 점은 이유는 알 수 없지만, 중심집단이 제의 관련 토기생산과 유통을 통제한데서 비롯된 것이 아닐까 싶다.

| 함안 도항리 6-1호 아라가야양식 토기(가야문화재연구소, 2018)

5세기 후반 남강 교역로는 소가야양식 토기가 다른 지역 양식보다 우월적으로 분포하였다. 또한 소가야토기는 합천, 고령, 함안 등의 내륙과 김해, 창원 등의 남해안지역에 유통되었듯이 광범위한 유통망을 형성되어 있었다. 또한 산청 옥산리, 묵곡리 등 남강수계의 여러 유적에서 백제권역 유물과 함께 출토되고, 서울 통납토성 등 백제권역에서도

보이는데, 소가야토기 생산집단이 남강–금강수계를 통해 백제와의 교역이 이루어졌음을 말해준다. 소가야양식 토기는 다른 지역양식과 달리 중심권역이 뚜렷하게 보이지 않음에도 불구하고, 진주·산청 등의 남강수계 중심으로 김해·함안·의령·합천·고령 등 가야의 대부분 지역에서 확인되는 것은 가야제국간의 교섭과 이들의 대외교역을 말미암아 소가야양식 토기의 생산과 유통이 이루어진 것으로 추측할 수 있다.

| 산청 묵곡리유적 소가야양식 토기(국립가야문화재연구소, 2018)

그런데 5세기 말~6세기 전반 즈음 소가야토기 유통망은 대가야에 의해 완전히 와해되었다. 5세기 후반 이후 대가야토기는 낙동강·남강·황강 등의 수계를 따라 영남 각지에 확산되고 남원·순천 등의 전라 동부지역까지 유통되었다. 성립기의 대가야토기는 낙동강의 소지류인 안림천과 회천을 따라 고령 일대에 유통되다가 점차 황강을 따라 확산되고, 6세기 전반 즈음에 남강과 섬진강 방면으로 유통되었다. 한편 의령·함안·창원·김해 등의 낙동강 방면에서도 많은 토기가 확인되었다. 그런데, 대가야토기가 지역마다 대동소

이한 차이가 있는데, 제품의 유통과 모방, 생산정보 전파, 공인집단의 이동 등 유통방식의 차이 때문에 생긴 것으로 이해해야 할 것이다.

| 합천 옥전고분군 대가야양식 토기(합천박물관, 2020)

6세기 후반 이후 대가야토기를 비롯한 여러 지역양식의 가야토기는 사라졌다. 5세기 후반 이후 조금씩 가야지역에 유입되던 신라토기가 6세기 전반 이후 신라가 가야로 진출하면서 광범위하게 유통되었고, 가야의 멸망에 이르기 전에

전 지역에 유입되면서 가야토기는 사라진 것이다.

5~6세기대 낙동강과 남강, 황강 등의 크고 작은 경남의 하천들은 창녕, 아라가야, 소가야, 대가야양식 토기가 분포하듯이 다양한 성격의 물자가 오갔던 곳이었다. 또한, 교역로를 둘러싼 가야제국간의 경쟁과 신라와의 대결 등은 가야의 역동성을 잘 보여준다고 할 수 있다.

〈참고문헌〉

김세기, 「진·변한의 교통로」, 『진·변한사 연구』, 정완문예사, 2002.

박천수, 『가야문명사』, 진인진, 2018.

박승규, 「가야토기」, 『가야고분군』Ⅱ, 가야고분군세계문화유산추진단, 2018.

이성주, 『新羅·伽倻社會의 政治·經濟的 起源과 成長』, 학연문화사, 1998.

정주희, 「영남지방 고식도질토기 지역 양식의 형성과 전개」, 『한국고고학보』112, 2019.

정주희, 「가야토기의 분포와 교류」, 『가야고분군』Ⅶ, 가야고분군세계문화유산추진단, 2022.

조성원, 「삼국시대 영남지역 도질토기의 생산과 유통－4~5세기를 중심으로」, 『영남고고학』69, 영남고고학회, 2014.

조성원, 「가야지역 도질토기의 생산체계와 유통의 추이」, 『한국고대사연구』99, 2020.

한국문화재조사연구기관협회, 『한국 출토 외래유물－초기철기~삼국시대』, 2011.

홍보식, 「토기로 본 가야고분이 전환기적 양상」, 『가야의 그 전환기의 고분문화』, 국립창원문화재연구소, 2006.

3. 가야와 백제의 교류, 섬진강

–전남 동부지역을 중심으로– _ 이동희

섬진강은 전라도(호남) 동부지역을 북에서 남으로 관통한다. 본고는 섬진강유역, 특히 발굴조사가 비교적 많이 이루어진 전남 동부지역을 대상으로 가야·백제문화와 대외교류 양상을 살펴보고자 한다. 행정구역상으로는 경남지방이지만 섬진강 하구에 해당하는 하동·남해지역도 함께 거론하고자 한다.

전남 동부지역은 순천을 중심으로 여수, 광양, 구례, 보성, 고흥 등의 행정구역을 포함한다. 이 지역은 섬진강의 서안(西岸)으로서 산지가 많은 편이다. 이러한 지형은 전남 서부지역인 영산강유역의 평야지대와는 다르고 오히려 섬진강 동안(東岸)인 경남 서부지역과 통하는 면이 있다.

전남 동부지역에서 가야계 고분이 확인된 것은 최근의 일이다. 특히, 2006년부터 2012년까지 3차례 발굴조사된 순천 운평리유적은 가야계 고분군으로서 섬진강유역권의 고대사를 새롭게 조명해볼 수 있는 획기적인 자료이다.

종래 섬진강유역권의 고대사는 마한과 백제에 한정하여 인식하고 있었지만, 최근의 조사성과로 마한과 백제 사이에 가야의 문화적·정치적 영향력 하에 들어갔던 시기가 있었음이 밝혀진 셈이다.

4세기 후엽 이후 6세기 전반까지 전남 동부지역에서는 아라가야·금관가야, 소가야, 대가야계 문화가 계기적으로 확인되고, 6세기 중엽 이후에는 백제문화가 주류를 점한다. 이러한 가야계·백제계 유물 및 관련 유적의 변천에 대한 연구는 문헌이 부족한 섬진강유역의 고대사를 새롭게 밝혀줄 수 있을 것으로 기대된다.

1) 가야계 문화의 변천과 역사적 성격

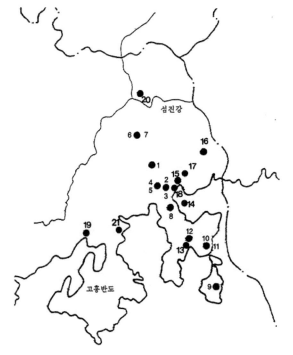

| 전남동부지역 가야계 유적 및 관련유물 출토지
  1.순천 운평리 2. 순천 덕암동 3. 순천 왕지동 4. 순천 선평리 5. 순천 용당동 6. 순천 죽내리 7. 순천 죽내리 성암 8. 순천 검단산성 9. 여수 죽포리 10. 여수 고락산성 11. 여수 미평동 12. 여수 화장동 13. 여수 죽림리 14. 여수 장도 15. 광양 칠성리 16. 광양 비평리 17. 광양 용강리 18. 광양 도월리 19. 보성 조성리 20. 구례 용두리 21. 고흥 한천리

(1) 아라가야계·금관가야계 문화

전남 동부지역에서 아라가야계 토기는 여수 죽림리·장도, 구례 용두리, 광양 용강리, 고흥 한천리 등의 유적에서 나오고, 그 양도 적다. 편년상으로 4세기 후엽에서 5세기 전반기까지로 한정적이다. 전남 동부지역이 함안지역과 많이 떨어져 있고 유물이 산발적으로 출토되고 있기 때문에, 아라가야의 정치적 영향력의 확대라는 측면에서 접근할 수는 없고, 토기 자체의 유통으로 해석해야 할 것이다. 광양 용강리에서도 출토된 바 있는 화염형투창고배의 이른 단계 분포권이 늦은 단계(5세기 중엽~6세기 전엽)에 비해 넓어 부산·경주·경북 금릉·일본에까지 미치고 있음은 시사하는 바가 크다. 즉, 5세기 전엽까지의 아라가야토기의 확산은 정치권력과는 무관하고 교역이나 교류의 관점에서 보아야 한다는 것이다.

| 섬진강유역권의 아라가야계 토기(左-여수 장도, 右-광양 용강리)

한편, 고흥 한천리 9호 토광묘에서는 금관가야계의 외절구연고배와 원저의 경배 등이 확인되었는데, 김해 예안리 113호분의 공반양상과 일치한다. 9호 토광묘 출토 외절구

연고배는 김해·부산지역의 전형적인 토기로 대각이 장각화되고 외절도가 약한 형태로 4세기 후엽에서 5세기 초로 편년된다.

금관가야계 토기류가 출토된 고흥 한천리 유적이 해안에 인접하고 있다는 점에서 아라가야계 토기류처럼 교류의 산물로 볼 수 있다.

(2) 소가야계 문화

전남 동부지역에서 소가야계 토기는 5세기 전반부터 6세기 중엽까지 지속적으로 출토되고 있다. 시기와 성격에 따라 전·후기로 구분할 수 있다.

전기

전기는 소가야토기가 전남 동부지역에 등장하는 이른 단계, 즉 5세기 초엽부터 중엽경까지로 볼 수 있다. 이 시기에는 출토 토기가 토착의 유구와 유물 속에서 나타나는데, 그 양이 적어 교류나 교역의 산물로 이해된다. 즉 생활유적에서 주로 출토되어 아라가야계 토기와 유사한데, 대표적인 유적은 여수 화장동과 보성 조성리 유적이다. 이들 유적은 주거지와 수혈유구이며 해안가에 자리하여 교류나 교역의 거점임을 알 수 있다. 아울러 5세기 중엽경의 소가야계 토기와 공반되는 여수 화장동 출토 창녕계 토기[蓋]를 보면 해로를 통해 장거리 교역이 간헐적으로 이루어졌음을 알 수 있다.

후기

전기에 비해 후기(5세기 중·후엽~6세기 전반기)에는 고분(古墳)의 비율이 증가한다. 대표적인 유적은 여수 죽포리·죽림리, 순천 운평리·죽내리 성암·용당동 등인데 모두 소가야계 고분으로 파악된다. 이 가운데 여수 죽림리, 순천 용당동 유적의 경우에는 의령 천곡리고분과 같이 고분 외곽에 눈썹형 구(溝)가 확인된다. 순천 죽내리 성암고분에서도 석곽 내에서는 대가야계+백제계 유물이 나오고 있지만, 눈썹형 구가 확인되는 것은 전대(前代)의 소가야계 묘제 양식이 지속되고 있음을 보여준다. 다시 말하면, 5세기말·6세기 이후에 대가야와 백제의 정치적 영향력이 있었더라도 전대의 소가야 고분 문화가 존속되고 있음을 알 수 있다.

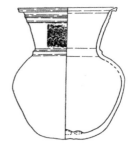

| 여수 죽포리유적 출토 소가야계 토기

전남 동부지역에서 눈썹형 구와 소가야계 토기가 확인되는 유적은 순천 용당동·운평리·죽내리, 여수 죽림리 고분군 등인데, 기본적으로 소가야계 묘제와 관련될 것으로 판

단된다.

한편, 검단산성과 고락산성에서 출토된 소가야계 단각고배나 순천 죽내리의 대부직구호는 대각(臺脚)에 장방형 투창이 없어 전형적인 소가야 양식과는 달리 변형된 형식이다. 이는 소가야계 토기가 전남 동부지역에 유입된 후, 점차 토착화되면서 현지에서 제작되었음을 시사한다. 아울러, 전남 동부지역의 백제유적에서 다소 변형된 소가야계 토기가 6세기 중엽까지 지속적으로 출토됨은 소가야계 토기가 백제의 영역화와 무관하게 현지에서 토착민들에 의해 제작되었음을 의미한다.

(3) 대가야계 문화

대가야 세력의 진출과 그 배경

낙동강 하류지역이 5세기초 이후로 신라의 통제를 받는 상황에서 후기 가야의 맹주국인 대가야는 섬진강을 통해서 대외교역을 이루었던 듯하며, 대가야가 479년에 중국 남제(南齊)와 교섭을 한 통로도 바로 하동을 통해서였던 것으로 추정된다. 아울러 섬진강 서안의 물혜(勿慧, 광양)와 달이(達巳, 여수)를 포함한 우륵 12곡[1]에 거론된 지명들은 5세기 후엽에 대가야 가실왕 때 이래 그 소국들이 대가야 중심의 후

---

[1] 대가야의 가실왕이 우륵에게 명하여 만든 가야금 12곡이다. 우륵 12곡은 가야 여러 나라의 국명과 관련된 것이므로 대가야가 후기 가야의 맹주로서 활약하던 시기에 가야 소국들을 통합하기 위한 정치적 목적에서 만들어진 것으로 보는 것이 통설이다.

기 가야연맹 소속국이었다고 보는 견해가 참고된다. 이러한 점에서 대가야가 전남 동부지역으로 영향력을 미친 시기의 상한을 5세기 후엽으로 볼 수 있다.

전남 동부지역과 대가야

대가야연맹체의 성격은 좁은 의미의 대가야(고령 세력)가 맹주국이며 각 구성국은 독립성을 유지하되 어느 정도의 상하관계 속에 놓여 있었던 것으로 파악된다. 그 상하관계의 강약은 고령으로부터의 지리적 원근과 각 세력의 강약에 따라 결정되었을 것이다. 전남 동부지역은 고령에서 원거리에 해당하며 대부분 거점지역에서만 대가야토기나 묘제가 확인되고 있기에 수장층을 중심으로 한 연맹관계일 것으로 보인다.

전남 동부지역에서 대가야토기나 관련 묘제가 출토되는 거점 가운데 임나사현(任那四縣)[2]의 비정지 혹은 우륵 12곡에 등장하는 대가야연맹의 소속국과 관련지어 고찰해 보면 다음과 같다.

① 사타(娑陀)

순천 운평리유적은 임나사현의 하나로서 순천으로 비정되

---

2 임나사현은 가야(대가야)와 관련된 4개 현(고을)으로서, 백제와의 접경지인 전남 동남부지역(여수·순천·광양)에 해당하며 후기 가야의 맹주인 대가야 통제하(간접 지배)에 있었다고 보는 것이 일반적인 견해이다. 대가야가 이 지역을 통제한 시기는 5세기말~6세기초 무렵이며, 512년 이후에 점차 백제가 이곳을 영역화한다.

는 사타의 중심 고분군으로 추정된다. 운평리 유적은 전남 동부지역의 대표적인 대가야계 고총 고분군이다. 운평리 고분군 바로 인근에는 '가라골'이 있어 주목되는데, 지명상으로도 가야와 밀접한 관련성을 가진다. 백제시대 순천의 지명이 '사평'이었고, 최근에 조사된 순천 왕지동·덕암동·선평리·검단산성 등지에서도 대가야계 석곽묘나 토기들이 빈출되고 있기 때문이다. 이러한 점에서 순천 일대를 임나사현의 하나인 사타와 연결시키는 것은 문제가 없다.

| 순천 운평리 M2호분(대가야계 고분) 조사 후 전경

운평리 고분군으로 대표되는 전남 동부지역의 대가야계 고분의 숫자가 적고 소규모인 것은 전북 동부나 경남 서북부지역과 달리 대가야가 영향력을 끼친 기간이 상대적으로 짧았다는 것을 의미한다. 그만큼 대가야가 임나사현에 대한 장악력이 약했고, 한편으로 토착 수장층의 자치권이 강했으

며 토착문화가 꾸준히 지속되었음을 의미한다.

　운평리 고분군은 동일 묘역에서 4세기대의 토착 토광묘로부터 대가야계 묘제를 거쳐 백제 영역화 시점까지의 묘제와 토기가 꾸준히 이어지고 있다. 이는 운평리 고분군이 4세기부터 6세기에 이르기까지 토착 수장세력의 묘역이라는 것을 뒷받침하는 것이다. 이는 대가야의 정치적 영향력에 의해서 새로운 곳에 고총이 출현한 것이 아니라 토착세력의 묘역에 대가야계 묘제와 토기문화가 유입된 것임을 보여주는 것이다. 이는 순천지역에 대한 대가야의 정치적 영향이 직접지배가 아니라 간접지배나 상하 연맹관계임을 시사하는 것이다. 이는 토착 수장층의 자치가 용인되는 선에서 대가야와 토착세력이 정치적 동맹관계를 맺은 것을 의미한다.

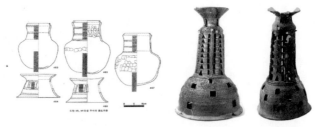

| 순천 운평리 대가야계 고분군 출토 토기(左, 右) 및 고령 지산동 30호분 출토 통형기대(中, 영남문화재연구원 1998)

　② 달이(達已, 上哆唎·下哆唎)

　우륵 12곡에 등장하는 가야제국 가운데 달이는 여수로 비정된다. '達已'는 상·하로 구분되어 상다리(上哆唎)는 여수반도, 하다리(下哆唎)는 여수 돌산도로 추정한 견해가 있다.

　고고학적으로 보면 하다리는 (소)가야계 토기가 다량 출토된 돌산 죽포리 부근으로 비정할 수 있고, 상다리는 대가야 토기가 집중 출토된 고락산성과 고락산성 아래의 여수시 미평동 일대라고 보여진다. 미평동 토기의 경우는 백제 토기와 대가야계 토기의 융합 현상도 보이기에 거점지역에서의 역사적 연속성을 보여준다. 이 일대에는 백제 산성인 고락산성과 척산산성이 바로 인접하여 자리하고 있어 백제시대까지 요충지였으며 해안에서 내륙으로 통하는 길목이다. 최근에는 미평동과 멀지 않은 죽림리 유적에서 소가야계 석곽묘·토기와 더불어 대가야계 토기가 출토된 바 있어, 여수반도에도 가야문화가 성하였음을 알 수 있다.

③ 모루(牟婁)

임나사현의 하나인 모루(우륵 12곡의 물혜)의 중심지는 광양읍으로 비정되고 있다. 이는 광양의 백제 때 명칭이 '마로(馬老)'라는 점에서도 뒷받침된다. 최근에 광양읍 도월리 분구묘와 취락유적에서 5세기말~6세기초의 소가야 및 대가야 토기들이 출토된 바 있다.

이와 더불어 대가야계 장경호 2점이 출토된 광양시 진상면 비평리 일대가 주목된다. 광양 비평리는 광양과 하동을 잇는 길목에 자리하여 전략적 요충지이다. 비평리 일대에서는 대가야계 토기들이 더 많이 수집되었었다고 전하므로 이 일대에 고분군이 형성되었던 것으로 보인다.

대사(帶沙)

① 대사와 하동

『일본서기』에 다사진(多沙津)·대사진(帶沙津) 등으로 전하는 곳은 일반적으로 섬진강 하구의 항구인 하동지역으로 비정되어 왔다. 『일본서기』계체기 23년(529년)조를 참고하면, 이 무렵에 백제가 다사진을 확보했음을 알 수 있다.

계체기 23년조에 백제왕의 말을 통해 보면, 하동의 다사진(대사)은 가라, 즉 대가야의 소유이며 이곳이 대외무역을 위해서 상당히 중요한 항구였다는 점을 알 수 있다.

② 하동 흥룡리 고분군으로 본 대사

대사는 대개 섬진강 하구의 항구인 하동지역으로 비정되어 왔는데, 최근에 하동 흥룡리 고분군이 발굴조사되어 주목된다. 즉, 종래 문헌기록으로만 대사의 위치를 추정해 왔는데, 관련 고고학적 자료가 발굴됨으로써 하동 비정설은 더 설득력을 확보한 셈이다.

조사대상지역 전경(항공사진)

| 하동 흥룡리 고분군 배치도(동아세아문화재연구원 2012)

하동 흥룡리 고분군은 섬진강변에 인접한 능선 말단부의 사면부에 21기의 수혈식 석곽묘가 위치한다.

하동 흥룡리 고분은 주구(周溝)가 설치되고 다곽식과 반지하식 구조를 가지며 최하단석을 세워쌓기한 축조수법 등이 확인되어 소가야양식 토기가 주로 부장되는 서부 경남지역과 유사함을 알 수 있다. 흥룡리 고분군은 소가야 중·소형분의 묘제와 유사한 양상을 보이지만, 유물은 재지의 소가야계가 아닌 고령의 대가야계 토기가 대다수를 차지하고 있다는 점에서 주목된다. 대가야계 유물로 보면 5세기말~6세기 전엽으로 편년된다. 그리고, 마지막 단계의 무덤(6세기 중엽 이후)에서는 백제계 유물이 등장한다. 이는 문헌에서도 확인되는 것처럼 정치적인 문제를 언급하지 않을 수 없다. 즉, 토착의 소가야계 묘제를 사용하지만 대가야의 정치적 영향 속에서 대가야계 유물이 주류를 이루는 단계가 있고, 마지막 단계에는 백제의 영향 속에서 백제계 유물이 등장하고 있어 529년에 백제가 대사지역을 영역화했다는 기사와 연결해 볼 수 있다. 흥룡리 고분군에서 발굴조사된 대가야계 유물의 등장은 5세기말경으로 추정되지만, 대가야와 하동세력(대사)과의 정치적인 교섭의 시작은 적어도 1세대 정도는 소급해 볼 수 있다.

| 하동 흥룡리 고분군 출토 토기류(동아세아문화재연구원 2012)

흥룡리 고분은 중·소형분이어서 뚜렷한 위세품이 확인되지 않고 있어 순천 운평리고분군과 차별성을 보인다. 흥룡리 고분의 구조가 재지 서부 경남(소가야)양식이고 대가야계 유물이 유입되는 양상이므로, 피장자는 대가야에 협조적인 토착민일 가능성이 높다고 판단한다.

이 지역에 고총(高塚)이 확인되지 않는 것은 대가야가 이 지역이 가진 전략적인 중요성 때문에 재지의 수장층을 해체하고 지방관을 파견하여 직접 지배했을 가능성이 높다.

2) 가야와 백제의 관련성

(1) 백제의 전남 동부지역 영역화

백제의 전남 동부지역 및 섬진강유역 진출에 대한 문헌자료로는 『일본서기』가 참고된다. 즉, 『일본서기』계체기 6년(512년) 12월조에 임나사현(任那四縣)의 할양 기사가 나오는데, 이는 결과적으로 백제가 임나국(대가야)의 4현을 빼앗은 것을 의미한다. 전술한 바와 같이, 임나사현의 위치는 전남 동남부지역으로 비정하는 것이 일반적이다.

대가야의 섬진강유역에 대한 통제가 토착 수장(首長)의 자치권을 인정하는 완만한 지배방식(간접지배)이라면, 백제의 섬진강유역에 대한 통제는 직접지배방식이다. 즉, 토착 수장의 자치권을 인정하지 않기에 순천 운평리고분군과 같은 토착 세력의 고총(高塚)은 확인되지 않으며, 백제 산성을 축조하여 토착민들을 직접지배한다.

(2) 백제와 토착세력의 관련성

백제와 토착세력의 관계를 파악하기 위해서는 공반되는 백제와 가야의 유적·유물을 검토하는 것이 필요하다.

| 여수 고락산성 출토 가야계(左上) 및 백제계 유물

여수 고락산성에서 6세기 중엽경의 소가야계 토기·대가야계 토기·백제 토기의 공반 양상은 가야계 토기를 사용하

던 토착세력과 전남 동부지역을 영역화한 백제세력의 관계를 살펴볼 수 있는 중요한 자료이다.

고락산성 출토 대가야토기의 성격 파악을 위해서는 고락산성이 백제산성이라는 점을 염두에 두고 접근하여야 한다. 즉 성(城)과 관련된 유구 내부에서 출토된 대가야토기는 고락산성 축조 이후에 대가야토기를 쓰고 있던 토착민이 남겨 놓은 유물로 판단된다. 이는 백제의 영역화 후에 토착민의 다수가 백제의 정책에 동조했다는 의미이다.

고락산성의 백제 유구에서 대가야계 토기와 백제토기가 공반되는 것은 백제와 토착세력의 관계를 보여주는 것이다. 『일본서기』 계체기 6년(512)조 임나사현 기사에서도 보이듯이 땅을 쉽게 백제에 내어주는 것은 전남 동부지역에서의 대가야와 관련된 토착세력이 기문(己汶, 남원일대)에 비해 미약했음을 의미한다. 즉, 전남 동부지역에서 대가야계 고분은 현재까지의 토기자료로는 1~2세대 정도 지속했다고 보여지기에 대규모 고분군이나 대형 고총이 잔존하지 못했다고 판단된다. 이에 비해서 5세기 중엽부터 비교적 장기적으로 대가야의 영향력이 미쳤던 전북 동부지역에는 남원 월산리나 두락리, 장수 삼봉리와 동촌리 같은 대형의 군집 고총이 확인되어 전남 동부권과는 확연히 다르다.

| 전남 동남부지역 백제 산성의 분포도

 기문(己汶)과 대사(帶沙)에 대해서는 『백제본기』가 자세한 기록을 남기고 있는데 반하여, 임나사현 문제는 전혀 언급하지 않고 있다. 임나사현은 이해 당사자들인 사현(四縣) 토착세력들의 반발이 크지 않았거나 외교문제로 비약되지 않았기에 『백제본기』에 구체적인 내용이 전해지지 않은 듯하다.

3) 남해 남치리 백제고분의 역사적 성격

 섬진강하류역과 남해안에 접한 남해 남치리 백제고분은 당시의 국제 정세를 반영하는 것으로 중요한 의미를 내포한다.

남치리 1호분은 소형화된 세벽조임식 석실로, 지하식 구조이며 문주석과 문지방석이 갖추어진 현문시설, 연도가 없고 묘도가 짧은 것이 특징이다. 규모는 길이 240cm, 폭 170cm, 높이 130cm이다. 길이에 비해 폭이 넓은 것이 특징이며 부부의 것으로 추정되는 2개의 목관이 확인된다. 규모와 축조기법, 2인 합장의 매장방식 등 다방면에서 섬진강 중류역의 남원 초촌리 M3호분과 유사하다. 유물이 빈약한 박장(薄葬)이나 백제 의관제 확립과 관련된 은화관식과 대금구가 출토된 점이 주목된다. 은화관식은 639년의 절대연대를 가지고 있는 익산 미륵사지 서탑 출토품과 거의 흡사하므로 남치리 1호분의 연대는 7세기 2/4분기로 설정할 수 있다. 석실의 구조가 남원 초촌리 고분군과 유사하며, 출토된 은화관식이 남원 척문리출토품과 형식이 유사하므로 남치리 1호분 피장자는 남원과 관련이 깊을 것이다. 남원은 백제 5방성 중 남방의 소재지로 추정된다.

| 남치리 석실 및 은화관식(경남발전연구원 역사문화센터 2016)

7세기는 고구려·백제·신라의 군사적 긴장감이 한층 증대된 시기이고, 백제는 남하정책을 추진하는 가운데 남해안의 해상교역로와 도서지역에 대한 중요성을 인식하고 지방 통치체제를 정비한다. 이런 배경으로 남해안의 주요 섬과 기항지에 백제 산성이 축조되고 지방관이 파견되기도 한다. 남해군 고현면 일대는 남해안 해상교역로의 정중앙에 위치한 전략적 요충지로 백제는 6세기 후반부터 이 지역을 장악하고 사천만을 경계로 신라와 대치한다. 신라의 가야지역 진출로 기원전부터 이용되어 오던 동아시아 국제항로는 변동된다. 즉, 남해도를 지나 고성–창원–거제도–대마도로 이어졌던 항로는 폐쇄되고 여수반도 또는 남해도를 경유하여 두미도–욕지도를 거쳐 쓰시마–이키–후쿠오카로 이어진 새로운 항로가 개설된다(하승철 2017).

〈참고문헌〉

경남발전연구원 역사문화센터, 『남해 남치리 백제석실』, 2016

김태식, 『가야연맹사』, 일조각, 1993

김태식, 『미완의 문명 7백년 가야사』 1·2·3, 푸른역사, 2002

동아세아문화재연구원, 『하동 흥룡리고분군』, 2012

박천수, 『가야토기-가야의 역사와 문화』, 진인진, 2010

영남문화재연구원, 『고령 지산동 30호분』, 1998

이근우, 「『일본서기』에 인용된 백제삼서에 관한 연구」, 한국정신문화연구원 박사학위논문, 1994

이동희, 「백제의 전남동부지역 진출의 고고학적 연구」, 『한국고고학보』 64, 한국고고학회, 2007

이동희, 「5세기후반 백제와 가야의 국경선」, 『한국 고대 사국의 국경선』, 서경문화사, 2008

이동희, 「섬진강유역의 고분」, 『백제와 섬진강』, 서경문화사, 2008

이동희, 「전남 동부지역 가야문화」, 『가야문화권 실체 규명을 위한 학술연구』, 가야문화권 지역발전 시장·군수협의회, 2014

이희준, 「토기로 본 대가야의 권역과 그 변천」, 『가야사연구-대가야의 정치와 문화-』, 1995

하승철, 「남해 남치리 백제고분의 출현과 그 배경」, 『백제학보』 19, 백제학회, 2017

4. 세금을 걷는 길, 낙동강 _ 신은제

1) 조운제도의 시작, 바닷길

한 지역에 대한 통치는 2가지 권력이 실행됨으로 구현된다. 하나는 법적 혹은 윤리적 기준에 따라 민(民)들을 지배하는 재판권의 실현이고, 다른 하나는 세금의 징수이다. 모든 나라들은 세금을 징수하기 위해 수많은 노력을 기울였다. 한국을 비롯한 중국과 일본 등의 동아시아 국가들은 세금을 징수하기 위해 2가지 정책을 실시했다. 첫째는 토지면적을 측량하고 수확량을 헤아려 곡물을 수취하는 것이고, 둘째는 인구수를 파악해 노동력을 징발하는 것이었다. 이 가운데 시간이 지날수록 중요한 역할을 한 것은 토지로부터 수취하는 토지세였다.

토지로부터 수취된 곡물은 왕이 있는 서울로 운송되어야 했는데, 고려 이래 우리나라에서는 선박으로 세곡(稅穀)을 수송했다. 고려 태조는 건국 후 조장(租藏) 등을 파견해 지방에서 조세를 수취한 것으로 알려져 있다. 고려의 세곡 운송제도가 언제 본격적으로 정비되었는지에 대해서는 연구자들 사이에 의견이 갈리지만, 『고려사』에 의하면 국초부터 고려는 13개의 조창을 두어 세곡을 운송했다. 조창의 위치는 11개소가 해안가에, 2개소가 강가에 위치하고 있었다. 해안가 조창 가운데 수도인 개경에서 가장 먼 곳은 지금의 창원시 회원구에 위치한 석두창(石頭倉)이고 가장 가까운 곳은 지금의 아산시에 있는 하양창(河陽倉)이었다. 강변에 위치한 조창은 충주시에 위치한 덕흥창(德興倉)과 원주에 있는 흥원창(興元倉)이었다.

조창명	현재 위치	조운선의 수
덕흥창	충북 충주시 가금면 청동리	평저선 20척
흥원창	강원 원주시 부론면 홍호리	평저선 21척
하양창	충남 아산시 둔포면	초마선 6척
영풍창	충남 서산시 팔봉면 오성시	초마선 6척
안흥창	전북 부안군 보안면 남포리	초마선 6척
진성창	전북 옥구군 성산면 창오리	초마선 6척
해릉창	전남 나주시 통진포	초마선 6척
부용창	전남 영광군 법성면 입암리	초마선 6척
장흥창	전남 영암군 해창리	초마선 6척
해룡창	전남 순천시 홍내동	초마선 6척
통양창	경남 사천시 용현면 선진리	초마선 6척
석두창	경남 창원시 회원구 산호동	초마선 6척
안란창	황해남도 장연군 해안면	

13개의 조창 가운데 경상남도에 위치한 조창은 2곳으로 창원의 석두창과 사천의 통양창(通陽倉)인데, 개경에서 가장 먼 곳에 위치하여 이곳의 운임이 가장 비쌌다. 고려 성종은 개경까지 조세를 운송하는 조운선에 지불할 배삯을 책정하였는데 석두창과 통양창은 5석을 운송하는데 1석을 지불하였다. 해안가에 위치한 11개의 조창의 경우 1천석(石)의 곡식을 적재할 수 있는 초마선(哨馬船) 6척을 가지고 있었다. 초마선은 현재 기록이 없어 정확한 구조를 알 수 없다. 강변에 위치한 덕흥창과 흥원창에는 2백석을 적재할 수 있는 평저선(平底船)이 각각 20척, 21척 있었다. 평저선은 바닥이 평평한 배로 주로 수심이 얕은 내륙의 강에서 운행하는 선

박이었다. 각 주군의 조세는 근처에 있는 조창으로 보낸 후 이듬해 2월 조운하였고 가까운 곳은 4월 말까지, 먼 곳은 5월 말까지 개경에 있는 창고로 수송하게 했다.

이렇게 정비된 고려의 조운제도는 무인집권기의 혼란을 거치면서 동요되었고 특히 오랜 고려와 몽골의 전쟁으로 어려움에 직면했다. 기본적으로 조운선은 이 시기에도 부분적으로 운행되고 있었는데 이는 최근 태안 마도 인근에서 발견된 여러 선박들에 대한 발굴조사를 통해 확인되었다. 조사에 의하면, 조운선 혹은 사선(私船)들이 13세기 초까지 개경과 강화경으로 곡물을 수송하고 있었다. 고려의 조운 혹은 해운을 통한 곡물의 수송은 삼별초의 항쟁 때 심각한 타격을 입었다. 진도를 장악한 삼별초는 연해 내륙지역을 공략하며 세력을 확장했는데 이 과정에서 조운선은 삼별초의 좋은 공격 대상이 되었다. 1272년(원종 13) 삼별초는 전라도의 조운선 13척을 약탈하기도 했고 전라도의 공납미 800석을 빼앗기도 했다.

여몽연합군의 토벌로 삼별초의 항쟁이 진압당하고 동아시아 전역에 대한 원나라의 통제가 이루어지면서 고려의 조세수취제도는 상대적으로 안정되었으나 전기와 같은 조운제도가 운영되지는 못하였다. 고려의 조운제도가 정비되기 전 왜구의 노략질은 고려 조운제도를 붕괴상태로 이끌었다. 1350년부터 조선이 건국할 때까지 연해 주군을 노략질한 왜구로 인해 조운제도는 작동할 수 없었다. 조운제도는 조선이 건국한 뒤 새롭게 정비되기 시작했다. 태조 이성계는 조운의 복구를 매우 중시하였고 이로 인해 점차 조창들이 복구되었다.

2) 위험한 바다를 피해 낙동강으로

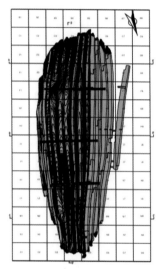

| 마도 2호선 평면도

바닷길로 조운선을 띄우는 방식은 대량의 곡물을 한 번에 수송할 수 있다는 점에서 확실히 장점이 있었다. 그러나 바닷길은 2가지 위험이 상존해 있었다. 우선 험준한 바다의 조류에 배들이 자주 침몰했다. 특히 개경 혹은 한양으로 가는 길에는 악명높은 지역이 있었다. 진도 앞바다인 명량도 험준했지만 무엇보다 뱃사람들에게 공포의 대상이 된 것은 안흥량(安興梁)이었다. 안흥량은 지금의 충청남도 태안군

근흥면 정죽리에 있는 해협으로 험준한 조류와 암초로 인해 나아가기 어렵다는 뜻으로 난행량(難行梁)이라고도 불렸다. 삼남지방의 세곡을 운송하기 위해서는 이 안흥량을 통과해야 하는데 조류와 암초로 인해 침몰 사고가 빈번하게 발생했다. 1395년(태조 4) 경상도의 조운선 16척이 안흥량에서 침몰하기도 했다. 안흥량이 험준하였음은 최근 이곳에서 조사된 다수의 침몰선을 통해서도 확인된다. 마도선으로 알려진 이들 침몰선에는 곡물과 도자기 등 각종 생활용품이 적재되어 있었다.

한편 바닷길에는 인간에 의해 막히기도 했다. 고려말 조선초에 횡행한 왜구들로 인해 조운로는 막혔다. 왜구들은 무시로 조선으로 건너와 연해의 주군을 노략질하였는데 그들에게 곡물을 가득 실은 조운선은 좋은 노략질의 대상이었다. 험준한 바다와 왜구의 출몰은 조선의 조운체계를 변화시켰다. 특히 1403년에는 경상도의 조운선 34척이 모두 침몰한 사건은 태종에게 큰 충격을 주었다. 이에 조선에서는 바닷길이 아닌 새로운 방법을 고안하게 되었다.

조선초 경상도 지역 세곡의 운송과 변화에 대해서는『세종실록』지리지 경상도조에 비교적 자세하게 수록되어 있다. "경상도 내의 공부(貢賦)는 각각 가까운 곳에 따라, 김해의 불암창(佛巖倉), 창원의 마산창(馬山倉), 사천의 통양창(通洋倉) 등으로 나누어 수송하여 바다를 따라 전라·충청도의 바닷길을 지나서 서울에 이르는데, 수로(水路)가 험악하여 매양 배가 부수어져 침몰하므로, 태종 3년 갑신년에 조선(漕

船)을 폐하고 각각 농민들에게 충청도 충주(忠州)의 경원창(慶源倉)으로 바로 바치게 하였다. 이 가운데 낙동강 하류 강의 연변에 위치한 각 고을(김해·창원·밀양·양산·함안·초계·창녕·칠원·진해·의령)은 삼가세(三價稅-배 삯, 인건비[人價]·말 삯[馬價])를 거두어서 사람을 모집해 배에 싣고 상주(尙州)까지 거슬러 올라와 육로(陸路)로 운반하여 문경(聞慶) 초점(草岾 : 문경새재)을 지나 경원창에 바치면, 참선(站船)으로 서울에 이른다."
낙동강 하류에 위치하면서 지금의 경상남도에 속하는 여러 고을들은 1403년 경부터 바닷길로 세곡을 운송하는 방식에서 낙동강 수운을 이용해 상주까지 배로 운송하고 상주에서 다시 육로로 문경을 넘어 충주에 있는 경원창까지 수송하고 경원창에서 서울까지 한강을 따라 운송하였다.

　김해와 창원 등지 고을의 세곡이 구체적으로 어떻게 수송되었는지는 1469년(예종 1)에 편찬된 『경상도속찬지리지』에 자세하게 수록되어 있다. 『경상도속찬지리지』 진주도(晋州道)에 속한 군현들의 세곡 수납은 크게 3가지 형태로 구분된다. 첫째는 육로로 문경새재를 지나 충주 가흥창에 납부하는 고을들이 있다. 진주, 함양, 곤양, 삼가, 사천, 산음, 안음, 단성, 하동, 고성 등의 고을이 그러하다. 둘째는 현의 창고에 그냥 납부해 두는 고을들이 있는데 거제와 남해가 그곳이다. 셋째는 낙동강을 이용해 상주까지 배로 운송하고 상주에서 육로로 문경새재를 넘어 충주 가흥창에 납부하는 고을들이 있다. 김해는 김해도호부의 남쪽 강창(江倉)에서 배에 실었는데 강창은 지금의 김해시 부원동 강창마을에 위치한 것으로 판단된다. 의령은 기음강(歧音江)에서 배에 실었으며 창원은 북쪽 주물소진(主物所津)에서 배에 싣고 상주까지 갔는데 주물소강은 지금의 창원시 북면 본포리 인근에 위치한 나루로 생각된다. 함안은 대산리(代山里) 아견강(阿見江)에서 배에 싣고 상주로 갔는데 아견강은 지금의 함안군 법수면 악양교 인근으로 추정된다.

| 『동여도』에 표기된 낙동강 수계의 창원 주물연진~합천 감물창진

이렇게 조운 방식이 변화하면서 상주의 낙동진(洛東津)이 번성하게 되었다. 지금의 상주시 낙동면 낙동리에 위치한 낙동진은 갈수기에 배를 운항할 수 있는 마지막 나루였다. 물이 풍부할 때는 배를 이용해 안동까지 운송할 수 있으나 통상 세곡미는 매년 2월에서 5월까지 서울의 창고에 납부를 완료해야 했는데 이 시기는 갈수기였으므로 상주 낙동진 상류까지 세곡선을 운항할 수 없었다.

한편 이렇게 강을 통한 세곡 운반이 활발해지면서 낙동강은 지금의 경상남도 지역에서 서울로 가는 중요한 교통로가 되었다. 이 교통로를 가장 잘 이용한 이들은 일본에서 온 사

신들이었다. 1426년(세종 8) 3포를 개항한 뒤, 1432년 예
조는 왜인(倭人)들의 상경로를 육로와 수로로 구분하여 정하
였다. 수로는 부산포와 내이포(乃而浦, 웅천)에서 출발하여
낙동강을 거슬러 선산까지 와서 이곳에서 육로로 문경새재
를 넘어 충주까지 가고 충주에서 배를 이용해 광주를 거쳐
서울로 가는 길이다. 배로 이동하는 거리가 멀었기 때문에
낙동강 연변에는 객관(客館)을 설치했는데 지금의 칠곡군 약
목면 관호리, 칠곡군 왜관읍 금산 2리, 창원시 북면 본포리
의 객관이 알려져 있다. 세조 이후 왜인들은 지금의 부산시
금곡동에 있는 동원진(東院津)에서 승선하여 낙동강을 거슬
러 올라갔다. 당시 왜인들이 배를 이용해 서울로 갈 경우 소
요되는 시간은 내이포에서 김해를 거쳐 가면 19일, 부산포
에서 양산을 거쳐 가면 21일이 소요되었다. 이처럼 조선 전
기 세곡 운송이 낙동강을 통해 이루어지면서 낙동강은 왜의
사신들까지 이용할 정도로 발전하고 있었다. 그런데 강을
이용해 세곡을 납부하는 방식은 17세기가 되면서 변화하기
시작했다.

3) 강과 바다를 아우르는 길

17세기가 되면서 토지세 제도가 개편되고 무엇보다 대동
법이 실시되면서 곡물 수송이 중요해졌다. 이에 조선 조정
은 세곡의 수송을 고민하게 되었고 일부 고을의 경우 곡물
을 포목(布木)으로 바꾸어 납부하도록 했고 일부 고을의 경우
민간의 선박인 사선(私船)을 빌려 세곡을 운반하게 했다. 포

목으로 바꾸어 납부하는 것은 '작목(作木)'과 '작포(作布)'라 불렸고 사선을 빌려 운반하는 것은 '임운(賃運)'이라 불렸다. 한편 경상도는 일본과 가까워 일본 사신의 접대에 많은 비용이 소모되었고 때문에 일부 고을의 세곡은 왜의 사신 접대에 사용하도록 했는데 이를 왜공읍(倭供邑)이라 하였다. 따라서 경상도 고을은 작목읍, 임운읍, 왜공읍으로 구분되어 세금을 납부하였다. 작목읍은 경상도 내륙지역이나 경상북도 북부 지역이었고 임운읍은 바다나 강에 임해 있었던 창원, 함안, 칠원, 진해, 거제, 웅천, 의령, 고성, 진주, 곤양, 하동, 단성, 남해, 사천, 밀양, 현풍, 창녕, 영산, 양산, 김해 등이었다. 왜공읍은 경주, 대구, 인동, 칠곡, 울산, 성주, 선산, 초계, 고령, 동래, 기장, 영해, 영덕, 청하, 연일, 장기 등이었다.

왜공읍들은 세곡을 2월에서 4월 사이에 거두어서 배에 싣고 동래 부산창(釜山倉)에 납부하였다. 왜공읍으로 낙동강변에 위치한 대구, 칠곡, 성주, 선산, 고령, 초계 등은 낙동강을 이용해 납부하였다. 예를 들어 성주는 매년 3월까지 전세를 거두어 4월에 성주의 낙동강변의 동안진(東安津)에서 배에 곡물을 싣고 강변을 따라 10여 일을 내려가 양산 구화곡진(仇火谷津, 감동창이 있던 구포)에 도착해 바다로 나갈 수 있는 배로 세곡을 옮겨 실었다. 여기서 순풍을 기다려 3~4일 만에 동래 부산창에 납부했다. 한편 낙동강이 아니라 바닷가 고을 예를들어 기장은 해로를 통해 곧장 부산창에 납입하였다.

임운읍의 경우 강에 연해 있는 고을들은 육로나 강을 이용해 조창까지 수송한 다음 해안에서 바다를 운항할 수 있는 배로 옮겨 실은 후 남해와 서해를 거쳐 서울까지 수송하였다. 낙동강 하구에서 내륙 고을의 곡물을 옮겨와 저장하던 창고는 지금의 부산시 북구 구포동에 위치한 감동창이었다. 감동창은 내륙연해 고을에서 수송한 곡물을 보관한 뒤 이곳에서 조운선으로 옮겨 실은 후 해로를 통해 서울에 납부하였다. 그러다가 1760년 가산창, 마산창, 삼랑창이 만들어 지면서 3조창이 그 기능을 대신했다. 창원, 함안, 칠원, 진해, 거제, 웅천 등은 마산창에, 진주, 곤양, 하동, 단성, 남해, 사천은 가산창(駕山倉, 사천시 축동면 가산리)에 밀양, 현풍, 창녕, 여안, 김해, 양산은 밀양 삼랑진에 있는 삼랑창(三浪倉)으로 세곡을 옮긴 후 그곳에서 서울의 창고로 운송한 것이다. 『대전회통(大典會通)』에 의하면 마산창에는 16척, 가산창에는 20척, 삼랑창에는 18척의 조운선이 배치되어 있었다. 이렇듯 17세기 이래 다시 바닷길을 이용해 서울로 세곡을 운송하였는데 해로를 통한 운송은 광해군대 시작된 것으로 이해되고 있다.

조선후기 바닷길을 통한 조운이 재개되었지만, 이전 시기의 유산도 남아 있었다. 낙동강을 이용한 세곡 운송이 해상을 이용한 조운과 결합되어 작동한 것이다. 내륙 낙동강변에 위치한 고을들은 세곡미를 낙동강 수운을 이용해 해안의 조창으로 수송하였고 해안 조창에서 큰 배로 옮겨 실은 후 서울로 운송한 것이다. 따라서 바닷길을 이용한 조운로가 재개되었다고 하더라도 강을 따라 물류의 이동은 여전히 성행했다. 이러한 물류의 이동과 함께 낙동강과 그 지류에는 포구와 나루가 발달했다.

낙동강의 지류인 남강에서 중요한 포구는 의령의 정암진(鼎巖津)이었다. 물이 차면 100석을 적재할 수 있는 배가 드나들었고 진주 남강진까지 뱃길이 이어져 있었다. 의령 사람들은 정암진을 이용해 각종 물자 쌀, 콩, 목면 등을 낙동강 하구로 보내었고 낙동강 하구에서는 소금과 잡화를 사들였다. 낙동강 하구에 위치한 가장 중요한 교역로이자 포구는 지금의 부산시 북구 구포동에 위치한 감동창(甘同倉)이다. 1760년 이래 그 기능이 축소되었으나 여전히 감동창과 구포는 낙동강 하구 물류의 중심지였다.

| 창녕군 남지읍 용산마을 뒷쪽 창나루 전망대에서 바라본 낙동강–남강 합류지점 모습

삼랑창이 있는 삼랑진 역시 낙동강 하구의 중요한 포구였다. 밀양강과 낙동강이 합수하는 곳에 위치한 삼랑진은 바닷물, 밀양강의 물, 낙동강의 물이 만난다고 해서 삼랑(三浪)이라 불렸다. 삼랑진은 수심이 깊고 바닷물이 역류하는 바람에 강이 얼지 않아 큰 선박이 쉼 없이 항해할 수 있는 곳이었다. 남강과 낙동강이 합수하는 남지읍 일대에도 세곡을 저장하는 창고와 나루

가 있었다. 지금의 창녕군 도천면 송진리에 위치한 송진(松津)에는 영산현의 세곡을 저장해서 낙동강 수운을 이용해 하류의 창고로 옮겼다. 창고가 있고 나루가 있는 지역에는 자연히 사람들이 몰려들었고 장시가 들어서 상업이 번성했다. 이렇듯 상업이 번성하고 선박의 운행이 늘어나자 세금을 징수하기 위한 수세소(收稅所)가 설치되었다. 18세기 이래 상업이 발전하면서 이들 포구에는 객주들이 중개업을 통해 성장하였다. 이들의 성장은 상품화폐 경제를 촉진하였다.

낙동강변에 위치한 포구와 나루들은 20세기 들어 큰 변화를 겪게 되었다. 철도가 들어서면서 철도가 낙동강이 담당하고 있었던 수송로 역할을 대신하였고 철로가 위치한 구포, 왜관과 같은 포구들은 오히려 성장하였지만, 철도역과 멀리 떨어진 포구와 나루는 점차 쇠퇴하여 옛 모습을 찾아보기 어렵게 되었다.

4) 강과 바다를 건너던 배들

조선시대 바다와 강에서 세곡미를 운송하던 배들의 구체적인 양상을 확인하기는 어렵다. 특히 조선 전기의 경우 자료가 부족하여 구체적 사정을 확인하기란 쉽지 않다. 조선시대 세곡을 운송하는 배들은 강에서 운항하는 강선(江船) 혹은 바다에서 운항하는 해선(海船)으로 구분되었다. 『경국대전』에 의하면 강선과 해선은 모두 대, 중, 소로 구분되었다. 해선의 경우 대선은 길이가 42척(尺)이상 되었고 폭은 18척 9촌(寸)이었다. 강선의 대선은 길이가 50척 이상 되었고 폭은 10척 3촌이었다. 강선이 길이는 길지만 폭은 해선보다 좁았다. 해선의 폭이 넓은 것은 험준한 파도를 견뎌야 했기 때문으로 판단된다. 임진왜란이 발생하기 전까지 조선에서는 조운선과 군선을 겸용하여 쓸수 있는 선박인 맹선(猛船)을 사용하였는데 삼포왜란과 임진왜란을 거치면서 전용 병선이 판옥선이 건조되어 군선 전용으로 사용되었다.

조선 전기 조운선의 적재 규모는 대략 600석 정도였다가 조선 후기가 되면 1,000석을 적재할 수 있는 규모를 갖추었다. 그러나 조운선의 수가 적어 1척당 1천석 이상을 적재하는 경우가 다반사였다. 예를 들어 성당창의 경우 1척당 1,300석을 적재하였다. 조운선이 과적한 것은 기본적으로 조운선의 수가 많지 않았기 때문인데 경강을 따라 운항하던 사선은 대략 80척 정도로 추산하고 있다.

| 조선후기의 조선(漕船)(『각선도본(各船圖本)』 (규장각한국학연구원)

〈참고문헌〉

『고려사』

『세종실록지리지』

『경상도속찬지리지』

『해동제국기』

『여지도서』(국사편찬위원회)

김재근, 『한국의 배』, 서울대학교 출판부, 1994.

『한국사』24, 국사편찬위원회, 1994.

최완기, 『조선후기 조운업사연구』, 일조각, 1997.

전덕재, 「조선시대 영남지역 포구와 나루의 변천」, 『도서문화』28, 2006.

문경호, 「『조행일록』을 통해 본 19세기 성당창 조운선의 항해술과 항해의례」, 『도서문화』51, 2018.

창녕군 남지읍 용산마을 낙동강–남강 합류지점에서 남강을 바라본 모습

전쟁과 강

IV. 전쟁과 강

1. 왜구 침략의 길, 황산강 _ 신은제

1) 낙동강 하구의 다른 이름 황산강

낙동강은 경상도를 동서로 횡단하는 대한민국에서 2번째로 큰 강이다. 낙동강이 흐르는 곳에는 경상도의 큰 고을들이 자리하고 있는데 낙동강의 지류인 남강 변에 자리한 진주, 낙동강 본류에 위치한 상주와 안동 그리고 그보다는 못하지만 경상도의 큰 고을인 김해, 밀양, 합천, 성주 등은 모두 낙동강 본류 혹은 지류 변에 위치한다. 이처럼 낙동강은 경상도 큰 고을로 가는 지름길이기도 했고 그 때문에 왜적의 침입이 있을 경우를 대비해 낙동강 하구의 방어는 매우 중요했다. 예를 들어 고려는 낙동강의 하구인 지금의 김해와 양산에 방어사(防禦使)를 설치해 강의 어귀를 막아 바다로부터의 적이 내륙으로 진출하지 못하도록 막았다.

양산과 김해 사람들은 낙동강을 황산강(黃山江)이라 불렀는데 지금의 밀양강과 낙동강 본류가 삼랑진에서 합수한 뒤흐르다 양산 원동에서 원동천과 합친 뒤 바다로 흘러든다. 이 지역 사람들은 삼랑진에서 낙동강이 사실상 바다와 만나는 부산 북구 일원까지를 황산강이라 불렀다. 조선 후기까지 낙동강 하구인 황산강의 모습은 현재와 달랐다. 현재는 낙동강이 사하구 하단 즈음에서 바다와 만나지만 조선 후기에는 바닷물이 지금의 물금 넘어 삼랑진까지 올라왔고 낙동강 하구에는 작은 섬들이 있었다. 이들 섬들 때문에 물길이 3-4갈래로 갈라져 마치 삼지창 같은 형태를 취하고 있다고 해서 황산강을 삼분수(三分水) 혹은 삼차수(三叉水)라고도 불렀다.

| 동여비고(1682)

2) 왜구의 창궐

적은 늘 북쪽에 있었다. 삼국시대 삼국 간의 대립이 격화되긴 했으나 한반도를 가장 심각하게 위협했던 적은 북쪽에 있었다. 한나라가 그랬고, 수나라가 그랬고, 당나라가 그랬다. 고려가 건국된 이후에도 마찬가지였다. 북방의 유목국가들은 수시로 고려를 침략했고 이 위협에 맞서기 위해 고려는 천리장성까지 쌓아야 했다. 북쪽과 멀리 떨어진 남쪽 끝 낙동강 하구에 위치한 김해와 양산은 고려 현종대 동여진 해적의 침입이 있긴 했지만, 왜구가 창궐할 때까지 평화로운 고장이었다. 간헐적으로 고려를 침략해 온 왜구들은 경인년 즉 1350년(충정왕 2) 이후 본격적으로 고려를 노략질했다. 경인년 이후로부터 조선 세종대 쓰시마 정벌이 이루어질 때까지 왜구는 그야말로 골칫거리였다.

연구자들의 견해가 일치하지는 않지만, 1350년부터 왜구의 침입이 급증한 것은 일본의 분열을 기회로 큐슈 일대에서 활동하던 도적들이 침략한 것으로 이해한다. 당시 일본은 두 명의 천황이 교토와 나라를 근거로 분열하고 있던 '남북조시대'였다. 12세기 형성된 가마쿠라[鎌倉] 막부는 2차례에 걸친 몽골의 침입으로 그 힘이 약화되었는데 막부로부터 권력을 되찾고자 고다이고[後醍醐] 천황은 나라를 근거지로 하고, 새로운 무신 가문인 아시카가 다카우지[足利尊氏]를 지지하는 무사들이 교토를 근거지로 하여 서로 대립하고 있었다. 중앙에서의 분열은 지방에도 영향을 미쳤는데 큐슈역시 남조를 지지하는 세력과 북조를 지지하는 세력이 분열되어 있었고 그런 와중에 왜구가 창궐했다는 것이다. 그런데 이들 왜구가 단순한 도적떼가 아니라 큐슈의 정예 병력중 일부가 병량미를 확보하기 위해 조직적으로 고려를 노렸다고 보기도 한다. 왜구의 규모를 보면 고려말 왜구가 소규모의 도적 떼만으로 간주하기는 어렵다. 하카다 지역의 만호라는 자가 말을 타고 황산강을 공격한 바 있으며 아지발도(阿只拔都) 즉 아기 전사라 불린 왜장이 남원까지 노략질하다 이성계에게 죽임을 당한 정황을 고려하면 왜구는 큐슈의 정규군 가운데 일부일 가능성이 크다. 몽골에 영향을 받은 고려사람들은 몽골어로 영웅 혹은 전사를 뜻하는 '바투르[拔都]'를 용맹한 이에게 사용하곤 했다. 왜구 가운데 어린 나이에 용맹을 떨친 장수를 아기 바투르라 불렸고 북방 여진족의 장수 가운데 전사로 불린 만한 이를 오랑캐 바투르[胡拔都]라 불렀다. 아지발도는 적이었던 고려인들에게도 용맹한 장수로 인식되었던 것이다.

1350년부터 고려를 공략한 왜구는 공민왕 재위 23년간 총 115회 고려를 침략하였으며 우왕 14년간(1375~1388) 378회에 걸쳐 고려를 침략해 우왕대 가장 극심한 피해를 남겼다. 왜구의 창궐로 인해 가장 큰 피해를 입은 지역은 동남 연해 지역이었고 동래, 합포, 김해, 양산은 세종대까지 왜구로 인해 골머리를 앓고 있었다.

3) 왜구 방어의 최전선, 황산강

낙동강의 하구에 위치한 김해, 양산, 동래는 지리적으로 일본과 가까워 왜구의 침략에 극심한 피해를 입었다. 특히 이곳은 왜구들이 낙동강을 따라 내륙지역으로 진출할 수 있는 교두보였기에 왜구를 방어하는 데 매우 중요했다. 실제 왜구들은 낙동강을 거슬러 경남의 큰 고을이었던 밀양을 노략질하려 했다. 1375년(우왕 1) 왜구는

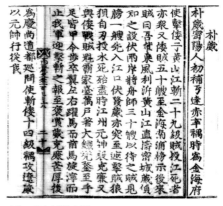

│『고려사』 박위 열전

김해를 노략질한 뒤 낙동강을 거슬러 대구를 불태우고 다시 밀양을 공격하려 했는데 당시 경상도 도순문사였던 조민수가 왜선 수십척과 황산강에서 싸워 이겼다. 이처럼 왜구들은 김해를 점령한 뒤, 황산강을 거슬러 강변에 있는 여러 큰 고을들을 노략질하려 했다. 밀양에 대한 공격은 3년 뒤에 재개되었다.

1377년(우왕 3) 4월 김해부사 박위는 황산강 어귀에서 왜적을 쳐서 27명의 목을 베었다. 이 즈음 왜구의 공세는 강화되고 있었는데 왜구들은 결국 이달에 양산과 밀양을 공격했다. 당시 왜구들이 양산과 밀양을 공격한 것은 그들이 황산강을 이용한 것으로 판단된다. 따라서 왜구들의 내륙진출을 차단하기 위해서는 황산강 방어가 중요했다. 박위는 황산강을 방어하여 왜구들이 양산과 밀양으로 진출하는 것을 차단하려 했다.

1377년 5월 왜구들은 50척의 배로 김해의 남쪽 포구에 이른 뒤 뒤따라오는 왜구에게 때마침 바람이 부니 황산강을 거슬러 가 곧바로 밀양을 공격하자는 방을 붙였다. 김해부사였던 박위는 왜구를 염탐하여 이를 알아낸 후 강 양쪽 기슭에 군사를 매복시킨 후 자신은 배 30척을 이끌고 왜구를 기다렸다. 왜구들이 한 척을 먼저 황산강으로 보내자 복병들이 공격하였고 박위도 왜구를 공격하였다. 왜적들은 복병에 자결하거나 물에 빠져 죽어 거의 섬멸되었다. 당시 강주원수(江州元帥) 배극렴(裵克廉)도 전투에 참여하였는데 왜구의 수괴였던 하카타[覇家臺] 만호(萬戶)는 큰 투구와 갑옷으로 중

무장하고 좌우에 보병을 이끌고 말을 타고 공격해 왔다. 이때 만호의 말이 진흙탕 속에 빠져 허둥대는 틈을 타 아군들이 공격해 그 자의 목을 베었다.

조선 후기의 기록이지만 황산강은 험준한 요새여서 매복이 용이한 곳이었다. 숙종 때 양산군수를 지낸 권만은 황산강 입구에 있는 물금진 위로 10리에 달하는 험한 돌길이 있고 그 길 위에는 견고한 벽이 있으며 아래로는 긴 강이 있어, 만약 이 같은 험지에 수천의 병사에게 화포와 화살을 주어 김해와 함께 협공하면서 강에서는 수군이 막는다면 어떤 강적이라도 물리칠 수 있다는 장계를 올렸다. 양산군수였던 권만은 임진왜란 당시 양산군수 조영규가 물금을 지키지 않고 동래로 가 순절한 것을 안타까워했다. 권만은 조영규가 물금을 포기했기 때문에, 밀양부사 박진이 작원을 지키려 했으나 지키지 못했다고 판단했다. 물금을 통해 양산을 장악한 왜장이 화제고개를 넘어 산으로부터 작원(鵲院)을 압박하자 대적할 수 없다고 판단한 박진이 퇴각하였고 마침내 영남좌도가 왜적에 의해 도륙되었다고 생각한 것이다.

오늘날의 물금 일대가 왜구를 방어하는 주전장이 된 것

| 작원잔도 앞쪽 황산강 전경

은 황산강 하류에 여러 개의 섬이 있고 그로 인해 물길이 갈라져 물금 아래에서는 적을 방어하기 어려웠기 때문이었다. 물금 인근에서 황산강은 한줄기가 되기 때문에 왜구들은 물금 앞을 지나 밀양으로 올라갈 수밖에 없었고 이에 박위는 이 지역 양편에 복병을 숨겨두고 적을 공격하였고 권만은 그 군사적 중요성을 언급한 것이다. 이처럼 황산강은 왜구들이 내륙으로 진출하는 주요한 통로가 되었기에 김해와 양산의 수령들은 이 통로를 차단해 왜구들이 내륙으로 진출하지 못하도록 애쓰고 있었던 것이다.

4) 왜구 방어의 거점, 읍성

1377년 5월 박위가 황산강에서 왜구를 소탕한 뒤, 왜구들은 더 이상 황산강을 통해 밀양을 공격하지 못했다. 1379년(우왕 5) 왜구들은 다시 밀양을 공격한 바 있는데 울산에서 왜선 7척을 사로잡은 것으로 보아 이들은 울산에 상륙한 후 내륙으로 청도, 언양, 밀양을 침범한 것으로 보인다. 따라서 박위가 1377년 황산강에서 왜적을 물리친 이후 왜구들은 황산강을 이용해 내륙으로 진출하지 못하였다. 실제 『고려사』와 『고려사절요』의 기록을 보면 1377년 이후 왜구들은 황산강을 통해 밀양을 공격한 기록은 없다.

황산강을 틀어막은 박위는 황산강 어귀에 있는 고을들에 읍성을 견고하게 축성하여 왜구들이 황산강을 이용하지 못하도록 했다. 박위는 황산강에서 왜구들을 물리친 이후 왜구들을 보다 효과적으로 방어하기 위해 김해에 망산성(望山

城)을 수축해 왜구들의 침입을 막았다. 망산성 축성에 대한 기록은 정몽주가 쓴 것으로『신증동국여지승람』김해도호부에 수록되어 지금까지 전하고 있다. 김해에 성을 쌓은 박위는 이어 동래읍성을 축조하여 왜구 방어에 만전을 기했다.

물론 그렇다고 왜구가 근절된 것은 아니었다. 조선이 건국된 이후에도 왜구의 침략은 끊이지 않았고 연해의 고을들이 피해를 입었다. 1396년 8월 120척의 큰 왜구 선단이 동래를 공격해와 기장과 동평현이 함락당했고 그해 10월에도 동래를 침략해 병선 21척을 태우고 돌아갔다. 그러나 이때 왜구들은 황산강을 거슬러 내륙으로 진출하지 못했는데 이는 김해와 동래 등에 읍성을 축조하여 왜구들에 대한 방비를 단단히 했기 때문으로 판단된다.

원래 우리나라는 전통적으로 산성을 축조하여 외부의 침략에 대비하였다. 고대 이래 외적을 방어하는 주요한 수단은 산성이었다. 부산의 경우 배산 꼭대기에 배산성을 쌓았으며 김해에는 분산성이 있다. 산성은 대규모의 부대가 침략해 올 때 적을 방어하는 데 유리했다. 그런데 이러한 산성으로는 왜구를 효과적으로 방어할 수 없었다. 왜구들은 소규모로 자주 출몰하며 인근의 고을 특히 바닷가 주변 혹은 강을 끼고 있는 고을들을 노략질했다. 이에 고려는 왜구를 방어하기 위해 2가지 전략을 수립하였다. 하나는 수군을 양성해 바다 위 혹은 강 위에서 왜구를 물리치는 것이었고 다른 하나는 요충지 혹은 큰 고을에 성을 쌓아 왜구의 침략에 대비하는 것이었다. 이 때문에 낙동강을 낀 고을에 수군을 설치하고 또 읍성을 축조해 왜구들의 침략에 대비하였다. 이로부터 본격적으로 고을을 방어하는 읍성이 축조되었는데 초기의 읍성은 대개 흙으로 만들어진 토성이 많았다. 이러한 읍성들은 세종대가 되면 대개 석성으로 바뀌었다. 예를 들어 동래의 경우 1446년(세종 28) 새로 돌로 성곽을 축조하였다.

이처럼 고려말 왜구들이 창궐하자 고려와 그 뒤를 이은 바다에서는 조선은 수군을 육성해 왜구를 격퇴했으며 육지에서는 읍성을 견고하게 쌓아 왜구들의 노략질을 차단하였다. 이런 분위기에서 15세기 들어 왜구들의 활동은 서서히 축소되었다. 태종은 우선 1407년 부산포와 내이포(웅천)에 왜관을 설치해 왜구를 달래었으며 이어 쓰시마를 정벌해 왜구들을 위협하였다. 유화와 공세로 그리고 일본 정국의 안정으로 인해 이전과 같은 왜구의 침략은 잦아들었고 조선은 점차 안정을 찾게 되었다.

〈참고문헌〉

『고려사』, 『고려사절요』, 『세종실록』, 『신증동국여지승람』

『양산시지』하, 2004.

김희영, 『이야기 일본사』, 청아출판사, 2018.

이영, 『잊혀진 전쟁, 왜구』, 에피스테메, 2007.

『한국사』 20, 국사편찬위원회, 1994.

정영현, 「경남지역의 왜구와 낙동강」, 『역사와 경계』, 2022.

2. 임진왜란, 핏빛으로 물든 남강 _ 김강식

| 남강유등축제, 줄지은 불빛은 진주성

　생명의 젖줄이라는 강은 물을 이용하면서 생활하는 인간의 주요한 삶의 터전이다. 자연히 강은 역사의 흔적을 간직하게 된다. 조선시대에 경상도를 좌도와 우도로 나누었던 낙동강은 의령과 함안에서 남강과 만난다. 서부 경남의 젖줄로 불리는 남강은 함양의 남덕유산에서 발원한다. 지리산과 덕유산의 계곡을 따라 흐르는 경호강과 덕천강이 합류한 이후부터 남강으로 부른다. 남강의 주변에는 비옥한 농경지가 펼쳐져 있으며, 촉석루와 합강정 등의 유적지가 자리하고 있다.

　오늘날 유유히 흐르고 있는 남강이지만, 1592년 발발한 임진왜란에서 빼놓을 수 없는 피비린내 나는 전투의 현장이었다. 1592년 4월 전라도를 공격하기 위해 의령으로 다가온 일본군을 의병을 조직하여 싸워서 육지에서 제일 먼저 본격적인 승리를 거둔 현장이 남강 하류의 정암진 일대였다. 진주 남강의 유등은 10월 진주대첩 때 성 안팎의 군사 신호와 전술 및 통신수단으로 이용한 데에서 비롯되었지만, 지금은 1593년 6월 순절한 백성의 얼과 넋을 기리는 진주 남강 유등축제의 현장이 되었다.

1) 국난을 구한 망우당 곽재우가 지켰던 남강

임진왜란이 발발한 후 일본군은 별다른 저항 없이 한성(서울)로 올라갔다. 이때 육지에서 가장 먼저 일본군에게 타격을 가하여 승리를 거둔 곳이 남강의 하류였다. 즉 낙동강의 본류와 남강이 만나는 기강(거름강)과 정암진에서 벌어진 전투였다. 그런데 이곳을 지킨 것은 조선의 관군이 아닌 의령 일대에서 자발적으로 일어나 저항했던 의병이었다.

임진왜란 때 의병은 주로 거주지를 중심으로 활동하였기 때문에 향토의 지리에 익숙했다. 때문에 소규모의 비정규군으로도 대규모의 정예화되고 조직화 된 일본군에게 많은 타격을 가할 수 있었다. 곽재우의 전략과 전술은 지리를 이용한 유격전이 특징이었으며, 위장전술과 복병전이 주였다. 곽재우 의병은 남강 수로와 경상우도를 사수하여 일본군의 전라도 곡창 진출을 막거나 지연시켰다. 이때 의병장 곽재우가 남강과 낙동강에서 경상우도를 지켜낸 전투는 기강전투, 정암진전투, 창녕과 영산전투가 대표적이다.

『연려실기술』에 보면, 의병장 곽재우가 의병을 창의하면서 동네 사람을 모아놓고 말하기를, "적이 가까이 왔다. 우리 부모 처자는 장차 적의 손에 들어갈 것이다. 우리 마을에 싸울 수 있는 청년들이 수백 명은 될 것이니, 마음을 한가지로 먹고 정진나루를 지킨다면 향곡을 보전할 수 있을 것이다." 라고 말하였다. 당시에 의병이 창의한 향토 수호 의식은 의병에 참여한 상하 계층 모두에게 절실한 것이었다.

| 창녕군 남지읍 용산마을 낙동강-남강 합류지점에서 남강을 바라본 모습

먼저 기강전투이다. 임진왜란이 발발할 즈음 과거에서 파방(罷榜)을 당한 후 고향에서 은거하던 곽재우가 4월 22일 평소 알고 지내던 장정 10여 명과 노비를 합쳐 의령군 유곡면 세간리에서 의병을 일으켰다. 그는 창의한 후 부족한 군량과 무기를 확보하기 위해서 초계현과 신반현의 관아를 뒤져 무기와 군량을 확보했다. 그리고 전 훈련판관 심대승(沈

大承)을 선봉장, 전 훈련봉사 권란(權鸞)을 돌격장으로 삼아 부대를 편성하였다. 이때 곽재우는 일본군의 보급로를 노렸는데, 기강이라는 위치는 낙동강 본류와 남강이 만나는 합류 지점 일대였다. 의병 지휘부가 있던 세간리는 교통이 편리하여 기강과 정암진을 쉽게 왕래할 수 있고, 강 건너 영산과 창녕을 기습 공략하기에 편리한 지점이었다.

이에 낙동강과 남강의 의령 인근 아래위 10여 개 지점의 얕은 여울목마다 모두 척후(斥候)를 잠복시켜 왕래하는 사람들을 바라보며 서로 응원하자, 일본군이 감히 물을 건너오지 못하였다고 한다. 초유사 김성일(金誠一)이 가서 살펴보게 하자, "의령 출신 송암 이로(李魯)를 의령·삼가·합천에 보내 군사를 열병하였다. 이로가 말을 달려 의령에 이르자, 윤탁(尹鐸)은 삼가의 군사를 거느리고 용연에 주둔하였고, 심대승(沈大升)은 의령의 군사를 거느리고 장현에 주둔하였고, 심기일(沈紀一)은 정호에서 배를 지키며 건너는 사람들을 살피고 있었다. 그리고 안기종(安起宗)은 유곡에서 매복하고, 이운장(李雲長)은 낙서를 관장하고, 권란은 옥천대에서 왜적을 가로막고, 오운(吳澐)은 백암에서 병사들을 수습하고 있었다. 대장 곽재우는 세간리에 진을 치고 중간에서 이들을 통제하였다."고 한다.

의병장 곽재우는 5월 4일 의령현 정진과 남지읍 용산리의 기강에서 첫 전투를 벌여 낙동강을 거슬러 올라오는 일본군 운송선 3척을 용장 4명을 이끌고 나가서 쫓아내었으며, 5월 6일 일본 운송선 11척을 의병 13명과 함께 나아가 쫓아

내었다. 기강전
투는 임진왜란 초
기에 의령과 인근
지역을 약탈하던
일본군을 맞아 벌
인 전투였는데,
곽재우 의병의 첫

전투이자 첫 승전
이었다는 의미가

| 조선 후기에 간송(澗松) 조임도(趙任道)가 건립한
합강정(合江亭, 함안군청)

있다. 이때 안기종은 임진왜란이 발발하자 곽재우를 용연정
에서 만나고 난 후 그의 복병장으로서 활약하였다. 안기종
은 정호에서 적을 방어하였으며, 이어서 유곡을 지켰다. 이
렇게 곽재우 휘하의 장수들은 지역을 나누어서 효율적인 방
어를 하였는데, 이곳은 일본군이 낙동강을 건너기 위해서는
거쳐야 하는 의령 지역의 요충이었다. 그 가운데서도 유곡
은 기산의 요해처로서 중요한 지점이었는데, 이곳에서 안기
종은 대승을 거두었다. 이를 기산승첩이라고 부른다.

　다음으로 정암진전투이다. 5월 중순 전라도 지역을 담당
하게 된 일본군 고바야가와 다카가게[小早川隆景]의 6군은 집
결지인 김천과 선산 지역에서 전라도 침공을 준비하며, 창
원에 있던 고바야가와의 심복이던 안코쿠지[安國寺]의 승려
에케이[惠瓊]의 별군(別軍)으로 하여금 의령-함안-남원으로
침입하게 하였다. 에케이는 자신을 전라감사(全羅監司)라고
부르면서 각 지방 수령들에게 감사 행차를 영접하라는 통지

문을 보내는 등, 호기를 부리면서 5월 하순에 함안에서 남강을 건너 의령으로 침략하려 하였다.

임진왜란 초기에 일본군에게 크게 밀렸던 조선은 3대 곡창 지대 중 경상도와 충청도를 잃고 난 후, 아직 일본군의 미점령지였던 전라도는 군량 확보를 위해서 반드시 지켜야 하는 지역이었다. 반면에 일본군도 전라도 곡창을 차지하여 군량을 확보하려고 하였다. 일본군은 전라도 진격 작전을 개시하여 일본군 6군의 고바야가와가 금산·김천 등에서 전라도 진격 작전을 지휘하였지만 여의치 못하자, 고바야가와의 휘하 부하 에케이가 2,000명의 군대를 이끌고 전라도로 통하는 길목 의령으로 진격해 왔다.

이때 의령에서 의병을 일으킨 곽재우는 감사 김수(金睟)의 모함으로 도적으로 몰려 위기에 처했지만, 초유사 김성일의 도움으로 다시 의병 활동을 하면서 일본군의 침입에 대비하고 있었다. 그는 붉은 비단으로 전포를 만들어 입고 위엄을 보이면서 스스로 천강홍의장군(天降紅衣將軍)이라고 하였다. 기강전투 승리 이후 의령 부근에서 계속 산발적인 전투가 벌어졌는데, 곽재우 휘하의 장수들은 지역을 나누어서 효율적인 방어를 계속하고 있었다. 곽재우는 의령과 삼가 두 현의 의병을 거느리고 정호와 세간리 두 곳에 큰 진을 설치하여 두고 왕래하면서, 한편으로는 창원·웅천에서 함안에 출몰하는 적을 막고, 한편으로는 낙동강에 우글거리는 적을 막았다.

특히 의령의 정암진은 임진왜란 초기에 전라도 곡창으로

진격하기 위해 침입한 일본군을 의병장 곽재우가 물리친 현장으로 전략적 요충지였다. 곽재우는 김해와 창원 지역의 일본군이 남강을 건너 의령으로 진입하려는 것을 막기 위해서 남강 북안의 정암진 도선장 일원에 병력을 매복시켜 놓고 일본군을 기다렸다. 그의 휘하에는 대장 윤탁, 소모관 오운 등 모두 1,000여 명의 군사가 있었다. 『망우집(忘憂集)』부록에 "의령현은 낙동강 하류에 있는데, 한 물줄기는 진주·단성까지 통하는데 기강(歧江, 거름강)이라고 부른다. 그 위쪽 15리 지점에 정진(鼎津, 정암진)이란 곳이 있으니, 적을 막기에 가장 중요한 곳이다. 왕년에 의병장 곽재우가 향리의 백성을 취합해서 강을 끼고 막고 지켜서 적군이 여러 차례 강 밖에 이르렀으나 감히 건너지를 못하여 의령·초계·합천 지역이 유독 보존되어 농사를 폐하지 않았다."라고 적고 있다.

마침내 5월 24일 안코쿠지 군 2,000명은 창원에서 함안을 거쳐 정암진(솥바위 나루터) 건너편에 도착하였다. 안코쿠지 군은 인근 지역의 주민들을 동원하여 도하 지점을 선정하고, 뗏목을 만들어 강을 건널 준비를 하였다. 그는 일부 병력을 정암진에 도하시켜 지형 정찰을 하였다. 일본군 정찰대는 정암진 도선장 일대의 강 안이 늪지였기 때

| 서부 경남으로 들어가는 길목의 정암진(鼎巖津, 인터넷).

문에 대부대의 통행이 곤란하다는 것을 알고, 그들이 통과할 수 있는 지점에 나무를 꽂아 도로 표시를 해두고 돌아갔다. 곽재우의 의병 부대는 일본군 정찰대의 행동을 지켜보고 있다가 그날 밤 야음을 타서 표지목을 늪지에 옮겨 꽂고, 정암진 요소요소에 군사를 매복시켰다. 이튿날 안코쿠지 군의 선봉대가 다시 남강 도하를 시도하였다. 그들이 잘못 표시된 도로 표지목을 따라 늪지에 빠지자, 곽재우 군이 그들에 기습공격을 가하여 궤멸시켰다.

뒤이어 안코쿠지 군의 주력이 남강을 도하하여 정암진에 상륙하자, 곽재우는 자신의 복장과 같은 붉은색의 전포(戰袍)를 입은 10여 명을 사방에 미리 배치하여 교대로 출몰하게 함으로써 일본군을 혼란에 빠뜨린 다음, 총공격을 감행하여 그들을 함안 쪽으로 격퇴하였다. 또 낙동강 좌우측 기슭의 전망대에 초군(哨軍)을 배치하여 정보에 따라 적을 공격하였으므로 적이 침입하지 못하였다. 특히 곽재우는 일본군의 대군이 공격해 오자, 의병(疑兵)을 설치하여 적을 물리쳤는데, 이것은 의병술(疑兵術)이라고 할 수 있다.

정암진전투는 곽재우의 의병 부대가 두드러진 전공을 세운 첫 승전이었다. 즉 이 전투는 임진왜란 시기에 육전(陸戰)에서 의병이 일본 정규군과 맞붙어 처음으로 대규모 승리를 거둔 전투였다. 이에 경상우도 농민들도 평상시처럼 농사를 지을 수 있게 되었으며, 일본군의 전라도 진출을 저지할 수 있었다. 특히 정암진전투에서 의병 부대는 유격전과 복병전으로 큰 효과를 보았다.

마지막으로 낙동강 건너 창녕과 영산전투이다. 일본군은 주로 낙동강을 통하여 군수물자를 전방으로 수송하였는데, 이때 의병은 일본군의 수송로를 차단하는 작전으로 큰 전과를 올렸다. 곽재우의 의병 부대는 낙동강의 요소마다 선박의 진로를 방해하는 목장(木杖)을 설치하여 적선이 걸리면 언덕 위의 복병들이 급히 치는 작전을 벌였다. 이때 곽재우는 마수원에 목장을 설치하여 적의 배 40척을 잡았는데, 의령 인근 지역의 의병들이 낙동강에 목장을 설치한 곳은 마수원과 백진(박지곡진) 등지였다. 이런 활동은 일본군의 전선이 운송하는데 큰 타격을 준 위계(偽計) 전술이다. 나아가 곽재우 의병 부대는 낙동강 좌측이 일본군에게 점령당하여 공격을 받자, 7월 이후 낙동강 좌측의 창녕과 영산을 회복하기 위해서 부대를 낙동강 건너편으로 출동시켜 적극적으로 일본군을 공격하여 승리를 거두었다.

| 창녕군 남지읍 용산마을 뒷쪽 마분산과 창나리 마을 입간판

2) 진주성전투의 승전과 패전을 지켜본 남강

임진왜란 중 경상우도의 요충이었던 진주는 지리적으로 전략적 중요성이 있는 곳이었다. 경상우도는 임진왜란 전 기간을 통하여 적의 최초 침입지로서, 후방의 보급 기지로서 일본군에게 상당한 중요성이 있는 지역이었다. 한편 조선의 입장에서도 경상우도는 적의 전라도 침입을 막고, 회복의 근거지를 확보한다는 점에서 중요한 곳이었다. 경상우도의 중심인 진주성은 남강 변에 위치한 견고한 요충이었다. 이에 진주성은 치열한 격전장이 될 수밖에 없었는데, 실제 경상우도의 중요한 의병장과 관군은 진주성를 사수하는데 진력하였다.

| 진주성의 내성과 외성의 경관을 그린 진주성도(동아대학교 석당박물관 소장)

먼저 임진년 진주성전투는 1592년 10월에 있었다. 1592년 일본군 1592년 10월 6일부터 진주성에서는 김시민(金時敏)이 지휘하는 조선군 3천여 명이 혈전을 벌여 10월 9일에 일본군의 총공격을 격퇴했다. 이 전투의 결과로 조선군은 경상우도를 보존하고, 일본군의 전라도 진출을 저지할 수 있었다. 임진년 진주성전투는 임진왜란 3대첩의 하나로

꼽힌다.

임진년 전주성전투가 승전할 수 있었던 이유는 비교적 준비가 갖추어져 있었기 때문이다. 초유사 김성일이 진주에 도착하여 김시민으로 하여 임시로 통제의 책무를 수행하게 하는 동시에 군사를 정돈하여 진주성 수호를 명령하였다. 이에 김시민은 목사 이경(李璥)의 직책을 대행하면서 병기를 수리하고, 성지를 수축했으며 수성군을 모집하여 진주성을 사수하고자 했다. 그리고 전 군수 김대명(金大鳴)으로 하여 모병에 착수하게 하고, 병기와 자재를 정비하였으며, 장기전에 대비하여 충분한 양곡을 준비하도록 했다. 거창으로 김면(金沔) 의병을 도우러 갔던 김시민은 김산현에서 서남 방면으로 공격해 오는 일본군을 사랑암 부근에서 대파한 공으로 8월 7일 진주목사에 임명되었다. 목사 김시민은 부임 후 진주성 방어를 위하여 병기의 제작은 물론 수성군 훈련을 실시하였다.

이때 일본군의 작전계획은 사천·김해·고성·창원 등 진주 인근 지역 전투에서 자신들을 계속 패전시킨 근거지를 진주로 파악했다. 일본군은 진주를 공격하기 위해 주변의 병력을 총집결시켰다. 부산에 주둔하고 있던 군사 30,000여 명이 진주로 진군하기 시작했다. 일본군은 창원으로 진격한 후 9월 26일에는 병력을 더욱 강화하여 함안에 진지를 구축하였다. 10월 1일 함안군 동남 지역의 많은 민가를 분탕질하였다. 10월 2일 일본군은 진주의 소촌에 주둔하였다. 김성일은 조종도(趙宗道)를 파견하여 전라좌·우도 의병 및 여러 장수와 우도병사 최경회(崔慶會)에게 구원병을 요청하였다.

마침내 10월 3일 일본군은 길을 나누어서 진주로 진격해 왔다. 일대는 마현을 넘고, 그리고 나머지 일대는 나불천을 넘어서 진주를 바로 공격하였다. 일본군은 지속적으로 진주 성벽을 넘기 위해 노력하다 실패하자, 성안의 병력을 성 밖으로 유인하는 술책을 썼다. 이마저도 실패하자 10일 새벽 총공격을 실시했지만, 곤양군수 이광악(李光岳)이 부상당한 김시민을 대신하여 성을 끝까지 지켜냈다.

1592년 10월 임진년 진주성전투 때의 조선군과 일본군의 병력은 조선군의 수성부대는 김시민의 군사 3,800명이었고, 부원부대는 곽재우 외에 다수였다. 각지의 의병들은 진주성이 일본군에게 포위되었을 때 진주성을 공격하는 일본군을 격퇴시키기 위하여 도왔다. 아울러 전라도의 최경회와 임계영(任啓英)의 의병 부대도 참전하여 지원하였다. 일본군은 하세가와 히데카츄[長谷川秀一] 군사 등 약 20,000명이었다.

무엇보다도 임진년 진주성전투는 분산전이었기 때문에 승리할 수 있었다. 진주성 안에서는 목사 김시민이 모든 작전 지휘권을 장악하고 있었지만, 경상병사 유숭인(柳崇仁)이 일본군과 싸우다가 패하여 단기로 진주성에 달려와 자신도 진주성에 입성하여 성내의 군사와 함께 수성하기를 요망하였다. 이러한 요청에 목사 김시민은 '병사(유숭인)가 입성하게 되면 주장이 바뀌게 되고, 따라서 통솔 방법이 상이하여 군사력을 효과적으로 발휘할 수 없다'고 거절하였다. 결국 병사 유숭인은 진주성에 들어가지 못하고 성 밖에서 사천현감 정득열(鄭得悅) 등과 일본군을 맞아 싸웠다. 의병장 곽재우는 목사 김시민이 병사 유숭인을 진주성에 입성시키지 않았다는 소식을 듣고 감탄하기를 '이런 계책은 족히 진주인의 복이다'라고 크게 칭찬하였다.

한편 의령의 곽재우 의병 부대의 활동을 중심으로 각처 의병의 성원이 있었다. 목사 김시민과 의병장 곽재우는 서로 순치(脣齒)가 될 것을 약속하고, 곽재우는 낙동강을 차단하여 일본군이 감히 지경을 침범하지 못하게 하였다. 더욱이 일본군이 진주성을 총공격하여 진주성이 일본군에 포위당하여 공격을 받자 각지의 의병들은 진주성을 공격하는 적을 격퇴하기 위하여 도왔다. 의병장 곽재우가 심대승(沈大承) 등에게 정예군 200여 명을 선발하여 진주로 가서 응원하게 하였다. 야음을 이용하여 각자 횃불을 다섯 개씩 들고 비봉산에 나타나 호각을 불자, 진주성 안에서는 함성으로써 호응하였다. 이에 일본은 대군이 온 줄로 알고 놀랐다. 또 고성 의병장 최강(崔堈)은 휘하 병사들을 이끌고 야간을 이용해 진주성으로 행군하였다. 최강의 응원군은 진주성 남쪽에 위치한 망진산성을 점유하고, 남강을 사이에 두고 진주성을 바라보면서 성안의 장병들 사기를 북돋우어 주었다.

다음으로 계사년 진주성전투는 1593년 6월에 있었다. 임진왜란 초기에 평안도와 함경도까지 북상했던 일본군은 남하할 수밖에 없었다. 그것은 무엇보다도 명군의 지원과 조선군의 재정비 및 저항 때문이었다. 아울러 호남 진출이 어려워진 일본군에 대한 군수물자의 조달이 어려웠기 때문이었다. 이런 과정에서 임진년에 패배당했던 전투에 대한 보복 차원에서 일어난 전투가 계사년 진주성전투였다.

아울러 진주는 지리상으로도 남방의 요충으로서 이를 함락시키지 않고서는 일본군 병력 사이의 연락이 여의치 못할 뿐더러 남방의 근거도 불안하였다. 따라서 일본군은 진주성을 함락시킴으로써 후방의 기지를 확보할 생각이었다. 즉 진주성 공략의 가장 중요한 요인은 호남의 곡창을 확보하는 데 있었다. 호남으로 통하는 지리적 요충지 진주성을 확보함으로써 전세를 유리하게 이끌 수 있었기 때문에 진주성은 일본군의 중요한 공격 목표가 되었다. 또한 일본군은 진행 중이던 강화교섭에서 유리한 조건을 획득하기 위해서도 진주성 함락을 절박한 문제로 생각하였다.

문제는 일본군의 남하와 진주성 공략을 앞둔 시점에서 조선군과 명군의 활동이 진주성전투와는 무관하게 이루어졌다는 사실이다. 당시 명과 일본 사이의 강화를 반대하면서 일본군을 추격하며 남하해 온 조선의 관군과 의병은 창녕과 의령 등 영남 일대에 포진하고 있었다. 즉 도원수 김명원(金命元)과 순변사 이빈(李賓)은 의령에 포진하였고, 전라병사 선거이(宣居怡), 충청병사 황진(黃進), 전라방어사 이복남(李福南) 등도 각각 군사를 거느리고 왔으며, 전라감사 권율(權慄) 또한 창녕과 의령 등지에 포진하였다. 이처럼 조선군과 명군의 주력군이 대부분 진주성을 중심으로 하는 영남과 호남 일대에 주둔하고 있었지만, 실제 계사년 진주성전투에는 아무런 도움이 되지 못하였다. 이런 상황에서 지원 온 관군 가운데 충청병사 황진만 계사년 진주성전투에 적극 가담하였다.

계사년 진주성전투 수성군의 부대편성은 우도절제사 김천일(金千鎰), 좌도절제사 최경회(崔慶會), 도순성장 황진(黃進), 복수대장 고종후(高從厚) 등이었다. 계사년 진주성전투에서는 관군이 주가 되고, 소수의 의병이 가담하고 있었다. 조선군 주력은 창의사 김천일 등이 거느린 군사 3,000여 명이었으며, 이미 진주성에 들어와 포진하고 있었던 조선군의 군사 다수였을 것이다. 반면 일본군은 가토 기요마사[加藤淸正] 등 93,000명으로 후퇴하던 일본군이 다수 동원되었다. 이처럼 조선군은 군사수에서 일본군보다 현격한 열세에 있었다.

일본군은 6월 16일 함안을 점령하고 있던 전라감사 권율의 군사를 격파한 후 20일 마현으로 진출하였다. 일본군은 22일부터 공격을 시작하였지만 26일까지 조선군은 수성에 성공적이었다. 그러나 27일부터 귀갑차(龜甲車)라는 공성 기구를 동원하고 야음을 타서 투항을 권유하는 심리전을 전개하였다. 28일 서문으로 일본군이 공격을 집중하여 황진이 전사하였으며, 29일 마침내 진주성이 함락되었다. 이때는 장마철이라 성벽이 쉽게 허물어지기도 했다.

계사년 진주성전투의 패배는 참담하였다. 진주성의 군민은 남강을 뒤로 한 채 촉석루 쪽으로 밀려 최후의 결전을 하였는데, 중과부적으로 더 이상 지탱할 수 없자 무기를 남강에 던지고 자결의 길을 택하였다. 진주성 방어를 지휘했던 김천일은 아들과 함께 남강에 투신하여 최후를 마쳤다. 진주성은 함락 후 일본군들에 의해 비참한 상황을 맞이하였다. 성안에 있던 사람뿐 아니라 심지어 소·말·개도 모조리 살해되었으며, 성 내외의 사망자 수가 약 6~7만이라 한 데서도 상황을 짐작할 수 있다. 이때 남강은 핏빛으로 물들었다고 한다.

무엇보다도 계사년 진주성전투의 패배 요인은 전술 부재 때문이었다. 대표적으로 곽재우를 위시한 경상우도의 의병장들은 임진년 진주성전투 때와는 달리 2차 전투에 소극적이었으며, 적극적으로 공성론(空城論)을 주장하였다. 더욱이 계사년 진주성전투의 주력 부대는 김천일의 호남지방의 군사와 관군이었

| 일제강점기 진주성내 촉석루(공공누리)

다. 이러한 공성론의 주장에도 불구하고 진주성을 사수하다 결국 많은 희생자를 내었다. 곽재우가 진주에 들어가 방어하자는 제의에 반대한 것은 전략상의 차이였다. 그의 주장은 일본군의 정예 앞에 오합지졸이며 군량도 부족한 아군이 바로 공격하는 것은 실패할 뿐이므로 분산작전으로 일본군에 대항하자는 것이었다. 이에 경상우감사 김륵(金玏)이 크게 화를 내며, '장군이 대장의 명령을 복종하지 않으니 군율은 어찌할 셈인가' 하자, 곽재우 역시 노하여 '일신의 사생은 진실로 아까운 일이 아니나 백전군졸을 어찌 버릴 수 있겠는가. 나는 차라리 자결할지언정 성에는 들어가지 않겠다'고 맞섰다. 사태가 여기에 이르자 이빈(李贇)은 곽재우로 하여 정진을 지키게 하였다.

반면 승리한 일본군은 승전을 자축하였다. 일본군은 일단 진주성을 함락시킨 것으로서 그들의 일차적 목적을 달성한 다음 진주 주변을 약탈하고, 7월에는 전라도 고부까지 깊숙이 쳐들어갔다. 그리고 진주 인근 지역에서 수많은 포로를 잡아갔다. 대표적으로 홍호연(洪浩然), 조완벽(趙完璧) 등을 들 수 있다.

전쟁이 끝난 후 국가에서는 진주성전투에서 순국한 관료와 군사 지휘관에게 포상하여 기억하였다. 임진왜란이 끝난 후 남강에서 경상우도 어제인(御製印)이 발굴되자, 당시 병사였던 최경회를 포상하였다. 촉석산성이 임진왜란으로 함락을 당할 때 순사한 병사 최경회가 안고 강에 뛰어들었던 인(印)이었다. 또 임진년과 계사년 진주성전투에서 적극적인

210

활동을 한 인물 31인을 배향하였다. 이것은 충민사와 창렬사의 건립으로 구체화되었다. 충민(忠愍)은 곧 임진년에 전망한 진주판관 김시민 한 분의 위패를 모신 사당이요, 창렬(彰烈)은 곧 계사년에 전망한 경상우병사 최경회, 충청병사 황진, 창의사 김천일, 사천현감 장윤(張潤)을 함께 모신 사당이었다. 주목되는 것은 논개(論介)의 포상이다. 일본군의 승전 자축 연회에 참석하여 일본 장수를 껴안고 남강에 투신하여 죽은 논개를 위해 의기사(義妓祠)가 건립되고, 촉석루 아래 남강의 바위에 의암(義巖)이라 새겼다.

| 촉석루 아래 남강변에 정대륭(鄭大隆)이 새긴 의암(義巖)

211

〈참고문헌〉

국방부 전사편찬위원회 편, 『임진왜란사』, 국방부 전사편찬위원회,
　　1987.

김강식, 『임진왜란과 경상우도의 의병운동』, 혜안, 2001.

김강식, 「임진왜란 시기 진주성전투 참가자의 포상 과정과 의미-《忠
　　烈錄》을 중심으로-」, 『지역과 역사』 17, 2005.

이장희, 『곽재우연구』, 양영각, 1983.

허선도, 「임진왜란의 극복과 嶺右義兵-그 전략적 의의를 중심으로-」,
　　『진주문화』 4, 1983.

3. 한국전쟁과 낙동강 방어선 _ 안순형

1) 파죽지세로 남하하는 북한군

한국전쟁이 발발하자 북한군은 우세한 전력을 앞세워 파죽지세로 남하하여 3일만인 6월 28일에 서울을 점령하였다. 미 합참에서는 극동사령관 맥아더에게 미국인 철수를 위한 공군 지원, 한반도 전황(戰況) 파악을 위한 조사반 파견, 한국군 작전을 위한 탄약 지원 등 제한적 군사 조치를 하달하였다. 6월 29일에는 미 지상군의 투입 여부를 결정하기 위해 맥아더가 한강 방어선을 직접 시찰하였다. 그는 '한국군의 방어 능력 상실'과 '북한군의 방어를 위해 미 지상군을 즉각 투입해야 한다'고 판단하고, 30일에 투르먼 대통령에게 필요성을 건의하여 승인을 받았다. 극동사령부에서는 미 지상군이 투입되면 북한군을 단시일 내에 제압할 수 있을 것이라 보고, 주일(駐日) 8군사령관 워커(Walker)를 통해 24사단장 딘(Dean)에게 대대 규모의 특수임무부대를 편성하도록 하였다.

21연대 보병과 52포병대대로 새롭게 편성된 스미스(Smith)부대 540명은 7월 1일에 비행기로 부산에 보내졌다. 그들은 열차를 이용해 대전을 거쳐 5일에는 오산 죽미령의 경부국도와 철도가 지나는 능선에서 전차를 앞세우고 남하하던 북한군과 격돌하였다. 하지만 스미스부대는 전투 준비 소홀과 적군의 전투력에 대한 과소평가로 격멸 당하고, 미 24사단 34연대 3대대와 안성에서 합류하여 6일

에 천안으
로 철수하
였다. 북
한군의 공
격이 계속
되자 34연
대는 8일
에 천안에
서 공주 방

| 대전역에 도착한 스미스부대(사단법인 한미우호협회)

면으로, 제21연대는 10일에 조치원에서 금강지역으로 철
수하였다. 미 24사단은 평택·천안 등지의 전투로 막대한
손실을 입어 금강 방어선을 지켜낼 수 없었고, 대전으로 철
수하여 북한군의 공격을 저지해야만 하였다. 하지만 북한
군 3·4사단의 격렬한 공격으로 20일에는 대전마저 점령 당
하고, 미 24사단은 사단장을 포함한 병력 30%와 1개 사단
분량의 장비를 잃으면서 전투력이 붕괴되었다.

　같은 날 조선인민군 최고사령관 김일성은 전선사령부가
있던 수안보까지 직접 내려와서 "8월 15일까지는 반드시
부산을 점령하라"고 독촉을 하였다. 대전을 점령한 북한군
은 조기 결전을 위하여 쉬지 않고 모든 방면으로 남하를 강
행하였다. 북한군 1군단 6사단은 서남진하여 20일에 전주,
23일에 광주를 거쳐 25일경에는 순천에 집결하여 부산으로
동진(東進)할 준비를 하였다. 4사단도 금산·진안을 거쳐 거
창으로 남진하였고, 2·3사단도 영동을 거쳐 김천과 왜관으

로 동남진하였다. 또한 2군단 15·1·13사단은 상주·함창·예천으로, 8사단은 풍기·영주를 거쳐 안동으로, 12사단은 청송으로, 5사단은 영덕으로 공격함으로써 7월 25일경의 북한군은 순천·거창·상주·영덕까지 진출하였다.

반면 미8군사령관(워커)은 24일에 일본 오키나와에서 부산에 상륙한 29연대를 24사단에 배속시켜 진주·김천을 점령하도록 하였다. 29연대는 진주·함양을 점령하고 있던 19연대에 증원되었고, 그중에 3대대는 27일에 채병덕 소장의 안내로 하동을 공격하다가 북한국의 기습으로 괴멸당하였다. 워커 사령관은 진주가 점령당하자 마산이 돌파되면 부산까지는 최단거리 접근로이고, 그 배후로는 더 이상 방어할 지형이 없으며, 아군의 병참선이 차단당할 뿐 아니라 주력이 포위될 것이기 때문에 임시방편으로는 수습할 수가 없다고 여겼다. 따라서 8월 1일에 상주의 미 25사단을 36시간 만에 240km나 떨어진 마산 방어에 전용하고, 전선을 낙동강 유역으로 조정하여 모든 부대를 낙동강의 동안(東岸)과 남안(南安)으로 철수하여 역습을 준비하도록 하였다.

그동안 미군은 부

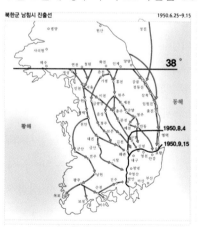

| 북한군 남침시 진출로(국가기록원)

족한 병력 대신에 하천과 산맥 등을 이용하여 북한군의 남하를 저지하려 했지만 그들의 공격에 번번이 격파당하였고, 호남 우회기동공격으로 상황은 더욱 심각해졌다. 워커 사령관은 북한군의 남진을 저지하기 위하여 자발적으로 전선을 축소함으로써 '기동과 역습'을 강화하여 반격하고자 하였다. 수세적 입장을 공세적으로 전환하여 전쟁의 주도권을 장악하기 위해서는 최적의 방어선이 절실히 필요함으로써 낙동강 방어선이 출현되게 된다.

2) 낙동강 방어선의 형성

한·미연합군의 낙동강 방어선은 8월 4일 새벽 1시를 기점으로 완성되었다. 방어선은 상주 낙동리부터 낙동강 동안(東岸)을 따라 남하하여 남강과 합류하는 남지를 거쳐 마산의 서쪽 산악지대에 이르는 남북 160km와 영덕에서 청송을 거쳐 낙동리에 이르는 동서 80km의 'Γ' 모양이었다. 총 240㎞ 중에서 낙동강 일대 저지대의 개활지대은 화력과 기동력을 갖춘 미군이, 북쪽과 동쪽의 산악지대는 국군이 방어하였다.

낙동강 방어선은 전쟁 초기였던 7월 초순부터 워커 장군에 의해 구상되었고, 미 극동사령관 맥아더의 강력한 지지를 받았다고 한다. 워커는 미8군사령관으로 임명되기 전인 7월 8일에 대전지역을 현지 정찰하고, 딘 소장에게 전황을 보고 받으면서 이미 낙동강 방어선에 대한 초보적 구상을 하였다. 미8군사령부를 대전이 아니라 북한군의 방어에 유리한 낙동강이라는 천연의 장애물이 있는 대구로 결정한 것에서도 이 사실을 엿볼 수 있다.

워커는 13일에 정식으로 미8군사령관에 임명되고 난 후에 대전 북방의 금강–소백산맥 방어선이 북한군에게 돌파당하자, 17일경부터 다양한 여건과 각종 자료를 종합적으로 분석함으로써 초보적 구상을 더욱 구체화하였다. 미 극동사령부에서도 워커 사령관에게 부산교두보의 안전을 확보하고, 유엔군이 전면적 반격을 통해 공세로 전환할 수 있게 준비하도록 하였다. 따라서 그의 현재 전선 사수라는 결의로 낙동강 방어선이 결정되면서 이곳은 일명 'Walker Line'으로 칭해진다. 긴급상황 하에서 동시적·연속적 전투를 중시했던 그는 미24사단에게 20일까지 대전을 방어하도록 하고, 포항 영일만으로 상륙했던 미1기병사단을 영동지역에 투입하면서 북한군의 남하를 지연시키는데 성공하였다.

워커 사령관은 이미 26일에 연패당하던 미군과 국군에게 충분한 전투준비 시간을 확보할 수 있도록 낙동강 구간으로 철수를 준비시켰다. 뛰어난 전투력을 지녔던 것으로 알려진 북한군 6사단이 천안에서 잠적했다가 25일 순천을 점령하고 하동으로 진출하자, 그는 비로소 서남부 전선의 중요성을 주목하였다. 29일에 25사단 지휘소에서 '사수훈령(死守訓令)'을 하달했지만 31일에 북 6사단이 진주까지 함락하면서 서쪽 방면에 대한 위기감은 더욱 고조되었다. 워커 사령관은 즉각 낙동강 방어선 구축을 실행하고자 8월 1일에 철수명령을 하달하여 4일에는 낙동강 동안과 안동 이남을 경계로 하는 낙동강 방어선이 형성되었다.

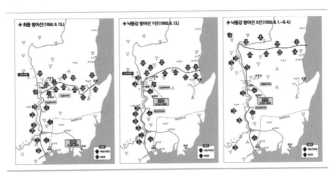

| 낙동강 방어선의 변천(칠곡호국평화기념관)

3) 낙동강 방어선 전투

북한군은 낙동강 방어선을 돌파하기 위하여 '8월(8.4~25)'과 '9월(9.1~15)'에 대대적으로 공격을 감행하였다. 그들은 중앙의 대구 방면, 동쪽의 포항-경주 방면, 서쪽의 낙동강 돌출부 방면, 남해안 마산-부산 방면으로 동시에 진격하면서 방어선 곳곳에서 격렬한 전투가 이루어졌고, 방어선도 9월 15일 인천상륙작전이 있을 때까지 조금씩 남쪽으로 축소되었다.

(1) 칠곡 다부동 전투

칠곡의 다부동 지역은 조선시대에 '다부원'이 있었고, 인근에는 칠곡의 고평역(高平驛), 인동의 양원역(楊原驛), 대구의 범어역(凡於驛) 등으로 나아갈 수 있는 교통과 군사의 요충지였다. 현재도 남북으로 대구–안동을 잇는 5번국도와 대구–상주를 잇는 25번국도가 있고, 동서로 왜관–다부를 잇는 79호지방도가 지난다. 다부동은 대구의 북방 22㎞에 있는데, 북쪽에서 대구로 남하하는 최단거리 노선의 길목이다.

1950년 8월 3일부터 9월 24일까지 이곳에서는 격렬한 전투가 전개되었다. 북한군은 가용 부대의 절반인 5개 사단을, 미군과 국군은 3개 사단을 투입하여 공방전을 펼쳤다는 것에서도 그 치열함을 엿볼 수 있다. 8월 전투에서는 학도병 500여 명을 포함한 국군 1사단의 7,600명이 북한군 3개(3·13·15)사단 21,500명을 상대로 진행되었다. 1단계(3~12일)는 왜관의 303고지(작오산)에서 동쪽 유학산까지 국군 1사단과 6사단이 전선을 형성하여 북한군 15사단 45연대, 13사단, 1사단이 다부동 방면으로 남하하는 것을 지연시킨 전투였다. 2단계(13~30일) 전투는 유학산에서 동남쪽 다부동 일대에 국군 1사단과 미 27연대가 주저항선을 형성하여 북한군 13사단과 15사단의 필사적 공세를 막아낸 방어전이었다. 328고지 전투·유학산 전투·볼링장 전투·가산산성 전투 등이 이때 있었던 대표적인 전투였다. 특히 미 8군사령부는 낙동강 서안의 북한군 주력부대를 제압하기 위하여 유엔군사령부에 공중 폭격을 건의하였고, B29폭격기 98대가 동원되어 폭탄 960t을 투하하여 적의 예봉을 꺾었다. 8월 전투의 사상자가 북한군 17,500여 명, 아군 1만여 명이었다는 것에서도 전투가 얼마나 치열했던가를 말해 준다.

9월 전투(8월 31일~9월 24일까지)는 미 1기병사단이 국군 1사단으로부터 다부동 지역을 인계받아 다부동 도덕산 일대에 주저항선을 만들어 북한군 2개(3·13)사단의 공세를 저지한 것을 말한다. 북한군은 9월 2일부터 총공세를 감행하여 4일에는 왜관-다부 일대의 주저항선을 잠시 붕괴시키기도 하였다. 하지만 15일에 인천상륙작전이 성공하면서 16일부터 아군의 총반격이 시작되었다. 워커 사령관의 명령으로 22일에는 북한군에 대한 추격이 시작되어 국군 1사단 15연대와 미 14기병사단이 다부동 일대에서 협공을 펼쳐 북한군 13사단을 와해시켰다. 9월 전투는 수암산(519고지)·가산성터(902고지)·314고지 등에서 치열한 전투가 전개된 것으로 알려져 있다.

국군과 미군은 다부동 방면에서 북한군의 강력한 공세를 성공적으로 방어함으로써 대구뿐만 아니라 임시수도이자 유엔군의 상륙교두보, 병참기지였던 부산의 안전을 보장하였다. 이것은 인천상륙작전의 성공과 유엔군이 총반격을 시도할 수 있는 돌파구를 마련할 수 있는 기반이 되었다. 이 과정에서 피아간에 수많은 사상자가 발생했는데, 1981년 11월에 '다부동전적기념관'을, 2015년 10월에 '칠곡호국평화기념관'을 개관하여 사상자들을 추모하고 있다.

(2) 낙동강 돌출부 전투

창녕을 지나는 낙동강은 상류의 현풍에서 하류의 남지까지 서쪽으로 심하게 돌출되어 큰 굴곡이 만들어져 있어 '낙동강 돌출부'라고 불렸다. 이곳은 옛날부터 서쪽의 거창-합천과 의령-함안에서 낙동강을 건너 수 있는 많은 나루가 있었다.

이곳에서는 한국전쟁 초기인 1950년 8월 5일~19일까지, 8월 31일~9월 14일까지 두 차례에 걸쳐 치열한 전투가 있었다. 이 일대의 강폭은 400~800m였지만 수면 폭은 200~400m밖에 되지 않았고, 수심도 2m 내외에 불과하여 쉽게 건널 수 있는 곳이 적지 않았다. 안의-거창을 통해 낙동강으로 접근한 북한군 최정예 4사단은 부산교두보를 점령하기 위하여 낙동강을 건너 영산-밀양지역으로 진출하려 하였다. 이것은 대구 후방을 차단하여 아군의 병참선을 끊고, 주력부대를 포위함과 동시에 곧바로 부산을 점령함으로써 전쟁을 마무리하려는 의도였다.

1차 전투는 북한군 4사단이 8월 5~6일 밤에 북쪽 왜관지역 15사단과 남쪽 마산지역 6사단의 공격에 호응하여 낙동강을 건너라는 상부의 명령으로 미 24사단과 2사단 19연대가 방어하던 창녕의 서남쪽 부곡·오항·박진나루를 중심으로 13일 동안 격전을 펼쳤던 것이다. 미 24사단장 처치(Church)는 북한군이 창녕을 주요 공격로를 설정할 것이지만 도하장비가 부족하여 단시간 내에 강을 건너 공격하지는 못할 것으로 보았다. 그래서 미 34연대를 영산 방어를 위해 강변 19㎞에 배치하고, 강안 8㎞ 이내의 주민을 모두 후방으로 소개(疏開)시켰다.

하지만 1개 중대가 2~2.5㎞를 담당하고, 중대간의 간격도 4~5㎞가 되도록 방어 범위를 넓게 설정함으로써 허점을 드러낼 수밖에 없었다. 34연대 3대대가 유력한 도하 예상지역이었던 오항나루에 경계병을 배치하지 않은 것이 대표적인 사례이다. 6일에 북한군 4사단은 공격을 개시하여 16연대를 주력으로 영산의 정면인 오항나루를, 일부는 창녕의 정면인 부곡을 공략하였다. 7일에는 낙동강 돌출부의 클로우버고지(165m)와 오봉리 일대 능선을 장악하여 교두보를 구축하자, 워커 사령관은 2사단 9연대를 이곳으로 급파하여 9일에 반격을 시도했지만 실패하였다.

북한군은 중화기와 주력 무기를 도하시키려 박진나루 근처에 암석과 가마니 등으로 수중가도(水中假道)를 설치하고, 10일 밤에 야포·전차 등을 돌출부 내로 이동시켜 전투력을 강화하였다. 북한군 18연대가 영산을 포격하여 11일에 점령하자, 워커 사령관은 상황이 심각하다고 판단하고 8군 예비대인 27연대를 투입하여 역습함으로써 13일에 영산을 탈환하였다. 또한 밀양의 미 해병 1임시여단을 영산으로 급파하여 17일 오후부터 북한군 4사단이 점령하고 있던 크로우버

| 낙동강 돌출부 박진 전투(국방부 군사편찬연구소)

洛東江 突出部 泊津 戰鬪(I)
(1950. 8. 5 ~8. 6)

고지와 오봉리 능선을 공략하여 19일 새벽에 완전히 탈환하였다. 북한군은 비록 도하에 성공했지만 계속 교두보를 확장하지 못하였고, 결국에는 미군의 반격을 받게 되어 낙동강 서안으로 격퇴당하였다. 북한군 최정예부대였던 4사단은 중화기를 대부분 파괴당하고, 병력도 7,000명에서 3,500명으로 감소되어져 전투력을 완전히 상실하게 되었다.

2차 전투 이전인 8월 하순에 미 2사단은 24사단으로부터 이 지역을 인계받아 38연대를 현풍 방면에, 23연대를 창녕 방면에, 9연대를 영산 방면에 배치하였다. 반면 북한군은 9사단을 영산 방면에, 김천에서 재편성된 2사단을 창녕 방면에, 10사단을 현풍 방면에 배치하여 공세 준비를 마쳤다. 북한군은 31일 야간에 전방위 공격을 단행함으로써 9사단은 미 9연대 정면으로 일제히 공략하여 9월 1일에는 영산을 점령하였다. 북한군 9사단이 폭 6마일에 깊이 8마일의 돌파구를 형성하자 워커 사령관은 큰 위협을 느끼고 미 5해병연대를 급파하여 반격함으로써 5일에는 북한군을 크로우버고지-오봉리 능선까지 격퇴하였다. 창녕 방면에서도 북한군 2사단이 일제히 공격하여 9월 2일에는 모산리-본초리까지 진출했으나 공격력의 한계로 8일까지 미 23연대의 방어선을 돌파할 수 없었다. 현풍 방면의 10사단은 이미 8월 초순에 낙동강 서안에 도착했지만 별다른 전과를 거두지 못한 상태였다. 31일에 그들도 대구의 남쪽을 위협하려고 공격에 동참하여 9월 3일에 현풍을 점령했지만 더 이상 동진(東進)하지 못하였다.

북한군은 2
차 전투에서
영산과 창녕
방면을 전방
위적으로 공
략했지만 전
투력이 쇠진
하면서 9월 8

| 창녕군 남지읍 월하리 박진전쟁기념관 입구

일경부터 각지의 전투는 소강상태로 접어들었다. 15일에
인천상륙작전이 성공하여 아군의 대반격이 시작되면서 낙
동강 돌출부 전투도 종식을 고하게 된다.

창녕지역에서는 1959년 3월에 '창녕지구 전적비'를, 1979
년 4월에 '영산지구 전적비'를, 1987년 11월에 '박진전쟁기
념관'을 건립하여 낙동강 돌출부 전투를 기리고 있다.

(3) 킨(Kean) 특수임무부대 작전

진주–마산 사이에는 500m 이상의 산지가 분포하지만
일찍부터 남강 저지대를 따라 함안을 거쳐 마산까지, 사천·
고성을 거쳐 해안을 따라 도로망이 잘 형성되어 있었다. 7
월 25일경 순천에 집결했던 북한군 6사단이 31일에 진주를
함락하자 마산–부산에 대한 위협은 더욱 고조되었다. 이에
미8군사령부에서는 25사단을 마산 일대로 이동시켜 특수임
무부대를 편성하여 북한군 6사단의 동진을 저지시켜 부산
교두보와 대구 일원에 대한 압박을 완화하고자 하였다. 킨

사단장의 이름을 딴 특수부대는 8월 7일~13일까지 진주고개, 사천 장천리까지 진출하며 북한군 6사단에 대해 공세적으로 방어전투를 펼쳤다. 하지만 11일에 영산 돌출부가 북한군 4사단의 공세로 위기에 빠지게 되자 워커 사령관은 기동예비대의 편성을 위하여 킨 작전을 중단시켰다.

(4) 영덕지구 전투

북한군 5사단은 별다른 저항도 받지 않고 동해안을 따라 남진하다가 7월 1일이 되어서야 울진에서 처음으로 국군 3사단 23연대의 저지를 받았다. 3사단은 전쟁 발발 전부터 태백산·보현산 일대에서 빨치산을 소탕했던 경험을 가진 부대였는데, 23연대는 6월 29일 오전에 대구-포항-영덕을 거쳐 울진 방면으로 북상하고 있었다. 23연대는 북한군 5사단과 접전 끝에 평해를 거쳐 7월 12일에는 영덕 방면으로 철군하였다. 17일에는 영덕이 함락당했지만 미8군에서는 이곳의 전략적 중요성을 인식하고 18일에 탈환하였다. 이후 29일까지 영덕을 둘러싼 쟁탈전이 반복되었지만 강력한 공중 폭격으로 국군이 3번째로 이곳을 탈환하면서 아군의 진지가 구축되었다.

낙동강 방어선은 전투 준비가 미비하고 전쟁 물자가 부족한 상태에서 유엔군과 국군이 취할 수 있는 최선의 선택이었다. 상호 공방전 중에 최대한 시간을 확보함으로써 아군의 전열을 재정비할 수 있고, 반격을 통해 전세를 역전시키고 전쟁의 주도권을 장악할 수 있는 기반이 된 것이 바로 낙동강 방어선이었다.

〈참고문헌〉

국방부 군사편찬연구실, 『(6.25전쟁사 5) 낙동강선 방어작전』, 국방부
　　군사편찬연구실, 2008.

온창일 외, 『(신판)한국전쟁사 부도』, 황금알, 2021.

경상남도사편찬위원회, 『경상남도사』 5권, 2020.

최용성, 「한국전쟁시 낙동강방어선 형성의 배경」, 『신라문화』 제24집,
　　동국대학교 신라문화연구소, 2004.

장용운, 「낙동강 전선 서남부지역 작전지도 연구」, 『군사』 제67, 국방
　　부 군사편찬연구소, 2008. 6.

의령 유곡리고분군과 낙동강(문화재청)

강과 삶의 흔적

V. 강과 삶의 흔적

1. 강변의 가야유적 _ 안홍좌

경남지역에는 다양한 물길이 있다. 11개의 국가하천을 비롯해 약 850여 개의 지정하천이 있으며, 하천의 유로는 약 5,000㎞에 이른다. 경남지역의 대표적 하천은 낙동강이다. 남강, 황강, 밀양강 등이 낙동강으로 흘러드는 주요 지류이다.

낙동강을 비롯한 물길은 오래전부터 교통로였고, 삶의 터전이었다. 따라서 강변에는 다양한 문화유산이 자리잡고 있다. 특히 가야시기의 경우 가야의 각국은 강변에서 뿌리를 내렸고, 강을 통해 교류했다. 그 증거인 문화유산이 즐비해 있다. 특히 가야사회의 모습을 엿볼 수 있는 고분이 줄지어 분포하고 있다. 고분에서 출토된 유물은 당시의 사회 모습을 추정할 수 있다.

1) 낙동강 변 가야고분

가야의 여러 나라들은 낙동강을 끼고 있고, 가야 지배세력의 무덤들이 강변에 자리잡고 있다. 창녕지역에는 교동과 송현동고분군, 영산고분군, 계성고분군 등이 있다. 의령지역에는 유곡리고분군 등이, 창원지역에는 다호리고분군, 김해지역에는 예안리고분군 등이 있다. 창녕지역은 비화가야[비사벌국]가 위치한 곳이다. 교동과 송현동고분군은 비화가야의 존재를 보여주는 유적이다. 창녕읍 교리 및 송현리 일대에 넓게 분포하고 있는 대형고분군이다. 출토유물과 구조양상을 볼 때 5~6세기가 중심연대가 되는 고분군으로 파악되고 있다.

| 창녕 교동과 송현동고분군(국립가야문화재연구소)

1910년 일본의 세키노타다시[關野貞]에 의해 처음 알려졌다. 1917년 이마니시류[今西龍]에 의해 현황조사가 실시되었다. 1918년 최초의 발굴조사가 이루어지고, 1931년까지 주요 고분 조사가 진행되었으나, 보고서는 간행되지 않았다. 1992년 이후 조사가 재개되었고, 2012년 실시된 정밀지표조사 결과 봉토분 101기와 봉토가 남아있지 않은 고분 116기 등 총 217기가 분포하는 것으로 밝혀졌다. 고분군에서는 신라와 백제는 물론 일본과의 교류를 보여주는 다양한 유물이 출토되었다. 즉, 신라와 백제의 다양한 장식말갖춤, 금동관, 청동세발손잡이솥, 둥근고리큰칼, 일본산으로 추정되는 녹나무관, 사슴뿔로 만든 장검 등이다. 순장풍습도 확인할 수 있다.

계성고분군은 영축산에서 서쪽으로 뻗어 내린 구릉 사면에 위치한 대규모 고분군이다. 5~7세기 비화가야의

| 창녕 교동과 송현동 고분군 전경(가야문화재연구소)

성장과 소멸, 신라와의 관계를 엿볼 수 있는 고분군이다. 261기의 봉분이 분포하고 있는데 정상부에는 지름 30m가 넘는 대형무덤 5기가 있다. 1917년 이마니시류에 의해 분포도가 작성되었고, 해방 이후인 1967년 5호분, 1968년 1호분·4호분, 2013년~2015년 2호분·3호분, 2017년 156호분, 2018년 2호분 주변 등 5차례에 걸쳐 발굴조사되었다. 2019년 2월 26일 사적으로 지정되었다. 사적 지정 이후 본격적인 고분군 정비를 위해 1호분, 15호분에 대한 발굴조사가 이루어졌다. 조사과정에서 비화가야를 대표하는 토기와 신라와의 교류를 보여주는 신라계 장신구가 다량 출토되었다. 6세기 후반 이후의 것으로 보이는 '大干(대간)'명 토기도 조사되었다.

영산고분군은 창녕지역의 중심 고분군인 창녕 교동과 송현동고분군, 계성고분군과 연결되는 중심 고분군이다. 특히 대형 봉토분이 만들어지기 이전 단계의 창녕지역 지배집단을 살펴볼 수 있는 중요한 자료이다. 1917년 고분군이

처음 알려졌으며 현재까지 총 96기의 고분이 확인되었다.

낙동강의 서쪽에 위치한 의령지역에도 가야고분군이 입지해 있다. 의령 유곡리고분군과 경산리고분군 등이다. 유곡리고분군은 대형의 봉토분과 석곽묘가 확인되었다. 5~6세기에 조성된 대규모의 고분군인데 유물로 미루어 볼 때 낙동강 수계를 중심으로 주변지역과의 교류를 확인할 수 있다. 특히 가야와 신라의 국경선과 관련한 중요한 유적이다.

| 의령 유곡리고분군과 낙동강(문화재청) / 유곡리고분군에서 바라본 낙동강

경산리고분군은 2000년 조사되었다. 가야시기에 축조된 고분이 44기이며 1호분을 제외하면 대부분 5~6세기에 축조된 석곽묘이다. 출토유물은 대가야, 아라가야, 소가야계통의 유물이 조사되었다. 경산리 1호분의 현실 내부에서 확인된 석관은 이른바 석옥형(石屋形)으로 일본 큐슈 서부지역에서 많이 발견되는 유형이다. 이 때문에 경산리 1호분에 묻힌 주인공을 왜인으로 추정하기도 한다. 경산리 2호분에서는 백제계의 재갈, 등자 등의 마구와 대도, 청동합, 다면옥, 이식 등이 출토되었다.

창원지역의 낙동강 변에는 다호리고분군이 위치해 있다. 고대국가 형성기의 고분이다. 발굴조사 결과 대부분이 널무덤(목관묘)이며, 일부에서 독무덤(옹관묘)이 나타났다. 출토 유물은 동검, 중국식 거울[한경]을 비롯한 청동기와 오수전, 철검, 손칼, 주조철부, 두드려 만든 판상철부 등 철기제품이 다량 나왔다. 또한 칼집, 활, 화살, 합, 붓, 부채, 칠기와 민무늬토기, 와질토기가 출토되었다. 특히 중국 거울인 성운경과 중국 화폐인 오수전의 출토는 다호리 고분이 기원전 1세기 후반에서 1세기대 사이의 유적임을 알려주고 있다. 다양한 철기와 중국계 유물 출토로 보아, 중국·낙랑과 교류한 세력이었을 것으로 추정된다.

낙동강 하류에 해당하는 김해지역에는 예안리고분군이 있다. 김해 예안리 시례마을 주변에 있는 가야 무덤이다. 여러 차례 발굴조사 결과 가야 때의 각종 무덤 형태가 중복되어 나타났으며, 무덤에서 사람 뼈가 많이 조사되었다. 각 무덤들마다 인골이 출토되고 있어 무덤의 주인공을 밝힐 수 있는 자료이다.

│ 창원 다호리고분군(국립가야문화재연구소)

2) 황강과 가야고분

황강 변에는 다라국이 존재했던 증거로 보여지는 옥전고

분군이 있다. 4세기에서 6세기 전반의 가야고분군이다. 고분은 1,000여 기에 이를 것으로 추정되며, 이 가운데 20~30m의 지름을 가진 18기의 고분이 밀집되어 있다.

발굴조사에 의하면 덧널무덤(목곽묘)을 비롯한 다양한 형태의 무덤이 조사되었다. 무덤 안에서는 토기류, 철제무기류, 갑옷 마구류, 장신구류 등이 다량 출토되었다. 귀고리와 목걸이의 화려한 장식으로 보아 세공기술이 발달했음을 알 수 있다. 특히 M2호분에서는 2,000여 개가 넘는 구슬이 발견되었다. 둥근 고리 큰칼(환두대도)이 다수 출토되었다. 특히 M3호에서는 최고 지배자의 상징인 용봉무늬와 봉황무늬, 용무늬가 새겨진 둥근 고리 큰 칼이 4자루나 조사되기도 하였다.

투구는 총 13점이 출토되었고, 갑옷은 최고 지배자의 권위를 상징하는 것으로 5벌이 발견되었다. 이 가운데 68호분에서 발견된 철판 갑옷은 복천동고분군 외에는 아직 발견되지 않은 희귀한 갑옷으로, 같은 시기인 5세기 전반 일본의 갑옷과 함께 고대 갑옷 연구에 중요한 자료가 된다. 말투구는 동아시아에서는 복천동고분 1점과 일본에서

| 합천 옥전고분군 전경(국립가야문화재연구소)

233

발견된 2점만이 확인되었으나, 옥전고분군에서 5점이 출토되었다.

또한 최고 수장급 고분에서만 출토되는 기꽂이가 2점 출토되어 고구려 문화의 전파를 엿볼 수 있다. M3호분에서는 관 아래에 130여 개의 도끼(주조철부)를 깔았고, 28호분에서는 칼을 관 아래에 깔아 무덤 주인의 부와 권위를 나타내는 독특한 현상을 보여준다.

3) 남강과 가야고분

남강 변의 고분군이 입지한 지역은 함안과 진주, 의령 등이다. 함안지역에는 말이산고분군이 있다. 일제강점기인 1917년 일본에 의해 구릉 정상부의 대형분 중 34호분[현4호분]과 5호분[현25호분]이 조사되었다. 해방 이후 1986년 발굴조사가 다시 시작되었고, 1992년 초대형 목곽묘인 마갑총(馬甲塚)이 조사되기도 했다.

지금까지의 조사 결과, 적어도 100 여기의 봉토분을 중심으로 1,000여 기의 중·소형 고분이 축조되어 있는 것으로 추정된다. 고분군의 입지 분포는 대형분들이 능선 정상부를 따라 위치하고 있다. 함안지역 내 대형봉토분의 축조시기는 5세기 전반에서 6세기 중엽이다.

출토유물 중에는 아라가야 왕들을 상징하는 각종 무기류와 말 갖춤새, 장신구 등이 출토되었다. 특히 최근 45호분에서 출토된 금동관은 다른 가야지역의 금동관과 달리 봉황장식이 있어 주목받고 있다. 마갑총에서는 고구려의 고분벽

화에 그려진 것과 동일한 말 갖춤새가 완벽한 상태로 출토
되어 아라가야의 정치적 성장의 단면을 보여준다. 최근에는
13호분에서 별자리가 새겨진 개석이 확인되었다. 75호분
에서는 중국 남조시기의 청자가 출토되어, 아라가야와 중국
남조와 교류했을 가능성을 보여 주었다.

의령지역에도 남강 변을 따라 가야시기의 고분군이 확인
되었다. 운곡리고분군과 중동리고분군이다. 운곡리고분군
은 용덕면 운곡리 어화마을 북쪽의 뒷산 아래 평지상의 산
자락에 있다. 1998년 발굴조사가 실시되었는데, 횡혈식석
실분 2기, 수혈식석곽묘 1기, 목곽묘 1기 등 모두 4기의
유구가 조사되었다. 그리고 주변 고분에 대한 정밀한 지표
조사 결과 30여 기의 중대형분이 밀집 분포하고 있는 것이
확인되었다. 중동리고분군은 의령읍의 남산 정상부 서쪽 경
사면에 일렬로 늘어선 4기의 큰 무덤이다. 오래전에 모두 도
굴되었는데, 1993년에 발굴조사가 이루어졌다. 그 결과 1
호분 안쪽은 수혈식석곽묘이고, 4호분은 횡혈식석실묘임이
확인되었다.

진주지역에
는 옥봉고분군
이 있다. 옥봉
과 수정봉으로
구분되어 있는
구릉에 형성된
무덤들이다.

| 옥봉고분 7호분 전경(국립중앙박물관)

1910년 일본 학자가 수정봉 2·3호, 옥봉 7호를 조사한 내용이 『조선고적도보』에 기록되어 있다. 원래는 대형의 봉토무덤 7기가 있었으나, 일제시대부터 개간과 함께 무덤이 파괴되어, 현재는 수정봉 2·3호만 남아 있다. 옥봉 7호 무덤은 봉분의 형태나 규모는 알 수 없다. 출토된 유물로는 토기류·철기류·가락바퀴·구슬·철칼·창·도끼·재갈 등이 있다.

4) 가야고분의 의미

(1) 대외교류의 증거

고분에서 출토되는 유물을 통해서 당시의 대외교류를 엿볼 수 있다. 가락국의 정치적 성장을 보여주는 김해 대성동고분군의 경우 외래계 유물이 다양하게 조사되었다. 중국계, 북방계, 왜계의 유물이다. 2012

| 옥전고분군 출토 로만글라스(국립가야문화재연구소)

년에 발굴된 91호 목곽분의 경우 중국계와 북방계 뿐만 아니라 서역계인 로만글래스 조각편이 조사되기도 하였다. 4세기대의 목곽묘에서 통형동기, 파형동기, 야광조개, 방추차형 석제품 등 왜계 유물이 다량 발굴되었다. 동북의 경우 23·47호분에서 조사되었고, 호형대구와 말갖춤류 등이 11호분에서 발굴되었는데 모두 북방계 유물이다.

대가야의 대표적 유적인 지산동고분군에서도 대외교류를 보여주는 유물이 확인되고 있다. 삼국과의 교류를 보여주는 유물이 많다. 봉황문환두대도, 청동합, 등잔 등은 백제계이며, 굽다리접시, 삼엽문환두대도 등은 신라계이며, 고구려 계통으로 보이는 마갑도 조사되었다. 왜계 유물도 조사되었는데 야광조개와 동경 등이 그것이다.

아라가야의 발전을 보여주는 말이산고분군의 경우에도 대외교류를 보여주는 유물이 확인되고 있다. 마갑총의 마갑은 고구려와의 교류를 엿볼 수 있다. 75호분에서 조사된 중국 청자는 중국 남조와의 교류로 볼 수도 있는 증거이다.

| 함안 마갑총 내부 /함안 마갑총 마갑(국립가야문화재연구소)

(2) 종교와 사상의 증거

가야고분군 내에서 가야인들의 종교와 사상을 이해할 수 있는 유물들이 조사되고 있다. 순장은 내세사상을 보여준다. 고분군 내에서 출토되는 상형토기도 내세관을 보여주고 있다. 함안 말이산고분군에서는 오리모양토기와 수레바퀴모양토기가 34호분에서 조사되었다. 최근에는 말이산 25

237

호분에서 등잔형토기가 조사되기도 했다.

새는 죽은 사람들의 영혼을 저승으로 안내한다는 사실이 『삼국지』에 기록되어 있다. 고대국가의 건국신화에도, 즉 가락국 건국설화에서도 새알이 등장하기도 한다. 고대의 사람들은 새를 새로운 탄생의 기원과 죽은 이의 영혼을 이끄는 매개자로 신성시하였다. 때문에 죽은 이를 위하여 새모양토기를 만들어 부장했던 것이다. 가야사람들은 낙동강을 비롯한 강을 생활기반으로 하였기 때문에 철새는 친숙한 존재이기도 했다.

가야의 유물인 유자이기[미늘쇠]에도 새장식이 있다. 큰 철판에 새모양으로 자른 작은 철판을 대칭으로 붙인 것이다. 함안 말이산고분에서 출토된 새모양장식 미늘쇠 중에는 몸통의 중앙부에 역삼각형의 구멍을 뚫고 이를 다시 고리로 연결함으로써 음향과 장식의 효과를 모두 갖추고 있다. 새모양장식의 미늘쇠 또한 매장의례의 주관자가 사용하였던 의기로 추정된다. 즉 죽은이의 장례 행렬을 장식하는 의례용 도구로서 행렬의 앞자리를 차지했을 가능성이 높다. 말이산고분군 미늘쇠의 경우 새의 머리는 둥글고 크지만 몸통에서 꼬리까지 매끈하고 날렵하게 만들어져 곡옥의 모양과 비슷하다. 재잘거리는 듯 표현된 부리와 위로 치켜 올린 꼬리는 금방이라도 하늘로 날아 올라갈 듯 하다.

수레바퀴모양토기는 이동수단으로 연상되기도 하지만, 이승과 저승을 이어주는 교통수단으로 추정될 수도 있다. 가야지역에서 조사되고 있는 배모양토기도 같은 의미일 가능성이 높다. 등잔모양토기도 장송의례에 사용했던 것으로 추정해 볼 수 있다. 말이산 8호분에서 조사된 연꽃무늬장식 금동판을 통해 아라가야에 불교가 전파되었을 가능성을 엿볼 수도 있다.

| 말이산34호분 출토 오리모양토기와 수레바퀴모양토기(국립중앙박물관) / 말이산45호분 출토 배모양 토기(함안군)

(3) 권력과 위엄의 증거

왕을 비롯한 지배층은 그들의 무덤에 권위를 상징하는 장신구를 만들어 부장했다. 금관 혹은 금동관은 최고 지배층인 왕의 권위를 보여주는 것이었다. 장신구에서 나타나는 수려함이나 세련미를 통하여 아름다움과 그 속에 숨어있는 권력과의 조화를 느낄 수 있다. 장신구를 통하여 가야의 복식제도를 짐작할 수도 있다.

금동관은 대가야에서 주로 출토되었다. 대가야의 금동관은 신라의 '출(出)'자형과는 달리 풀잎이나 광배모양을 하고 있어, 이를 통해서 가야문화권과 신라문화권을 구분하기도 한다. 대성동 29호분에서 금동관 파편이 조사되었다. 최근 말이산 고분에서도 대가야의 것과는 다른 형식의 금동관이 조사되었다. 말이산 45호분의 금동관은 봉황이 장식된 것이었다.

환두대도도 지배층의 권위를 상징하는 것이었다. 합천 옥전고분군에서는 많은 수량의 환두대도가 출토되었다. 칼의 손잡이 끝에 달린 둥근고리 안에 용이나 봉황이 장식되었는데, 가야의 무덤 중에서도 가장 큰 규모의 것이 발굴되었다. 지산동고분군 73호분 주곽 봉황문환두대도, 구39호분 용머리장식 환두대도, 30호 주변 봉황문 환두대도, 32

| 옥전고분군 출토 환두대도(국립가야문화재연구소)

호분 NE-1호무덤 상감봉황문 환두대도 등이 있다. 말이산고분군에서는 도항리 (문)54호분의 쌍용문환두대도가 있다. 대성동고분군 18호에서도 환두대도가 조사되었다.

(4) 생산력과 과학기술의 증거

가야사회 발전의 원동력이었던 철생산과 철제련기술을 고분에서 확인할 수 있다. 다양한 철기가 농기구, 무기 등의 형태로 조사되었다.

함안 말이산고분군에서는 덩이쇠, 환두대도를 비롯한 철제무기류, 판갑옷와 비늘갑옷 등의 무구, 말갖춤, 미늘쇠 등이 조사되었다. 고령 지산동고분군에서도 철정을 비롯한 다양한 철기가 부장되었다. 철제무기는 환두대도, 쇠창, 화살촉 등의 공격용 무기, 갑옷과 투구 등의 방어용 무기였다. 특히 축소모형철기가 출토된 것은 지산동고분군의 특징이다. 축소모양철기는 대가야 지배층의 사회적 지위를 나타내는 의례용품으로서 장례의식과 관련하여 무덤에 부장했던 것으로 추정된다.

고분 속에서 당시의 먹거리를 알 수 있는데, 이를 통해 생산활동을 엿볼 수 있다. 먹거리의 잔존물인 동물유체가 발견되고 있으며, 식물유체는 아주 드물기는 하지만 토기 속에서나 철기 등 다른 물건에 붙어 나오기도 한다. 고령 지산동45호분 2호 순장곽의 닭 1마리분의 뼈, 지산동고분군 34SE-2호 돌덧널의 새뼈와 토막난 대구뼈, 지산동고분군 55호 석곽과 70호 석곽 속 뚜껑 있는 항아리 안에는 복숭아가 들어 있었다.

| 함안 오곡리출토 토기에 담긴 생선뼈(함안군)

(5) 영역과 문화권의 증거

출토되는 토기의 모양이 가야 각국마다 형태가 달랐다. 그래서 토기 양식을 근거로 영역권, 문화권, 교류 등을 이

해하고 있다. 고배의 경우 신라와 가야의 것으로 구분되었고, 가야 각국마다 그 양식이 달랐다. 따라서 고분에서 출토된 토기를 통하여 각 고분군이 위치한 지역 토기의 대표적 형태를 알 수 있고, 다른 정치집단과의 교류관계도 추정 가능하다.

대가야 양식을 대표하는 토기는 고배류, 통형기대, 발형기대, 유개식장경호 등이다.

가락국 양식을 대표하는 특징적인 기종은 노형기대, 외절구연고배, 단경호 등이다.

아라가야 양식을 대표하는 특징적인 기종은 4세기대의 양이부승석문호, 노형기대, 공자형고배이며, 5세기대는 화염형투창고배, 발형기대, 승석문호 등이다.

토기양식을 통해 영역을 설정하기도 한다. 5세기 중반 이후 고령지역의 특징적 토기 양식이 서쪽인 황강 중류의 합천, 상류의 거창, 남강 상류의 산청과 함양, 남원의 운봉일대까지 확산된다. 즉 각 지역 고총에서 출토되는 토기가 고령양식 일색이다. 이를 통해 고령의 대가야세력이 해당 지역을 정치적으로 간접 지배한 것으로 해석하기도 한다. 아라가야의 경우 화염문투창고배의 분포를 통해 영역확대와 교류로 파악하기도 한다.

| 함안 화염문투창고배(함안군)

〈참고문헌〉

경상남도, 『문화재총람』, 2014.

남재우, 『함안의 고도 아라가야』, 함안문화원, 2019.

창녕군, 『창녕문화재대관』, 2020.

문화재청 국가문화유산포털(www.heritage.go.kr.)

2. 낙동강변의 교통로 _ 안순형

　강은 산과 더불어 '단절'이라는 의미를 지니지만 '소통'의 공간이란 차이점도 있다. 특히 전근대시기 산은 지역간 단절을 유발시켜 지역문화의 특수성을 만들었지만 강은 교류의 통로가 되어 문화적 보편성을 갖도록 하였다. '비봉리패총'에서는 8000년경 신석기시대 배가 발견되었는데, 선사시대부터 낙동강 유역의 주민들은 강과 배에 자신의 삶을 의지했다는 것을 보여준다. 낙동강 상류와 중류지역에서는 대부분 작은 배로 동서 방향의 나루를 도하(渡河)하였던 반면 하류에서는 대부분 큰 배로 상류를 향해 운행하였다는 특징을 가지고 있다.

1) 낙동강 상류지역 교통로

　조선후기 실학자였던 이중환은『택리지』에서 사람들이 생활하기 좋은 지리적 환경으로 '배와 수레, 사람과 물자가 모여들어 필요한 것을 서로 바꿀 수 있는 곳'이라고 하였다. 그러면서 "우리나라는 산이 많고 들이 적어서 수레가 다니기에 불편하므로 온 나라의 상인들은 모두 말에다 화물을 싣는다. 길이 멀면 노자(路資)가 많이 허비되어 소득이 적기 때문에 배로 물자를 실어 옮겨 교역하는 것보다 못 하다."고 하였다. 그는 수로가 경제적 부를 창출하는 주요 교통수단이었고, 지역문화의 성장과 발전에도 중요한 역할을 했던 공간이란 것을 주목하였다.

낙동강은 영남지역을 가운데로 가로질러 흐르는 대동맥으로 일찍부터 남북뿐만 아니라 동서 교통로로도 빈번하게 활용되었다. 일반적으로 전근대시기 화물을 실은 배가 내륙 운송을 하기 위해서는 강의 수심이 최소한 1.4m는 되어야 했다. 다시 말해 낙동강에서 일반적으로 배의 운행이 가능한 곳은 하구에서 340㎞의 안동까지, 평균 수위에는 290㎞의 문경 달지(達地, 삼강나루)까지였던 것으로 보인다. 하지만 갈수기(渴水期)라든지 결빙(양력 12~2월까지) 등의 환경적 요인을 고려하면 대부분의 선박은 250㎞의 상주 낙동진(洛東津)을 귀착지로 하였다.

　상류지역에는 용궁(龍宮)의 하풍진(河豐津, 현 예천군 풍양면), 상주의 낙동진, 선산의 여차니진(餘次尼津) 등의 나루가 있었다. 하풍진은『고려사』권57「지리」'용궁군'조에서 이미 그 존재가 확인된다. 이곳은 1172년(명종 2) 중앙에서 감무를 파견하여 관리할 정도로 조정에서 통제를 강화했던 곳이다. 낙동강의 수량이 풍부할 때는 배의 운행 종착지가 더욱 상류의 이곳으로 옮겨지기도 하였다. 조선초기 왜인의 육로 통행이

| 『동여도』16책(서울대 규장각)

여러 폐해를 낳자, 1437년 조정에서는 최대한 낙동강과 한강의 수로 교통을 이용하도록 하고, 부득이한 초점(草岾)만 육로로 넘도록 하자고 세종에게 주청하였다.

낙동진은 세종 때부터 명칭이 보이지만 환경적 요인을 고려해 보면 본래부터 상류의 대표 나루였을 것이다. 태종 때는 해로를 이용하던 조운선의 난파를 피하려고 세곡을 내륙으로 낙동진까지 운송하여 육로로 초점을 거쳐 충주 경원창(慶源倉)으로 보내도록 했는데, 이 조치로 낙동진을 포함한 각 지역의 나루는 더욱 활기를 띠게 되었다. 『경상도속찬지리지』'상주목'에는 "주(州) 동쪽 낙동진에는 항상 배가 배치되어 있었다"고 하였고, 김종직의 「낙동요(洛東謠)」에는 "배 돛대가 잇댄 것이 얼마인가? …… 바람 따라 물길을 나누어 왕래하는 장삿배 상인들"이라고 당시 낙동진의 활기찬 모습을 묘사하였다. 이곳은 고려시대 22역로 중에 '상주도', 조선시대 9개 간선로 중에 '제4로'가 통과함으로써 그 번성을 더 하였다.

여차니진은 『동사강목』제6상 고려 태조 19년조에 처음 보이는데, 태조가 후백제 신검의 군대를 격파하고 항복을 받은 일리천(一利川)지역이 이곳이라 전한다. 『신증동국여지승람』권29 선산도호부 '궁실'조에는 홍귀달(洪貴達)의 '북관기문(北關記文)'이 있는데, 일선군에는 여차니진이 있고 월파정(月波亭)이 있다고 하였고, '창고'조에는 그 옆에 '강창(江倉)'이 있다고 하였다.

상류 나루들은 일찍부터 낙동강을 남북으로 왕래했을 뿐

아니라 강의 좌우 역원으로부터 사람들이 몰려드는 교통의 요충지에 주로 설치되었다. 이곳을 통해 상류지역에서 생산된 도자(陶瓷) 같은 수공품과 곡물들이 하류로 송출되고, 김해·양산 등지에서 생산된 어염(魚鹽)이나 왜국의 수입품이 운송되어져 각지로 팔려나갔다.

2) 낙동강 중류의 교통로

초계현 감물창진(甘勿倉津)은 낙동강 전체 수로에서 중간쯤에 해당하는데, 이곳을 중심으로 남북에는 인동의 칠진(漆津), 대구의 사문진(沙門津), 창녕의 가야진 등이 있다. 이곳은 고려시대 22역도 체제의 미비점을 보완하기 위한 수단으로 활용되었고, 조선초기에는 일부 역로가 조정되면서 더욱 발전하였다.

칠진은 조선초기 '추풍령로'의 정비과정에서 인동과 약목(若木)지역에 새롭게 역이 설치되면서 경상좌우도를 건널 수 있는 나루로 활성화되었다. 앞의 하풍진에서 말했듯이 세종 때 왜인과 교류가 빈번해지자 경상좌도 처치사는 왜구에 대한 방비책으로 낙동강가에 왜관을 설치하여 관리할 것을 건의하였다. 당시 칠곡에도 2곳의 왜관이 설치되었는데, 현재까지도 왜관이란 지명이 남아 있다.

사문진은 조선전기에 화원창(花園倉)이 설치될 정도로 물산의 집산지였고, 왜물고(倭物庫)가 설립될 정도로 왜인과 무역도 활발했던 곳이다. 임진왜란 이후 대구에 감영이 설치되면서 이곳은 관문으로써 더욱 활기를 띠었다. 18세기 후반부터 농업 생산력이 향상되면서 금호강 유역의 곡물이 이곳을 통해 각지로 반출되었고, 20세기 초에도 대구에 모인 물자 중

| 대구 달성 사문진에서 본 낙동강(1917, 국립중앙박물관)

에 3/5정도가 낙동강 수로를 통해 이송되었는데, 그 주요 관문이 바로 사문진이다.

영산의 가야진은 서남쪽에서 흘러오는 남강이 낙동강 본류와 합류하는 곳의 남지쪽에 위치한다. 고려 때부터 동쪽의 금주도와 서쪽의 산남도 의령·진주지역을 연결하는 주요 교통로였고, 조선초기에는 이 일대를 기음강(歧音江)이라 불렀다. 세곡이 내륙 수로를 통해 운송되면서 인근 함안의 아견포(阿見浦), 의령의 백연(白淵, 일명 의령포), 창녕의 여포(礪浦) 등과 함께 발전하였다. 조선후기까지도 많

| 창녕군 남지읍 용산마을 뒷쪽 창나루 전망대에서 바라본 낙동강-남강 합류지점 모습

은 배가 이곳을 경유했는데, 국가에서는 '기음강 용단'을 두어 봄·가을로 제사를 드리며 그들의 평안을 기원드렸다.

중류지역도 상류지역과 마찬가지로 도자 수공업이 발달하였다. 특히 고령지역은 일찍이 가야시대부터 조선시대까지 다양한 도자가 제작되어 낙동강 수로를 통해 각지로 운송되었다. 임진왜란 때 왜군들도 낙동강 수운을 통해 경상도 각 지역에서 약탈했던 물자를 운수하였다.

3) 낙동강 하류의 교통로

하류의 대표적 나루로는 창원의 주물연진(主勿淵津), 밀양의 수산진과 삼랑진, 양산의 가야진 등이 있다. 이곳은 물품이나 세곡을 실은 대부분 배가 상류로 향하는 출발지였다. 주물연진은 칠원현 매포(買浦)의 하류 낙동강 서안(西岸)에 있었다. 조선전기에는 이곳에서 창원권역의 세곡을 상류로 실어 보내면서 기존에 성업 중이던 매포의 역할을 대체하였다. 『신증동국여지승람』권32 창원도호부 '산천'조에는 "언덕 위에 작은 공관을 지어 배를 타고 왕래하는 왜의 사신을 접대한다"고 했는데, 이것은 왜와 교류에서 중요한

| 삼랑진읍 하부마을 '밀양 삼랑진 후조창 유지 비석군'

역할을 했던 곳이란 점을 반영한다.

수산진은 현의 서쪽 100보쯤에 있는데, 조선초기 인근에 새롭게 설치된 역과 긴밀한 관계를 유지하며 발전하였다. 『신증동국여지승람』권26 밀양도호부 '누정'조에는 "(수산현의) 남쪽에 큰 강이 있는데, 상락에서 바다에 이르니 참으로 조운이 경유하는 곳이다"라고 하였다. 하류의 삼랑진에는 진주와 창원에 이어 1765년(영조 41)에 후조창(後漕倉)이 설치되었다. 이곳에서는 1천석 이상 적재할 수 있는 큰 조운선이 밀양·김해 등 6개 고을의 세곡을 남해를 통해 한양으로 운송하였고, 상·하류에서 몰려든 상인들과 교역으로 더욱 활기를 띠게 되었다. 현재도 삼랑진 하부마을 산기슭에는 '밀양 삼랑진 후조창 유지 비석군'이 남아 있어 당시 성황을 말해준다.

가야진과 황산진은 황산강 구간의 대표 나루로 신라와 가야가 각축을 벌였던 교통 요충지이다. 가야진은 용당진(龍塘津)·옥지연(玉池淵)으로도 불렸다. 『신증동국여지승람』22권 양산군 '사묘'조에서는 "가야진사(伽倻津祠)를 공주·웅진과 함께 남독(南瀆)으로 삼았고, 해마다 향과 축문을 내려 제사 지낸다"고 하였다. 인근 백성들은 용신이 살아 가뭄에 기우를 청하면 효험이 있다고 믿었고, 조선말까지 국가적 차원에서 제사를 드렸다.

낙동강 수계를 따라 분포하는 나루는 일찍부터 여건에 따라 약간의 변동은 있었지만 사람과 물산이 거쳐 가는 중요한 교통로가 되어 지역간 문화의 교류와 발전에서 중요한 역할을 하였다.

4) 낙동강변의 오솔길

낙동강변에는 나루와 인근의 영남대로가 병행하면서 다양한 육상 교통로가 만들어졌다. 경상좌도의 황산도는 조선시대 영남대로의 마지막 구간으로 사람들이 왕래했던 옛길의 흔적이 현재까지도 많이 남아 있다. 대표적으로 삼랑진읍의 작원잔도(鵲院棧道), 남지의 개비리길, 진주의 뒤벼리길 등이 있다.

(1) 작원잔도

가야진사에서 황산강을 거슬러 오르면 작원잔도가 강변의 벼랑 위에 7리 정도로 만들어졌다. 이 잔도가 언제부터 조성되었는지는 알 수 없지만 늦어도 조선전기 전국의 도로망을 9대 간선으로 정리하기 전에 이미 조성되었고, 임진왜란 때도 활용되었다. 잔도는 벼랑에 나무를 걸쳐서 길을 만든 것이 일반적인데, 이곳은 전석(磗石)을 활용하여 쌓은 것으

| 작원잔도의 일부 현재 모습

251

로 조선후기에도 꾸준히 활용되면서 거듭 정비를 거쳤다. 현재 물금 용화사에는 양산군수 권성규(權聖規)가 1694년(강희 33, 갑술)에 잔도를 정비하고 세웠던 '양산 황산 잔도비'를 1843년(도광 23)에 옮겨와서 보존하고 있다.

황산강으로 흘러드는 지천들은 종종 왕래에 불편을 초래했지만 인근 주민들은 다리의 건설로 극복하였다. 북쪽의 잔도가 끝나는 곳에는 강 건너 김해의 도요진로 갈 수 있는 작원진이 있었는데, 이곳에도 다리가 있었다. 1995년에 복원된 작원관에는 자주색 빛을 띠는 '작원진 석교비(鵲院津石橋碑)'가 옮겨져 있다. 그 내용은 기존의 나무다리가 쉽게 파손되어 보수하는데 많은 어려움을 주었기 때문에 1690년(강희 29, 경오)에 안태리의 주민들이 석교를 만들었다는 것이다. 또한 화제천(花濟川)이 낙동강으로 들어가는 유입구의 근처에는 현재 토교마을이 있는데, 마을 이름은 화제천에 '흙다리[土橋]'가 있던 것에서 유래한 것 같다. 이 다리도 홍수로 자주 파손되자 1739년(영조 15)에 돌다리를 만들었다고 전하는 '양산 화제 석교비'가 있다. 이처럼 잔도와 다리를 돌로 건설했던 것은 당시 이곳의 상시성과 영구성을 보장하기 위한 것임을 알 수 있다.

작원잔도는 말을 타고 나란히 지나갈 수 없을 정도로 폭이 매우 협착하였는데, 이곳에 관을 설치하면 강을 따라 북상하는 왜구를 방어하기에는 최적의 장소가 될 것이다. 고려말 창궐했던 왜구도 편리한 수로를 통해 내륙 깊숙이 침투했는데, 우왕 때 조민수·박위 등이 밀양을 공략하려고 강을 거슬러 오르던 왜구를 격파했던 곳도 이 근처일 것이다. 작원관이 군사적 요충지였다는 것은 임진왜란 때 밀양부사 박진(朴晉)이 이끌었던 전투에서도 엿볼 수 있다. 그는 고니시 유키나가[小西行長]가 제1군 1.8만여 명을 이끌고 수륙 병진으로 북상할 때 이곳에서

| 원동면 '양산 화제 석교비'

군사 300여 명과 함께 방어선을 구축하였다. 소수의 병력으로 적의 진격을 저지하고자 결심했던 것은 작원관이 일당백이 가능한 수륙 교통의 요충지였기 때문일 것이다.

원래의 작원관은 일제강점기까지 물금 방향으로 약 1㎞쯤 하류의 경부철로 바깥쪽에 있었다. 1936년의 대홍수로 관은 허물어졌고, 문루에 걸렸던 '鵲院關'이란 나무 편액은 소실되었는데, 1970년대에 '鵲'·'關'의 2글자가 발견되어 현재 밀양시립박물관에 보관되어 있다. 현재의 작원관은 1995년에 임진왜란 때 희생자를 추념하기 위한 공간으로 복원되었다.

(2) 남지 개비리길과 진주 뒤벼리길

개비리길은 기음강 동안(東岸)의 가파른 절벽을 따라 현재 남지읍 용산마을에서 신전리 영아지 마을까지 마분

| 남지 1:50,000지도(1918년, 국립중앙박물관)

산 남쪽 기슭을 따라 구불구불 형성되어 있다. '개비리'란 지명에서 '개'는 '개[犬]' 혹은 '개[물개]'의, '비리'는 '벼랑'의 의미가 있어 '개가 다닐만한 길' 혹은 '개가에 있는 길'에서 유래했다고 전한다. 전근대시기 지도나 문헌자료에서는 이 길의 존재를 확인할 수 없어 언제 만들어졌는지 알 수는 없고, 일제강점기인 1918년에 제작된 지도(1:5만)에는 소로(小路)로 표시되어 있다.

용산-영아지의 두 지역을 왕래하는데 개비리길을 이용하지 않는다면 산이 낮기는 하지만 가파른 마분산의 능선을 타거나 아곡(鵝谷)의 기슭을 따라가다가 고개를 넘어야만 했다. 이런 수고로움을 줄이기 위하여 인근의 주민들은 남지를 왕래할 때 주로 이 길을 많이 이용했던 것으로 보인다. 창녕군에서는 2015년에 이 길을 정비했는데, "낙동강 1300리 가운데 가장 아름다운 길이다"라는 평가를 받았다. 강변에 꽃밭이 조성되고 억새풀이 보존되면서 봄·가을로

정취를 더하여 많은 체험객이 찾는 지역의 대표 둘레길이
되었다.

진주 남강의 북안(北岸)에는 상대동에서 옥봉동까지 선학
산(일명 뒤벼리산) 자락을 따라 '뒤벼리길'이 있다. 반면 남강
의 남안에는 석류공원에서 주약동 쪽으로 '새비리길'도 있
다. '뒤'는 '뒷쪽[後]'의, '새'는 '동쪽[東]'의 의미가 있고, '벼
리'는 '벼랑'의 의미가 있다고 한다. 1899년(광무 3)에 편찬
된 『진주군읍지』『진주군지도』에는 뒤벼리길을 절벽으로 그
려놓고 '적벽(赤壁)'이라 표기해 놓았는데 진주를 대표하는
절경 중의 한 곳이었다. 하지만 1991년에 도심의 교통난을
해결하기 위하여 도로가 확장되었고, 현재는 남강변을 따
라 왕복 6차선
도로와 보도가
만들어져 있어
뒤벼리길의 옛
모습을 찾아볼
수는 없다.

| 진주 뒤벼리길(진주시청)

〈참고문헌〉

경상남도사편찬위원회, 『경상남도사』 3권, 2020.

한정훈, 「고려·조선 초기 낙동강유역 교통 네트워크 연구」, 『대구사학』 제110집, 대구사학회, 2013.

오세창, 「낙동강 유역의 수운연구」, 『사회과학연구』 제8집, 대구대학교 사회과학연구소, 2000.

「남지 1:50,000지도」, 조선총독부, 1918.

| 비밀정원 우포늪

　낙동강과 이어진 남강, 황강 등에는 여름철 홍수기에 범람으로 생긴 크고 작은 물웅덩이(늪지)들이 1918년 자료에 1,284개로 밝혀졌다. 이후 2010년 자료에는 493개가 남은 것으로 확인된다. 그동안 면적으로는 76.7%가 감소했고, 개수로는 61.6%가 사라진 것으로 나타난다.

　기후위기 시대와 탄소중립이라는 시대적 과제를 해결하기 위한 대안 마련으로 과거 습지복원과 강변에 홍수터 확보가 정책과제로 제안되고 있다. 습지(늪)란 한마디로 물에 젖어 있는 땅이다. 물이 주변의 자연환경과 더불어 살아가는 동·식물의 생태를 조절하는 주된 역할을 하는 곳으로 "물도 아니고 뭍(땅)도 아닌 지역"을 의미한다. 이런 습지는 물가에 사는 수생생물과 새들을 비롯한 다양한 생물이 살아갈 수 있는 공간이 된다. 습지는 물이 흐르다 불투수성 내지는 흐름이 정체되어 오랫동안 고이는 과정을 통하여 생성된 지역으로서, 완벽한 생산과 소비의 균형을 갖추고 다양한 생명체를 키우는 하나의 생태계이다.

습지는 자연현상 및 인간의 활동으로 발생된 유·무기질 물질을 변화시키고, 수문·수리·화학적 순환을 하고, 이러한 과정에서 자연적으로 수질을 정화한다. 그래서 습지는 "자연의 콩팥" 역할을 한다. 더하여 홍수 방지 및 해안 침식 방지, 지하수 충전을 통한 지하수량 조절과 다양한 종류의 식물 및 동물 군으로 구성되어, 아름답고도 특이한 심미적 경관을 만들어낸다. 최근에는 우포늪과 순천만을 방문하는 사람들은 아름다운 경관에 매료되어 자주 찾게 된다고 말하기도 한다.

1) 늪을 품은 역사의 강

낙동강과 남강이 합쳐서 용화산의 산허리를 휘감아 돌아가는 곳에 합강정과 반구정이 자리 잡고 있다. 이곳에서 강건너 남지철교 쪽을

| 노을속의 남지철교

바라보며 일출을 맞이하는 기운은 천하제일 풍광이다. 국가하천 두 개가 두물머리를 이루며 물산이 오가는 교통로로 함안과 의령, 창녕사람들의 풍족한 삶터가 임진왜란과 정유재란으로 큰 고통을 받게 되었다. 파죽지세로 몰려오는 왜놈들을 당하지 못하고 관군들도 도망가고, 임금도 피난길에 나선 상황에서 백성들은 당황하고 있었다. 곽재우는 1589년부터 임진왜란 전 의령 동쪽 기강(낙동강과 남강이 합류하는 언저리)의 돈지에 정자를 짓고 살고 있었다.

1592년 임진왜란이 일어나자 그해 음력 4월 22일 유곡 세간리에서 의병을 처음 일으켜 낙동강 주변 마을 사람이 스스로 삶터를 지키는 일에 나서도록 했다. 그래서 낙동강과 남강, 황강은 지역별 선비들이 고을마다 의병을 모집하여 의령의 곽재우, 함안의 조방, 합천의 정인홍 같은 남명의 제자들이 앞장섰다. 특히 "왜적을 늪으로 유인하여……" 강변 모래톱과 늪지에 자라고 있는 물억새와 갈대숲을 이용하여 왜놈의 조총에 대항하여 게릴라전을 펴서 모든 전투에서 승리한 것이다. 그는 낙동강과 남강의 지형을 평소 잘 알고 있으면서 병법을 익힌 탁월한 전략을 구사하였다. '연못처럼 조용히 있다가 우레처럼 소리를 내고, 시체처럼 가만히 있다가 용처럼 나타난다'는 청년시절 뇌룡정에서 남명에게 배운 지식이 크게 작용했으리라 짐작한다.

실제로 왜적들이 함안에서 남강 정암진을 건너 곡창지대인 전라도 지역을 점령하기 위해 의령 정암진을 통과하는 과정 기록을 보자. 음력 5월 24일 왜장 안코쿠지 에케이

2,000여 명의 선봉대를 징암진 인근으로 보내어 도하 지점을 골라 푯말을 세워두게 하였다. 그러나 이날 밤 곽재우의 의병 50명은 일본군이 세워놓은 푯말의 위치를 늪지대로 옮겨 세워두도록 하였다. 이를 몰랐던 안코쿠지의 주력군은 푯말을 따라 진격하였으나 결국 늪지대에 빠지게 되어 미리 매복하던 곽재우의 의병에게 일제히 기습을 받아 크게 패배하고 말았다.

당시 낙동강과 남강 주변에 산재한 수많은 늪은 주민들의 식수면서 농업용수에 더하여 단백질을 공급하는 물고기와 야생동물의 서식처이기도 했다. 이렇게 많은 늪지가 있는 곳을 통과하여 호남과 서울 방면으로 진격해야 하는 왜놈들의 입장에서는 함안에서 의령을 통과하는 과정에서 늪으로 왜적을 유인하여 50명에 불과한 의병이 큰 승리를 한 것은 늪지대를 활용한 훌륭한 병법 덕분이었다. 곽재우 장군은 불과 50여 명에 불과한 의병으로 2,000명이 넘는 일본군 선봉을 패주시켰으며, 이를 계기로 일본군 6군은 전라도 진출을 포기하였다. 이 전투 이후 곽재우의 의병은 불과 50여 명에서 오운과 박사제의 병력 등이 합세하여 3,000명이 넘는 군세를 갖추게 되었다.

2) 따오기 복원마을, 우포늪 둔터

| 우포전경 / 우포지도(1918)

　낙동강의 선물 우포늪 안에 작은 논배미 몇 마지기에 어부와 농사짓는 사람이 살았던 작은 마을이 있다. '둔터'마을이다. 지금은 따오기복원센터가 자리잡고 있지만 2006년까지는 다섯 가구가 살았던 곳이다. 이 늪가 마을도 한 때는 홍수기에는 부산에서 끼(게)장사꾼이 큰 배에 여름 밥반찬으로 싣고 와서 인근의 늪 마을을 오가며 보리쌀과 교환했다. 더하여 임진왜란 때는 낙동강 주변에서 전투를 벌이다가 늪 가운데 천연요새인 둔터에 곽재우 의병장이 진지를 만들어 군량미를 쌓아두는 창고가 있었던 자리다. 인근의 한터(대대)라는 곳은 의병들이 먹을 곡식을 찧는 방아터가 있었다고 전해오는 이야기를 노인들이 들려준다. 지금은 따오기 복원을 위해 모두 이주하여 인근 마을에서 살고 있다.

　곽재우와 둔터. 우포늪의 역사 한자락이 화살처럼 불쑥 날아든다. 둔(陣·屯)은 진지 또는 주둔지를 말한다. 둔터는 늪가의 작은 골짜기인데, 지형상 낙동강 쪽에서 배를 타고 들어오면 휘어져 안이 보이지 않는다. 의병이 숨어서 싸우기에 적당한 위치다. 화살뿐인 아군이 조총을 가진 적을 상대하려면 유인을 통한 게릴라전을 벌여야 한다. 곽재우 장군의 지략을 엿볼 수 있는 비밀의 정원 늪이다. 우포늪을 낀 토평천은 낙동강과 이어져 옛날부터 뱃길로 이용됐다. 둔터가 그걸 말해준다. 인근의 세진리와 선소가 있었다는 마수원도 마찬가지다. 나루터가 있다는 건, 사람과 물산의 이동이 원활했다는 것이고, 우포늪이 바깥 세상과 통했다는 의미다.

늪마을에 사는 사람들은 대부분 보리농사와 늪 안에서 자라는 수생식물들을 이용하여 구황식물로 이용했다. 대표적인 것이 가시연과 물밤을 채취하여 묵을 만들어 먹었다. 소들은 늪가에서 자라는 줄풀(소풀)을 한나절 뜯어 먹고 저녁나절 마을로 스스로 들어왔다고 한다. 사시사철 물고기도 잡고. 겨울철에는 늪가를 찾는 오리류와 기러기류를 잡아 장날 팔기도 하고, 가족들 단백질을 보충하는 기회였다. 둔터와 이웃한 다부터 마을 한약방은 수생식물인 가시연과 물밤을 이용하여 부인병을 치료하는 한약재로 사용하기도 했다. 인근에서는 꽤 유명한 한약방이었다고 전해온다.

한편 우포늪을 포함한 낙동강과 이어진 지천 배후습지 중 창녕의 용호늪도 1800년대 고지도에 큰 자연호수로 나타난다. 지금도 황새와 재두루미, 노랑부리저어새, 잿빛개구리매 등 희귀조류들이 수시로 관찰되는 것으로 확인된다. 그래서 그동안 4대강 사업과 제방축조 중심 하천 관리 정책에 더하여 과거 고지도에서 기록으로 나타나는 소중한 자연생

태유산을 우선 찾아내어 목록화하고 기후위기 대응과 생물 다양성 회복을 위하여 민관협력으로 자연자산을 축적해 나가기를 권고해 본다.

3) 『함주지』의 놀라운 기록

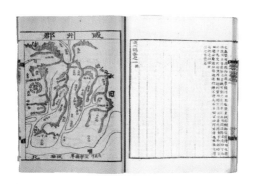

| 『함주지』(국립중앙박물관소장)

가야읍 산서리와 묘사리 경계 지점에 물소목장(水牛放牧)이 있었다. 전하기를 유구국왕(琉球國王, 오끼나와왕)이 헌납한 물소를 이곳에서 방목했다고 전한다. 함주지의 고적조(古跡條)에 "代山白沙之界有汚地名曰水牛放牧. 諺傳琉球國獻水牛, 命牧牛. 此牛飽則入水臥眼云"이라 하였다. 방목(放牧)이란 지명으로 『함주지』에 방목촌(放牧村)이란 동명(洞名)과 수우방목(水牛放牧)이란 것이 있고, 시장(市場)조에도 방목시장(放牧市場)이라 하였다. 방목은 제방축조 이후 옥토를 이루었으나 그 이전에는 저습지여서 홍수 때마다 물이 범람하는 초생지였다고 하며, 해방 직후에도 홍수로 한밭들이 물에

잠기어 본동과 중검간에 배를 타고 건넜다고 전한다. 방목이란 글자 그대로 가축을 놓아 먹이는 곳으로 옛날 문암(門岩: 산인)에서 소가 뛰쳐나와 방목에서 풀을 먹고 지금의 돈산동에서 똥을 누었다는데, 이곳을 돈데미 또는 똥뫼(소똥의 산)라고 불렀고 물을 먹기 위해 소바구(丑岩)로 갔다고 전한다. "남강이 범람해 침수가 잦은 땅에 사는 사람은 줄고 물소만 늘어났다."고 기록한다.

현재 남아있는 대평늪과 질날늪도 함안군 대산면의 평야 지대는 해발 7m 내외이며, 남강 변의 제방 축조 이전에는 홍수가 범람하여 물바다를 이루는 곳이었다. 특히 법수면은 예부터 늪지가 발달한 곳이었지만 정부의 식량 육성책에 따라 많은 늪지가 경지 정리되어 사라지고 현재 대평늪, 질날늪, 매곡늪의 세 곳만이 온전하게 보존되어 있다. 질날늪은 대평늪과 같이 마땅히 들어오는 물줄기가 없다. 산골과 마을에서 흘러드는 물이 전부로, 예전 남강이 자주 범람하던 때에는 이어져 있었던 것으로 보이나 지금은 강가에 둑이 쌓이면서 끊어지고 말았다. 질날늪 유역 북부는 동일 수계에 의해서 형성된 대평늪 유역, 서쪽 일부는 석교천(石橋川) 습지 유역, 동부는 고도 100m 내외의 구릉지와 경계를 이룬다. 질날늪 유역의 남쪽 경계부는 천제봉[225m] 산지로 되어 있는 반면, 북쪽은 100m 내외의 낮은 저구릉지로 구성되어 있으며, 질날천은 북류하여 남강으로 합류한다.

대평늪도 주변에 지방 공단이 들어서면서 늪지의 경관이 많이 훼손되었다. 함안군 법수면의 늪 지대는 광주 안씨(廣

州安氏)가
정착하면
서 풍수지
리에 근거
하여 후손
의 번창을
위 해 늪
지대를 보

| 법수면 대송리 대평늪(함안군청)

존하여 왔

기 때문에 지금까지 남아있게 된 것이다. 다행히 함안군에
서 산새들이 둥지를 트는 맞은편에 목도를 놓아 늪을 잘 활
용하고 있다. 대평늪의 늪지 식물을 보호하기 위해 1984년
11월 19일 천연기념물로 지정하여 관리하고 있다. 하천의
유입이나 강우에 의해 수원이 유지되는 대평늪 지역은 환
경부 지정 생태계 변화 관찰 지역이며 남강 유역의 배후습
지로 형성되어 대평 마을 앞에 위치한다. 대송리 늪지의 지
정 면적은 38,160㎡로, 이곳 늪지는 남강을 끼고 발달하였
다. 이 중 대평늪의 물 깊이는 연중 1~2m이며 멸종 위기
종인 가시연꽃이 서식한다. 철새 도래지로 겨울철에는 청
둥오리·쇠오리·기러기 등이 모여들어 서식하고 있다. 주요
식물상은 선버들·갈대·큰고랭이·줄·자라풀·가시연꽃·마
름이고, 동물상은 고라니· 너구리· 뉴트리아· 남생이· 해
오라기· 붉은배새매· 왜가리· 쇠백로· 중대백로· 흰뺨검
둥오리 등이다.

대평늪은 질날늪과 같이 마땅히 들어오는 물줄기가 없다. 산골과 마을에서 흘러드는 물이 전부로, 예전 남강이 자주 범람하던 때에는 이어져 있었던 것으로 보이나 지금은 강가에 둑이 쌓이면서 끊어지고 말았다. 현재 자연 늪의 기능인 정기적인 범람은 거의 사라졌다. 그러나 최근 기후위기 시대에 정부와 지자체 등이 과거 크고 작은 늪지들을 찾아내어 습지복원과 홍수터 복원을 제4차 습지보전기본계획(2023-2027)에 포함하여 시범사업을 계획하고 있다. 지자체는 적극적으로 대응하기를 기대한다.

4) 황강의 정양늪

합천을 가로지르는 황강은 역사 속에 도도하게 흐른다. 함벽루에서 황강을 바라보며 넓게 펼쳐진 모래사장과 이어진 정양호(늪)의 옛 풍광을 그려본다. 임진왜란 때 합천에서 의병을 일으켜 이웃 고을 의령의 곽재우와 함께 영남 3대 의병장인 정인홍을 소환해 본다. 두 의병장은 남명 조식의 수제자로 임진왜란의 영웅들이다.

낙동강과 이어진 황강을 따라 굽이굽이 오르면 지금은 4대강

| 합천보와 독수리

사업으로 낙동강 모래톱이 다 사라진 끝자락에 황강 모래톱이 금빛을 반짝이며 고향의 강으로 사람을 맞이한다. 그 강 모래톱을 오르면 호연정을 만난다. 앞으로는 넓은 들판이 펼쳐지고 낙동강의 지류인 황강이 반달처럼 절벽을 마주하고 흐르는 곳에 호연정이 우뚝 언덕 위에 서 있다. 모래톱 사이로 흐르는 순한 강물 따라 굽이쳐 오르는 곳곳에도 인공제방이 만들어지지 않았으면 작은 늪지들이 많았을 것이다. 호연정을 뒤로하고 함백루 앞 정양늪을 만난다. 황강의 심장이다. 한때 정양늪도 합천댐 건설 이후 황강의 하상이 낮아져 늪지 기능이 상실되고, 집중 호우시 각종 쓰레기 유입 등으로 생태계가 날로 파괴되고 있었다. 개발 논리에 밀려 주변 지역 사유지는 매립이 가속화되고 있어 방치할 경우 늪의 기능이 완전 상실될 위기에 놓여있었다.

2008년 람사르총회를 계기로 습지 원형 보존을 위한 핵심지역과, 관광·생태관찰 및 체험을 위한 완충 지역을 묶는 보호구역 지정을 서두르기를 권고한 적이 있다. 2020년 경남도는 합천 정양늪을 '경남도 대표 생태관광지'로 지정하였고, 환경부와 지자체가 협력하여 보호지역도 준비 중이다. 정양늪은 합천의 중요한 생태자산이자 비밀의 정원이다. 황강 지류인 아천의 배후습지이며 자연경관이 빼어나고 다양한 동·식물의 서식지로 생물학적, 생태학적 보존 가치가 매우 높은 습지로 보고되어 왔다. 지금도 가시연과 금개구리, 수달, 남생이, 삵, 고니류 등 천연기념물과 멸종위기종이 살고 있는 생물다양성 보고이며 보전 가치가 높은 습지이다. 특히 우포늪의 따오기처럼 금개구리를 깃대종으로 세운다면 특별한 습지보전과 현명한이용 사례가 될 것으로 기대한다.

덧붙여 이웃한 박실지도 과거 박실늪의 물을 가리켜 '산속의 바다'라고 하여 해곡이라 부르기도 하였다. 가시연꽃과 다양한 생물들이 살고 있어 많은 생물학자들이 관심을 갖고 정양늪과 박실늪을 같이 연구하던 곳이지만 지금은 평범한 저수지로 남아있다. 이런 늪지도 지자체가 관심을 가지면 정양늪과 함께 지역의 생태자산으로 현명한 이용을 할 수 있을 것이다.

5) 늪지 수생식물들이 항암재로

물밤(물밥)은 일본과 중국 등에서 위암 치료제로 개발되고 있다. 이것은 과거 민간에서 마름은 잎 꼭지가 두껍고 속이 비어 있어서 물 위로 떠오르는 성질이 있어 물에 떠서 자라는 한해살이풀로 항암작용이 있는 것으로도 일찍부터 알려졌다. 원래 이 열매는 한약명으로 능실(菱實) 수율(水栗)이라고 하는데, 예전에는 이것을 따서 찌거나 삶아서 먹고 죽을 끓여 먹는 등 식량으로 이용하기도 했다.

일본에서 펴낸 『가정 간호의 비결』이란 책에는 마름 열매 30개를 흙으로 만든 그릇에 넣어 약한 불로 오래 달여서 그 물을 하루 3~4번 복용하면, 병원에서 포기한 위암이나 자궁암 환자도 희망을 가질 수 있다고 적혀 있다. 또한 자궁암에는 마름열매 달인 것을 마시는 것과 함께 달인 물로 음부나 자궁을 자주 씻어 주면 좋다고 쓰여 있다.

| 가시연 / 가시연밥

　우리나라도 앞으로 낙동강과 우포늪 등에서 자라는 수생
식물에서 다양한 약리효과를 입증하는 연구가 기대된다. 최
근 낙동강생물자원관에서도 늪지식물을 이용하여 연구 결
과물을 내놓은 적이 있다. 낙동강에 서식하는 수생식물에
공생하는 미생물에서 항암효과가 있는 물질을 발견하여 화
제다. 이미 우포늪에 사는 야생동식물들은 생물다양성이 풍
부한 서식지에 살면서 인간에게 이로운 탄수화물과 단백질
등 먹거리로서 풍부한 자원을 지니기도 했지만, 생약성분으
로 인간의 건강을 담보하는 중요한 물질로 주목받고 있다.
환경부 산하 국립낙동강생물자원관 연구진이 물옥잠이 동
의보감에서 약재로 사용했다는 것에 착안해 물옥잠의 뿌리
에 공생하는 미생물의 분리과정에서 신종으로 추정되는 마
이크로모노스포라 속 미생물을 확인했으며, 신종 미생물 배
양액을 이용하여 항암 활성을 평가했다는 것이다.

　우포늪에서도 과거 가시연과 물밤을 이용하여 '부인병' 치
료를 하였다는 마을 사람들의 증언과 기록이 있다. 음력 8

월에 열매를 따서 찐 후에 햇볕에 말리면 껍질이 벌어지고, 절구에 빻아 가루 내어 환으로 사용했다는 기록이다. 정액이 세어 나가는 것을 막을 수 있는데, 보약으로 활용하면서 연밥과 섞어 썼다고 한다. 물밤도 동시에 약재로 썼다는 것으로 보아 일본 기록에서 볼 수 있듯이 우포늪가에서도 가시연과 물밤을 동시에 약재로 사용하여 부인병을 고쳤다는 주민들의 전언을 되새겨볼 일이다. 향후 가시연을 비롯한 물옥잠 등 수생식물이 동북아에서 이용되는 사례를 취합하여 낙동강이 만든 늪지에서 사람과 자연이 공생하는 소중한 삶의 자산이 축적되기를 기대한다. 습지(늪)의 기능 속에 습지식물이 인간과 야생동물의 건강까지 책임졌다는 연구가 더 깊이 진행되기를 바란다. 이렇게 보면 낙동강에 서식하는 습지야생동식물들이 인간의 삶에 어떤 영향을 미칠지는 비밀의 정원 늪을 산책하면서 차곡차곡 풀어갈 일이다.

〈참고문헌〉

국립생태원습지센터(https://www.nie.re.kr).

경상남도람사르환경재단(http://www.gref.or.kr).

함안문화원,「함안을 빛낸 인물 한강 정구 선생 학술 대회 자료집」,
　　2014.

이인식,「비밀의정원 우포늪」, 우리교육, 2015.

동정호 안 군산

강과 문학

VI. 강과 문학

1. 낙동강·남강을 노래하다 _ 장성진

강은 지리적 경계이자 삶의 터전이다. 사람이 사회적·경제적으로 활용할 대상이기도 하지만, 정서적 고향으로서 떠나고 돌아가는 공간의 원형이기도 하다. 그 지향이 지극해지면 강호(江湖)에 병이 깊다고도 하고 천석고황(泉石膏肓)이라고도 한다. 강가의 나루는 이별의 정한이 사무치는 자리이기도 하고, 궁극적으로 도달하고자 하는 도피안(到彼岸)의 지점이기도 하다. 선비들은 강가 도처에 누정(樓亭)을 세워 풍류와 수양의 요람으로 삼고 수많은 시문을 지어 교유하였다.

영남은 죽령과 조령 이남의 땅이지만, 다시 낙동강을 두고 강좌와 강우로 나누어 불리기도 한다. 길게 남류와 동류를 거듭하는 낙동강으로 황강과 밀양강과 남강이 흘러들며, 그들은 또 수많은 지류를 모아들여 땅을 생명체로 만든다. 세월이 흐르면서 크고 작은 물줄기마다 사유와 감성을 이야기와 노래로 남겼다. 헤아릴 수 없이 많은 시문(詩文)의 이삭을 줍는 것도 흥미로운 일이다.

1) 가락국 건국의 염원 구지가

긴 강을 거슬러 올라가면 발원지가 있듯이, 이야기와 노래도 보이지 않는 발원지를 가지고 있다. 그것을 우리는 신화라고 부른다. 강원도에서 발원하여 영남으로 흘러든 낙동강은 상주의 사벌가야, 고령의 대가야, 창녕의 비사벌가야, 함안의 아라가야를 거쳐 마침내 김해의 금관가야에 이르면서 저마다의 신화를 만들고 또 누렸다. 그리고 가락국 건국신화를 남겨두고 바다로 흘러든다.

| 『삼국유사』(서울대학교박물관 소장)

삼국유사에 기록된 〈가락국기〉는 건국신화의 구조를 잘 갖춘 이야기인데, 무엇보다 한국 고대가요의 소중한 자산인 〈구지가(龜旨歌)〉를 곁들이고 있어서 더 잘 알려졌다. 신화의 주인공 수로왕(首露王)의 탄생을 염원하는 이 노래는, 암석에 박힌 보석처럼 짧으면서도 신비하다. 앞뒤 사정을 이렇게 적어 놓았다.

천지가 개벽한 이래 이 땅에는 아직 나라 이름조차 없이, 사람들은 그저 산과 들에 모여 우물을 파서 마시고 밭을 갈아서 먹는 정도였다. 어느 봄날 무리가 모임을 하다가 북쪽 구지(龜旨)에서 무엇을 부르는 듯한 이상한 소리를 들었다. 그 소리의 주인은, "하늘이 내게 명하여 이곳을 다스려 새로운 나라를 세우고 임금이 되라고 하기에 여기에 내려왔다. 너희는 모름지기 산봉우리를 파헤쳐 흙을 끌어내면서,

거북아 거북아 머리를 내놓아라.　　　龜何龜何　首其現也

내놓지 않겠다면 구워서 먹을 테다.　　若不現也　燔灼而喫也

이렇게 노래 부르면서 함께 뜀뛰고 춤을 춰라. 그러면 이는 대왕을 맞이하는 것이 되느니라."라고 하였다. 무리들이 그 말과 같이하여 모두 흥겹게 노래 부르고 춤추었다. 얼마 뒤 위를 우러러 살펴보니 한 가닥 보라색 끈이 하늘에서 드리워져 땅에 닿아 있었다. 끈 아래 붉은 보자기에 금빛 상자가 싸여 있었다. 그것을 열자 황금 알 여섯 개가 있는데 둥글기가 해와 같았다. 모두 놀랍고 두려워 수없이 절을 하였다.

고대 건국신화의 주인공인 왕은 대부분 신의 현현이며, 신화의 하이라이트는 왕의 탄생이다. 당연히 장엄하고도 신비해야 한다. 그런데 고작 네 마디 두 문장으로 이루어진 짧은 노래이다. 게다가 거북을 불러서 머리를 내놓으라 하고, 여차하면 구워서 먹겠다는 요령부득의 말이다. 무슨 의미일까? 고대인들이 가졌던 노래에 대한 생각과, 그들의 집단적 사유, 그리고 새로운 체제를 구가하는 신화의 특성에 주목하면 실마리가 풀릴 것이다.

먼저 거북이라는 동물의 존재이다. 고대인이 가진 토템적 사고에서 거북은 물과 뭍을 오가면서 살아가는 다산과 장수의 상징이다. 낙동강 하류의 지역에서 어로와 채취를

| 구지봉 정상의 고인돌(김해시청)

통해 살아가던 시대의 사람들에게 거북이 생사와 화복에 관계되는 신으로 상정되는 것은 아주 자연스럽다. 구지봉은 주변의 높은 산봉우리들에 비해 나지막한 언덕이다. 이 점도 물과의 친연성을 보여 준다. 거북은 그 집단의 토템이다.

머리를 나타내라는 것은 나오라는 뜻이다. 이것은 요구, 기원, 위협 중 어느 것일 수도 있다. 그렇다면 맥락을 보아야 한다. 건국신화는 체제의 대변혁을 뜻한다. 이전의 삶은 버려야 할 대상이고, 그 자리에 새로운 체제와 삶이 자리잡아야 한다. 이 둘은 계기적으로 이루어진다. 거북은 옛 질서를 지배하던 신격이었다. 이제 그것이 관장하던 추장 체제, 어로 채취 경제, 부족 사회는 청산하고, 그 자리에 왕조 체제, 농경 경제, 고대 국가를 세우는데, 그것은 또 다른 신격 즉 왕에 의해 영위된다.

구워서 먹겠다는 것은 또 무엇인가? 이전의 삶은 물에 의해서 이루어졌다. 그러나 새로 영위될 농경 사회는 하늘에 의해서 이루어진다. 그러기에 새 임금은 하늘에서 드리워진 끈에, 둥근 알로 싸여 있지 않은가. 구워서 먹겠다는 것은 바로 물의 힘을 불의 힘으로 내몰겠다는 의지이다. 그리고 그 의지를 실현하는 주체는 백성이다. 인간과 신의 양방향성을 긍정한 것이다. 신이 인간을 움직이고 인간 집단도 신을 움직인다.

이와 같이 가락국의 건국신화는 인간과 신이 만들어내는 문명의 염원을 잘 아우르면서 땅과 강과 바다의 세계를 완성한다.

2) 창암정과 신선의 꿈

망우당(忘憂堂) 곽재우(郭再祐)는 의병 활동으로 잘 알려져 있다. 그는 관료 집안에서 생장하여 초년에 부친을 따라 중국 체험까지 하면서 가학(家學)만으로도 충분히 엘리트의 길을 걸었다. 30대 중반에 과거에 응시하였다가 파방(罷榜)의 중심에 서기도 하고, 뒤이어 부친상을 당하여 상을 마치고 의령의 기강(岐江) 가에 정자를 짓고 평생 은거할 뜻을 정하였다. 임진왜란이 일어나자 분연히 창의하여, 인근 군현의 의병들과 연합하여 누구보다 큰 전공을 세우고 관계에도 진출하였다. 전쟁이 끝나자 산성 축성 문제로 귀양을 가기도 했지만, 풀려난 후에는 영산의 낙동강변에 창암정(滄巖亭)을 짓고 여생을 거기서 지냈다. 그는 이 시기에 40편에 가까운 시를 남겼다.

誤落塵埃中	어설프게 세상 판에 뛰어들었다가
三千垂白髮	백발만 잔뜩 뒤집어 써버렸네.
秋風野菊香	갈바람에 들국화 향기 속으로
策馬歸江月	말 달려 달 밝은 강정으로 돌아왔지.

〈강정으로 돌아와서(歸江亭)〉

세속과 강정이라는 공간, 그 속에서 자신의 삶을 대비적으로 서술하였다. 제목은 강정으로 돌아온다는 것인데, 시에서는 세속에서의 삶이 더 강하게 표출되었다. 세상을 티끌이라고 하여 분명히 부정적으로 규정하였으며, 그 티끌을 뒤집어쓰고 나의 머리가 온통 희게 세어 늘어졌다고 탄식하였다. 이에 비해 가을바람에 흩날리는 국화 향기는 강정을 미화한 표현이며, 달빛 비치는 강은 맑고 깨끗한 곳으로서 말을 달려온다는 것은 편안한 심경이다.

| 망우선생문집(국립중앙박물관 소장)

斥土治巖階自成	흙 파내고 바위 쪼아 계단 절로 이루니
層層如削路危傾	층층이 깎은 듯해 길이 아찔 가파르네.
莫道此間無外護	이 사이에 울도 담도 왜 없냐고 말을 마소
李三蘇百玩空明	태백 동파 즐기던 맑은 달 있으니.

〈창암강사를 처음 짓고(初構滄巖江舍)〉

정자를 짓고 나서 지은 시인데 정작 정자는 시 속에서 모습을 드러내지 않는다. 앞부분에서 흙을 파고 돌을 다듬어 계단을 만드는 과정을 읊었으니 정자와 강을 잇는 세계이다. 뒷부분에서는 정자를 둘러싸는 울도 담도 치지 않는다고 했으니 정자와 달이 이어져 하나의 세계를 이룬다. 달과 연상하여 이백과 소동파를 생각한다. 이와 같이 정자라는 공간이 아래로는 강으로, 위로는 하늘과 이어지고, 그 속에서 옛 선인(仙人)을 생각하면서 꿈을 키운다.

朋友憐吾絶火煙	화식을 끊고 나니 벗들이 안타까워 해
共成衡宇洛江邊	낙동강 가에다 집 한 간 마련해 줬네.
無飢只在啗松葉	배고프지 않음은 솔잎을 먹어서이고
不渴惟憑飮玉泉	목마르지 않음은 옥천 물을 마셔서라네.
守靜彈琴心澹澹	고요히 거문고 타니 마음이 담담하고
杜窓調息意淵淵	창을 닫고 숨 고르니 생각이 깊어지네.
百年過盡亡羊後	어설프게 백년을 다 보내고 난 뒤
笑我還應稱我仙	나를 웃는 사람들도 신선이라고 하겠지.

〈강사에서 읊조림(江舍偶吟)〉

신선이 되는 수행에 상당히 깊이 들어갔다. 과정과 상태
가 그렇다. 전반부에서 화식을 끊고, 솔잎을 먹고, 옥천을
마시는 일은 밖으로부터의 사물을 통해 신선이 되는 도가적
양생술이다. 후반부에서는 내적 수련을 읊었다. 거문고를
타고 숨을 고르며 깊은 명상에 잠기고, 그러기를 백 년 하고
나면 그것이 곧 신선의 삶이라는 것이다. 이러한 수양은 굳
이 도가 수행자가 아니더라도 은자들이 더러 하는 일이기도
하다. 그렇지만 조선 학자들은 대체로 이런 정도를 도교라
고 생각했다.

여기서 곽재우가 추구한 신선 또는 신선의 경지란 것이 잘
드러난다. 그것은 굳이 불로장생이나 무소불능의 도사가 되
려는 것은 아니다. 세상의 번잡함과 거리를 두고, 막히거
나 걸림 없이 자유롭게 사는 것이 핵심이다. 특정 사상이나
종교의 관점에 서지 않으면서 참으로 한가한 경지에 노니는

것 그 자체, 그 상태가 이미 신선의 경지라는 것이다. 곽재우에게 있어서 신선이란 온전한 수양과 같은 의미이다. 신선이 살 것 같은 심산유곡이 아니어도, 낙동강변의 한가로운 정사는 신선처럼 살 만한 곳이 되었다.

3) 강상 풍류 동범의 노래

뱃노래에는 몇 가지 갈래가 있다. 어민이 고기를 잡으면서 부르는 어부가(漁夫歌), 사람이나 물건을 실어 나르는 사공의 노래, 뱃놀이를 하면서 부르는 선유가(船遊歌), 강이나 호숫가에 숨어 사는 은일자의 어보가(漁父歌) 등이다. 여기에 더해 특정 지점에서 지역의 선비들이 결사하면서 읊는 동범시(同泛詩)가 있다. 동범이란 강과 누정을 중심으로 이루어지는 선상 세미나와 같다. 낙동강을 따라 낙중(洛中)에서는 퇴계 이황의 위천동범(渭川同泛), 농암 이현보의 분천동범(汾川同泛), 상주의 경천대동범(擎天臺同泛)이 유명하며, 하류에서는 함안의 용화산동범(龍華山同泛)이 대표적이다.

| 상주 낙동강변 경천대(상주시청)

용화산 동범의 기록은 낙동강 중·하류 지역에 살던 강우 (江右) 학자들의 함안 방문으로 시작된다. 1607년 초봄에 성주의 한강(寒岡) 정구(鄭逑)가 함안군 북쪽 용화산 기슭 도흥(道興)으로 왔는데, 이때 동행한 사람이 칠곡 인동의 여헌 (旅軒) 장현광(張顯光), 의령의 망우당 곽재우였고, 함안군수 박충후(朴忠後)를 비롯한 함안·창녕·영산·현풍·성주·고령 지역의 선비들이 다수 참여하였다. 배를 타고 강을 거슬러 내내(奈內)에 올라 산천경개를 관람한 뒤 다시 와서 쉬었다. 그날 저녁 지역의 선비인 조식(趙埴)과 조방(趙垹) 형제가 한강 일행을 모시고 술자리를 마련하여 위로하였으며, 진사인 이명호(李明怘)가 모인 사람들의 이름과 신상을 기록하여 올리고, 한강이 〈용화산하동범록(龍華山下同泛錄)〉이라고 이름을 지었다.

당시 부친을 모시고 참석했던 조임도(趙任道)는 그날의 기록이 없음을 안타까워하다가, 14년이 지나 종매부인 안정 (安挺)으로부터 〈동범록〉 초고를 얻어 다시 정리하여 묶었다. 화공을 구하여 그림을 그리고 글씨를 써서 도록(圖錄)을 만들었다. 이것이 계기가 되어 훗날 여러 차례 선비들의 동범이 이루어지고 많은 시문으로 남았다. 그 중 동범했던 박진영(朴震英)의 후손인 박상절(朴尙節)이 조임도의 기록을 그 후손에게서 얻어 서문을 쓰고, 이전 동범 장면을 상상하면서 용화산 경관과 함께 시로써 기록하여 두었다. 전체를 여덟 폭의 그림과 시로 구성한 것은 흔히 승경을 대할 때 '팔경'으로 묘사하는 관습을 따른 듯하다.

第一龍華巖	첫째는 용화의 바윗돌이니
峨峨枕碧流	우뚝이 푸른 물결 베고 누운 듯.
猗歟師友會	아름다워라, 사우들의 그날 모임에
吾祖昔同遊	우리 조상 그 옛날 함께 노닐었지.

〈용화승집(龍華勝集)〉

第八滄巖舍	여덟째는 창암사 정자이러니
德星耀此中	덕행 높은 이 이 안에 사셨네.
蘭舟將欲發	임 실은 배 장차 떠나려 하는데
携手主人翁	주인은 손을 잡고 차마 못 놓네.

〈창암동주(滄巖同舟)〉

전체 8폭의 목판 그림과 함께 기록된 시 8편 중 첫 번째와 여덟 번째 시이다. 동범의 현장감이나 참여한 사람들을 소재로 선택하고, 그 속에서도 도와 덕에 대한 생각을 갖추어서, 유학자의 면모를 유지하는 성격을 보여 준다.

한편 조임도 자신이 주체가 되거나 빈객을 맞아서 몇 차례 동범을 하였다. 그가 관직에 나아가지 않았기 때문에 동범의 규모는 작았지만 이를 시문으로 남긴 것이 여러 편이다.

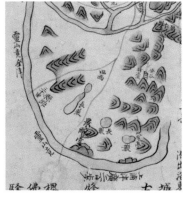

| 경양대, 『해동지도』—칠원현(서울대 규장각)

정구의 용화산 동범 약 20년 후인 1628년에 조임도는 자기를 찾아온 지역의 선비들 8명과 경양대 아래서 선유를 하고, 그 과정과 참여한 인물들의 인적 사항을 기록한 〈경양대하범유기(景釀臺下船遊記)〉를 남겼다. 조임도는 자주 선유를 하기도 하고, 맞은편의 창암정으로 건너다니기도 하였다. 창암정은 곽재우의 정자이다. 그의 문집에는 배를 타고 승지를 유람한 시가 여러 편 있다.

蘭舟輕似葉	목란배는 가볍기가 나뭇잎 같아서
載酒弄滄波	술을 싣고 강물 위에서 촐랑거리네.
沙遠鳥難狎	모래톱은 멀어서 새와 놀기 어렵고
江澄魚可叉	강물이 맑으니 물고기를 움키겠네.
煙霞供暮景	연하가 뒤섞여 저녁 풍경 꾸며 주니
觴詠勝淸歌	잔 들고 읊조림이 노래보다 낫구나.
乘興歸來晚	흥에 겨워 늦게야 돌아오니
長林月影多	긴 수풀엔 달 그림자 가득하구나.

〈선유 이튿날 성현 찰방 권도부의 시에 차운하여
(船遊翌日追次省峴察訪權道夫韻)〉

선유를 한 후의 감흥을 적었다. 제목으로 보아서 함께 배에 올랐던 이의 시를 보고 차운하였음을 알 수 있다.

용화산 아래 낙동강의 동범은 지역 유림의 결사인 동시에 문화적 전통으로 인식되었다. 그래서 위로는 현풍까지, 아래로는 김해까지 영역이 확대되기도 하면서 크고 작은 규모로 지속되어 풍속을 이루었다.

4) 촉석루 아래 위의 충분과 결기

자연으로서 남강은 맑고도 풍요로운 강이다. 덕유산과 지리산의 골골을 흘러 모인 물이 함양, 산청을 지나 진주, 의령과 함안을 거치면서 학문과 풍류의 바탕을 이루고 백성의 토지를 적셔준다. 그러나 역사 속의 남강은 저절로 흘러가지 않았다. 전란의 고통과 비애, 충분(忠憤)과 결기의 현장이 되어 스스로 하나의 테마를 형성하기도 하였다. 진주성과 촉석루는 그 상징이 되었다.

矗石樓中三壯士	촉석루 위에 오른 세 장사
一杯笑指長江水	한잔 술에 웃으며 장강을 가리키네.
長江之水流滔滔	장강의 물결은 도도히 흐르니
波不渴兮魂不死	저 물이 마르도록 의혼은 죽지 않네.

촉석루 경내 마당에 세워진 〈촉석루중삼장사기실비(矗石樓中三壯士記實碑)〉에 새겨진 시이다. 임진년 5월에 학봉(鶴峯) 김성일(金誠一)이 영남초유사로 진주에 도착하여 대소헌(大笑軒) 조종도(趙宗道), 송암(松巖) 이로(李魯)와 함께 촉석루에 올랐다. 전쟁이 치열한데 수령들은 도망가고 백성들은 흩어져 성은 비어 있어서, 산하를 바라보니 비창함을 이길 수 없었다. 두 장수가 차라리 함께 죽자고 하였으나, 김성일은 이렇게 죽는 것은 무익하니, 뒷날 값있게 죽을 기회를 가지기 위해 살자고 하면서 술잔을 들고 읊었다고 하였다. 삼장사가 누구인가에 대하여는 이론이 있지만 그들의 생각에는 이

론이 없다.

　전란은 끝나도 촉석루에 오르는 이들은 그 참혹한 날에 대한 감회를 쉽게 잊지 못하였다. 촉석루 위에는 이를 기록하여 걸어둔 시판들이 여럿 있다.

| 촉석루(홍순인, 남가람박물관 소장)

南烽日警陷諸州	남녘 봉화 여러 고을 날마다 함락 소식
劍語秋燈對白頭	늙은이는 가을 등불에 칼 소리만 듣누나.
安待良籌除海祲	바다 요기 없앨 계책 어떻게 찾아내어
君歌我酒更登樓	술잔 들고 노래하며 다시 누에 오를까?

　만송(晩松) 강렴(姜濂)의 시이다. 그는 임진왜란 때 이미 50대에 들어선 사람으로, 이 시는 임란 중에 쓴 듯하다. 남녘에 봉화가 연일 오르고, 늙은이는 등불 아래서 전쟁에 대해 고뇌한다. 그리고 다시 화평을 되찾아 옛날처럼 이 아름다운 누각에 올라 풍류를 즐길 날이 오기를 간절히 염원한다. 누각이나 주변의 경관에 대해서는 한 마디도 없을 만큼 절박한 심경을 읊었다.

　촉석루 위는 촉석루의 전부가 아니다. 촉석루 아래는 또 하나의 촉석루이다. 논개의 의암이 있음으로써 그러하다.

形勝南州第一區	빼어난 경치는 남녘에서 제일인데
義娥遺躅此汀洲	물가에는 의로운 아가씨의 발자췰세.
千年哀怨江波咽	천년 슬픈 원한이야 물결도 흐느끼나
萬古芳名石面留	만고에 빛난 이름 바위에 남았도다.
寂寂孤城雲鎖峽	적적한 성 머리 구름은 산골 덮고
蕭蕭墜葉月籠秋	쓸쓸히 지는 잎에 달빛은 가을일세.
臨風最是傷心處	바람을 마주하니 상심만 깊어져
舊曲依俙泣渡頭	옛 곡조 어슴푸레 흐느끼는 나루터여.

1629년에는 논개가 떨어진 바위에 정대륭(鄭大隆)이 '의암 (義巖)'이라고 각자를 하였으며, 1722년에 의암사적비가 건립되었다. 이 시는 전체가 음울한 분위기를 자아낸다. 물가에는 논개의 발자취가 남아있고 바위에는 만고에 빛나는 이름이 남아있지만, 지는 낙엽 가을 달에 상심하고 있다. 기생까지도 목숨 바쳐 지킨 강토를 태평하게 만들지 못한 회한 때문일 것이다.

사당 안에는 두 편의 시가 더 새겨져 있다.

千秋汾晉義	천추에 빛나는 진주의 의로움
雙廟又高樓	두 개의 사당 그리고 촉석루
羞生無事日	부끄러워라, 무사한 시절에 살아
笳鼓汗浸遊	피리와 가야금에 빠져 지낸 일.

진주 기생 산홍(山紅)이 지은 것이다. 산홍은 대한제국 때

생존했던 진주의 기생이다. 당시 권력자 이지용이 천금을 주고 첩으로 삼고자 하였지만 산홍이 꾸짖기를, "세상에서 대감을 을사오적(乙巳五賊)의 괴수로 여기는 터에, 제가 비록 천한 기생이라 하나 어찌 역적의 첩이 될 수 있겠소이까?" 라고 하였다. 이지용이 분격하여 매질을 했지만 끝내 굴하지 않았다. 이 시에서 스스로 논개에게 부끄럽다고 했지만 실제로는 그 정신을 계승하였다.

이 땅에 살아온 이들은 모두 노래를 부르고 시를 읊었다. 서민은 온갖 노동을 노래와 함께 견뎌냈으며, 식자는 시문을 일생의 과업으로 삼았다. 내와 강이 흐르는 도처에는 어김없이 누정이 있고, 시판이 있어야 누정은 완성된다. 그리고 그것은 스스로 하나의 스토리를 이룬다.

시와 노래가 있음으로써 우리는 눈앞의 경관과 구조물의 지난 시간까지 만날 수 있다. 보는 데 그치지 않고 상상할 수 있다. 기록된 시는 사물을 보면서 동시에 읽을 수 있게 한다. 읽고 나면 사물의 깊이도 다시 보일 것이다.

〈참고문헌〉

『국역 忠烈實錄』, 진주문화원, 2005.

金學成, "古代歌謠와 토템的 思惟體系", 國文學資料論文集 3, 大提閣, 1990.

김승찬, 『韓國上古文學論』, 새문사, 1987.

金時璞, 『矗石樓中三壯士詩考證』, 三壯士追慕稧, 1981.

金榮洙, 『古代歌謠研究』, 단국대 출판부, 2008.

慕賢亭 編, 『沂洛編芳』, 2008.

박규홍, "漁父歌流 詩歌의 詩的自我 '漁父' 考察", 語文學 69, 韓國語文學會, 2000.1.

박기용, "망우당 문학에 나타난 도교사상 표출 양상과 그 인식", 어문학 101, 한국어문학회, 2008. 9.

성기옥, "구지가와 서정시의 관련양상", 國文學資料論文集 3, 大提閣, 1990.

유효석, 「구지가의 생성 배경」, 『성대문학』 25, 성균관대 국문학과, 1987.

윤재환 편, 『강정으로 돌아오다』, 개미, 2009.

장성진, "〈駕洛國記銘〉고찰", 『전통문화연구』 1, 한국전통문화연구회, 1985.

장인채 편, 『여헌학단』 1, 2009.

許捲洙, 「咸安의 人物과 學問的 傳統」, 『함안의 인물과 학문』(1), 함안문화원, 2010.

홍우흠, 『수정 국역 망우선생 문집』, 도서출판 신우, 2003.

2. 물결 너머 우주를 품다, 하동 섬진강 누정 _ 강정화

1) 하동 섬진강 누정의 개관

누정(樓亭)은 누각(樓閣)과 정자(亭子)의 줄인 말이다. 누(樓)는 사방을 바라볼 수 있도록 벽이나 문을 두지 않고 높다랗게 지은 다락식의 큰 집이고, 높게 지은 집이라는 뜻의 각(閣)을 써서 누각이라고도 일컫는다. 정(亭)은 정자를 일컫는 말로, 역시 벽이 없고 기둥과 지붕만으로 된 집인데 누각보다는 그 규모가 작다. 일반적으로 휴식할 장소로써 경관이 빼어난 곳에 세웠으며, 정각(亭閣)이라고도 불렀다. 『신증동국여지승람(新增東國輿地勝覽)』(1530) '누정'조에는 이 외에도 당(堂)·대(臺)·각(閣)·헌(軒)·청(廳)·관(觀)·방(房) 등의 이름을 두루 사용하고 있다.

| 진주 촉석루(상)/삼척 죽서루(하)

누정은 가족 구성원이 함께 거주하는 살림집과 달리 자연을 배경으로 한 남성 위주의 유식(遊息) 공간이다. 자연과 더불어 삶을 영위하려는 정신적 기능이 강조된 건축물로, 자연 속에서 풍류를 즐기며 정신수양의 장소로 활용되었다. 일반적으로 생활 속에서 풍류·휴식·추모·강학·집회·출판 등을 위해 건립하였고, 주거 공간 주변에 부수 건물로 세우거나 독립된 단일 건물로 세우기도 하였다.

누정은 아름다운 경관을 조망할 수 있도록 높은 곳에 세우는 것이 특색이다. 그러므로 자연 속 높은 언덕이나, 돌·흙으로 쌓아 올린 대(臺) 위에 세웠다. 우리나라에서 누각으로 이름난 대표적 건축물, 예를 들어 진주 촉석루(矗石樓), 밀양 영남루(嶺南樓), 삼척 죽서루(竹西樓) 등도 모두 우뚝 솟은 언덕에 세워져 주변의 빼어난 경관을 조망하기에 더없이 좋다.

민족의 영산(靈山)이자 천혜의 자연경관을 지닌 지리산권역에는 역대로 수많은 누정이 건립되었다. 그중에서도 경상남도 하동은 지리산의 장엄함과 섬진강의 수려함이 어우러져 자연풍광이 빼어난 곳으로 유명하다. 예로부터 지리산 청학동(靑鶴洞)이 하동에 있다하여 수많은 지식인이 은거했던 유서 깊은 곳이며, 옥종(玉宗)지역을 중심으로 명문사족(名門士族)이 세거하여 산청·단성·진주·합천 일대의 사족과 교유가 활발했던 곳이기도 하다.

일반적으로 누정은 지역의 상류 지식층이 향유하는 문화공간이었다. 주로 명문가의 사인(士人)이나 문중의 중론으로 건립하여, 그 지역은 물론 인근지역 지식인의 회합장소로 활용되어 지역의 문화를 이끌었다. 누정 건립은 그 지역의 문화적 특성을 형성하는 중요한 계기로 작용한 것이다. 이처럼 수려한 자연경관, 은거의 역사적 전통, 명문거족의 세거(世居) 등은 하동지역에 수많은 누정이 건립되는 계기를 제공해 주었다. 여기서는 섬진강을 따라 수려한 경관을 품에 안고 세워진 몇몇 누정을 소개한다.

섬진강은 전라북도 진안군 백운면과 장수군 장수읍의 경계인 팔공산에서 발원해, 진안으로 흘러가 임실에서 동남쪽으로 꺾여 순창에 이르고, 다시 동쪽으로 흘러 곡성을 지나고, 남원도 지나서, 구례 남쪽에 닿는다. 여기서부터가 섬진강의 하류이다. 지금까지 호남권역인 전라남·북도를 가로질러 흘러왔다면, 이제부터 섬진강은 영남과 호남을 양 옆구리에 끼고서 유유히 흘러가 남해로 합류한다. 더 정확히 말하면, 경상남도 하동과 전라남도 광양 일대를 말한다.

| 하동 섬진강

섬진강은 이처럼 500여 리에 이르는 긴 강이고, 그사이 산과 강이 만들어내는 아름다운 절경은 수없이 많다. 그러나 가장 빼어난 구간이라면 단연코 하동 화개(花開)에서 시작해 악양(岳陽) 들판을 거쳐 하동읍을 지나는 지점이다. 일명

'섬진강 벚꽃길'로 유명해 매년 봄이면 사람들로 붐비는 바로 그 길이다. 섬진강 건너 광양에는 매화마을이 유명하고, 하동에는 악양 평사리 최참판댁과 화개 쌍계사(雙磎寺) 일원이 가장 붐빈다.

이 구간에는 섬진강의 여느 곳보다 많은 누정이 세워졌고, 또 사라졌으며, 그리고 현전하기도 한다. 현전하는 것 중에서 경관으로나 역사적 의미로 보나, 우리가 기억하고 가꾸어서 후세에 남겨주어야 할 세 곳을 소개한다. 누정에 들어앉아 넘실대는 섬진강 물결 너머의 우주를 꿈꾸었던 누정 주인의 그 마음을 같이 헤아려 보기를!

2) 물결 너머 우주를 꿈꾸다, 섬진강 누정

(1) 악양정, 조선의 도학을 열어간 곳

악양정(岳陽亭)은 함양 개평마을 출신의 일두(一蠹) 정여창(鄭汝昌, 1450~1504)이 지리산과 섬진

| 악양정

강의 정취를 흠모하여, 은거해 학문하던 강학 공간이다. 경상남도 하동군 화개면 덕은리 815번지에 있다. 뒤로는 지리산이 품어주고, 앞으로는 섬진강이 유유히 흘러가며, 건너편에는 광양 백운산(白雲山)이 마주하고 있다. 정여창은 점

필재(佔畢齋) 김종직(金宗直, 1431~1492)의 문하에서 수학하였고, 이후 무오사화(1498)에 연루되어 함경도 종성(鍾城)으로 유배되었다가, 갑자사화(1504)가 일어나는 그해 6월 세상을 떠났다.

정여창이 악양정에서 지낸 것은 39세인 1488년이고, 41세 되던 1490년 탁영(濯纓) 김일손(金馹孫, 1464~1498)의 천거로 출사하였다. 이후 그의 죽음과 함께 악양정도 수백 년 동안 폐허로 남아 있다가, 1899년 지역유림과 후손에 의해 중건(重建) 논의가 일어났고, 마침내 1901년 3칸으로 중건하였다. 1920년 4칸으로 증축하였고, 1994년에는 경상남도와 하동군의 지원으로 크게 보수하였다. 정면 4칸, 측면 2.5칸 규모의 건물로, 팔작지붕으로 되어 있다. 가운데 2칸이 대청이며, 양쪽에 각각 1칸의 방을 두었다.

악양정은 처음 정여창의 강학처로 창건되었으나, 20세기 초 중건될 때에는 그를 향사하는 덕은사(德隱祠)도 함께 건립하여 사우(祠宇)로서의 역할을 강조하였다. 주자(朱子)를 주향(主享)으로 하고, 정여창을 비롯해 동문인 한훤당(寒暄堂) 김굉필(金宏弼, 1454~1504)과 김일손 등을 배향(配享)하였는데, 바로 정여창의 학문적 연원을 기리기 위함이었다.

그런데 폐허로 있던 악양정을 세상에 드러낸 사람은 바로 남명(南冥) 조식(曺植, 1501~1572)이었다. 1558년 4월 지리산 청학동 유람에 나섰던 남명은 사천 장암(場岩)에서 배를 타고 곤양을 거쳐 하동 섬진강을 따라 화개로 올라갔다. 16일 새벽 섬진강 배 위에서 일출을 맞이한 그는 악양 도탄

(陶灘)에 이르러 배를 세우고, 수풀로 우거진 산밑을 바라보며 정여창의 옛집이 있던 곳이라 하였다. 아울러 조선 도학(道學)의 실마리를 열어준 유종(儒宗)의 거처가 흔적도 없이, 그저 숲이 우거진 산골짜기로 변한 것에 한없이 서글퍼하였다.

함양 사람인 정여창이 언제 어떤 이유로 이곳으로 오게 되었는지는 정확하지 않다. 마찬가지로 남명이 어떤 연유로 그곳을 악양정 터라 했는지도 알 수 없다. 그러나 남명의 이 언급 이후 수많은 조선 시대 지식인들은 이곳을 지나면서 정여창을 그리워하고, 그 삶의 불운을 애달파하였다.

악양과 관련한 정여창의 작품은 1489년 4월 김일손과 함께 지리산을 유람하고 돌아오면서 쓴 한시 1수가 전부이다. 제목도 「악양」이라 전하는데, 이는 후대에 붙인 것이다. 사화에 연루되어 그의 저작이 모두 없어졌기 때문이다. 정여창의 시에 김일손이 차운하였는데, 이 두 작품은 현재 악양정 주련(柱聯)으로 걸려 있다.

| 악양정에서 본 섬진강

냇가의 버들잎은 바람결에 한들한들   風蒲泛泛弄輕柔
사월의 화개 땅엔 보리 벌써 익었네.   四月花開麥已秋

두류산 천만 겹을 두루 다 보고 나서 　　　　看盡頭流千·萬疊
조각배 타고서 큰 강 따라 내려가네. 　　　　孤舟又下大江流

만이랑 너른 물결에 노 젓는 소리 부드러운데 　　滄波萬頃櫓聲柔
소매 가득한 맑은 바람은 도리어 가을과 같네. 　　滿袖淸風却似秋
머리 돌려 다시 보아도 진면목이 아름다운데 　　回首更看眞面好
한가한 구름은 자취 없이 두류산을 지나간다. 　　閒雲無跡過頭流

　위의 시가 「악양」이고, 두 번째는 김일손의 「백욱 정여창
과 함께 두류산을 유람하고 돌아오면서 악양호에 배를 띄우
고[與鄭伯勖汝昌 同遊頭流 歸泛岳陽湖]」이다. 15일간의 지리산행
을 마치고 악양정으로 돌아오던 중 정여창이 김일손에게 '그
동안 산을 보았으니, 내일은 물을 구경하고 싶다'라고 하여,
악양호에 배를 띄웠다. 악양호는 악양정에서 그리 멀지 않
은 곳에 있는 동정호(洞庭湖)인데, 당시 섬진강으로 연결되어
있었다. 두 사람은 배를 타고 섬진강으로 나가 시를 주고받
으며 악양정으로 돌아왔다.

하늘 끝 맞닿은 곳으로 돌아가고픈 한 줌 마음 　　一掬歸心天盡頭
악양은 한 곳도 맑고 그윽하지 않은 데 없다지. 　　岳陽無處不淸幽
운무에 덮인 산수 깨끗하여 자꾸 흥을 돋우건만 　　雲泉歷歷偏供興
벼슬길에 있다 보니 근심만 꾸역꾸역 일어나네. 　　軒冕悠悠惹起愁
두씨 마을의 숲속 연못에는 봄볕이 따뜻하고 　　杜曲林塘春日暖
왕씨 망천의 안개비는 저무는 산에 떠 있겠지. 　　輞川烟雨暮山浮

서연에서 하루에 세 번 만나길 매번 재촉하니　　書筵每被催三接

뜻이 어긋나 악양정 앞엔 달빛만 빈 배에 가득.　　辜負亭前月滿舟

　이는 뇌계(瀟溪) 유호인(俞好仁, 1445~1494)의 「악양정」인데, 『뇌계집』이 아니라 정여창의 『일두집(一蠹集)』에 수록되어 있다. 유호인은 함양 출신으로 정여창과 함께 김종직의 문하에서 수학한 동문이며, 동향(同鄕)의 벗이다. 세자시강원 설서(世子侍講院 說書)로 있던 정여창은 벼슬에 뜻이 없지만 물러나 돌아가려 해도 그러지 못하는 심경을 토로하면서 두보(杜甫)의 「복거(卜居)」에 차운하여 시를 짓고 유호인에게 화답시를 요구했다. 위의 시는 그때 지은 것이다. 현재로서는 정여창 당대에 악양정을 읊은 유일한 작품이다.

　정여창의 시는 김일손을 시작으로 수많은 차운시를 낳았다. 악양정이 중건되기 전에는 문묘(文廟)에 배향된 동방오현(東方五賢)의 한 사람임에도 끝내 불운했던 그의 생애를 위로하는 내용이라면, 중건 이후에는 악양정을 터전으로 삼아 도학의 실마리를 열어가자며 격려하는 내용이다. 이는 악양정을 찾는 지금의 우리에게도 귀감(龜鑑)이 되는 정신이다.

　⑵ 악양루, 조물주가 만든 작은 천하

　악양루(岳陽樓)는 경상남도 하동군 악양면 평사리 들판 한가운데 동정호 가에 있다. 현재 건물은 2012년에 이전하여 신축하였다. 본래의 것은 그곳에서 멀지 않은 악양삼거리 개치마을 입구의 대로변에 있었다.

| 하동 악양루

　악양루는 유호인의 「악양루에 올라[登岳陽樓]」라는 한시가 전하는 것으로 보아, 조선 초기에도 이미 명승으로 이름났던 듯하다. 그러나 악양루의 창건연대나 변천 과정에 대해서는 전하는 기록이 없다.

　신축 이전의 악양루를 중심으로 설명하자면, 1936년 손영인(孫永仁)·이태성(李台成)·박준구(朴準球) 등 하동지역 인사에 의해 중건하자는 발의가 있었고, 1937년 9월 악양루 옛터인 아미산 아래 언덕에 준공하였다. 이후 누대가 너무 높은 곳에 돌출되어 있어 비바람에 견디지 못하자, 여론에 따라 1947년 미점리 개치마을 도로변으로 옮겨 세웠다. 그러나 이 또한 인가가 멀고 관리할 사람이 없어 유랑민의 기식처(寄食處)로 이용되었고, 건물이 파괴될 우려마저 있었다.

1969년 다시 이건 논의가 제기되었으나, 미점리 주민의 반대에 부딪혀 도로 가에 그대로 두었다.

그러나 그 앞을 지나는 19번국도 가에 있어 차량 이동으로 인한 지반의 흔들림이 심하였고, 게다가 하동군의 관리 소홀로 인해 노숙자의 숙식처로 이용되었다. 그러던 중 2012년 나무기둥을 벌레가 갉아 먹어 무너질 위험에 처하였고, 마침 하동군에서 평사리 들판에 동정호 재건 사업을 추진하고 있었으므로, 이에 맞춰 이전하게 되었다.

악양루가 있는 곳은 악양 일대이다. '악양'이란 지명은 '소다사(小多沙)'의 향찰식 한자 표기이다. '하동'의 옛 명칭이 '한다사(韓多沙)'이고, 소다사현은 본래 한다사군에 속했는데, 757년(경덕왕 16) 한다사성이 하동군으로 개칭될 때 악양성으로 바꾸었다고 한다. 지금까지 중국 악양을 모방하여 명명한 것으로 와전되었으나, 실제로는 지명을 '악양'으로 바꾼 후 옛 선현들이 중국 악양의 지형과 문화를 모방하게 되었다. 때문에, 악양에는 중국과 관련한 문화유적이 유독 많이 현전한다.

악양루를 비롯하여 동정호·군산

| 동정호 안 군산

(君山)·한산사(寒山寺)·고소산(姑蘇山)·고소산성(姑蘇山城) 등이 조선 문인들의 문학작품 속에 계속해서 나타나고, 특히 악양루에 투영된 문인들의 의식은 중국 악양루의 명성과 동일시하여 표출하고 있다. 예컨대 악양루 작품으로 이름난 송나라 범중엄(范仲淹)의 「악양루기(岳陽樓記)」, 당나라 이백(李白)과 두보의 「악양루에 올라[登岳陽樓]」 등에 비의(比擬)하여 자신이 마치 중국 악양루에 올라선 이들과 같은 감회를 표출하였다.

참고로 동정호는 악양 들판에 있는 호수이고, 그 호수 한가운데 있는 작은 섬은 군산이다. 악양을 감싸고 있는 산은 고소산이고, 그 고소산 중턱에 한산사가 있으며, 그 꼭대기를 빙 둘러 고소산성이 있었다. 지금은 일부만 복원해 두었다.

악양루와 관련한 작품은 주로 지리산 유람자에게서 나타난다. 당시 경남지역에서 지리산 청학동을 찾아 화개 쌍계동(雙磎洞)으로 들어가기 위해서는 반드시 악양을 거쳐 가야했기 때문이다. 그들의 유람시(遊覽詩)를 통해 악양루의 성쇠를 확인할 수 있다. 두어 편을 읽어보자.

잡풀이 우거진 유허지를 방문하니	爲訪遺墟草浦邊
군산의 석양은 여전히 그대로구나.	君山落照尙依然
남방을 삼킬 듯한 형세 말해 뭐하랴	闊呑吳楚何須說
조물주가 진정 작은 천하 만들었네.	造物眞成小有天

| 파릉의 형승은 단연 동정호의 하늘이니 | 巴陵形勝洞庭天 |

특히 높다란 악양루가 강물을 압도하네.	特地高樓壓逝川
우연히 승려 따라 배를 타고 이르렀는데	偶從仙侶同舟至
뉘라서 올해를 옛일로 기록해 주려나?	故事誰能記此年

첫 번째는 갈암(葛庵) 이현일(李玄逸, 1627~1704)의 「악양루 유허에 올라[登岳陽樓遺址]」이다. 그는 퇴계학맥을 이어받은 적통(嫡統)이라 평가받는 인물로, 1694년 갑술환국 때 서인(西人)의 탄핵을 받아 함경도에 유배되었다가, 1697년 현 광양시 다압면으로 유배지를 옮겼다. 위의 시는 그때 지었다. 악양루가 비록 잡풀이 무성한 폐허로 변했지만, 악양루에 올라 바라보는 넓은 악양은 마치 작은 천하와 같다고 읊었다.

두 번째는 제남(濟南) 하경락(河經洛, 1876~1947)의 「악양루」이다. 그는 경상남도 진주 명석(鳴石) 출신으로, 후산(后山) 허유(許愈, 1833~1904)와 면우(俛宇) 곽종석(郭鍾錫, 1846~1919)의 문인이다. 지리산 청학동으로 일컫는 쌍계사와 그 안쪽의 칠불사(七佛寺)를 유람할 때 지은 작품이다. 파릉은 중국 동정호가 있는 곳으로, 하경락 또한 하동 악양을 중국 악양에 비견해서 인식하고 있다.

| 악양 들판과 섬진강

　다만 3-4구는 정여창과 김일손의 일화를 빗댄 것으로, 자신의 뱃놀이를 악양과 동정호에 전승되는 두 사람의 뱃놀이와 동일시하려는 은근함을 드러내고 있다. 악양루는 이처럼 하동 악양을 대표할 만한 명승지로, 그곳을 지나는 조선조 문인들은 그 속에 남겨진 유구한 역사와 유적들을 시로 읊어내었다.

　악양루는 지금도 그 자리를 지키며 새로운 미래를 열어가고 있다. 악양 들판과 동정호로 이어지는 들길은 지리산 둘레길에 포함되어, 예년에 비해 많은 사람이 찾아오는 곳이 되었다. 이에 따라 하동군은 많은 예산을 투입하여 다양한 볼거리 문화를 창출하고 있다. 늪지인 듯 방치했던 동정호를 깔끔히 정리했고, 호수 안 군산에는 각종 화초를 심어 사계절 사람들의 시선을 사로잡는다. 그래서 더 많은 사람이 찾아드니, 일단은 성공적이라 할 수 있다.

그러나 현재 동정호는 '두꺼비 세상'이 된 듯하다. 동정호를 '두꺼비 산란지' 또는 '두꺼비생태습지원'으로 조성하고, 실제 두꺼비가 많이 서식하고 있으며, 동정호 둘레길에는 '두꺼비 탐험로' 안내판이 세워져 있다. 아마도 섬진강(蟾津江)의 '섬'자가 두꺼비를 뜻하고, 임진왜란이 일어나기 직전 섬진강에서 두꺼비가 심하게 울어 전쟁을 알렸다는 일화 등에 기인했을 것이다.

문화 또는 문명은 변하기 마련이니, 이 또한 나쁘다고 할 순 없다. 그렇지만 동정호 일대 어디에도 악양루와 관련한 역사적 의미를 다룬 것은 단 하나도 없다. 동정호와 악양루의 변신이 전형(典型)을 토대로 하면서 두꺼비까지 살린다면 얼마나 좋겠는가.

| 동정호 속 두꺼비

(3) 섬호정, 지리산과 섬진강의 절경이 펼쳐있네

섬호정(蟾湖亭)은 경상남도 하동군 하동읍 읍내리 하동공원 내에 있는 2층 누각이다. 하동공원은 하동향교가 위치한 갈마산 정상 주위에 조성된 하동군민의 문화체육 공간이다. 섬호정에 올라서서 사방을 조망하면 동쪽으로 하동 읍내가 훤히 내려다보이고, 남쪽으로는 섬진강이 유유히 흐르는 절경을 연출한다.

1870년(고종 7) 고을수령의 부임 시 영접문(迎接門)으로 사용하던 것을 지역유림들이 하동향교 뒷산인 갈마산에 옮겨 세웠다. 이곳에 올라 섬진강을 조망하면 마치 호수같이 아름답게 보이기 때문에 섬호정이라 이름하였다고 한다. 이후 1927년 하동향교 직원인 여종엽(余琮燁) 등 지역유림 35명이 출자하여 섬호정계(蟾湖亭契)를 조직하고, 옛 하동객사 하남관(河南館)의 문루(門樓)인 계영루(桂影樓)의 재목을 사서 중수하였다. 계영루는 16세기 중반 하동 옥종의 운곡(雲谷)에 사는 진사(進士) 이희만(李喜萬)이 섬진강 가에 세운 계영정(桂影亭) 터에 있었다. 1973년 무너진 것을 1975년 3월 당시 하동군수 장치경(張致京)이 하동군비를 지원하여 복원하였고, 2006년 조유행(曺由幸) 하동군수에 의해 중건되어 현재에 이르고 있다.

섬호정은 2층 누각으로, 정면 3칸 측면 2칸의 팔작지붕으로 되어 있다. 마루는

| 섬호정

한옥에서 흔히 사용되는 우물 정(井)자 모양의 우물마루이며, 천장은 우물천장으로 되어 있다. 2층에는

| 섬진강

새들이[橋子]를 놓아 오르내리도록 하였다. 심상우(沈相宇)가 쓴 현판과, 1927년 여종엽 등 35인의 발기(發起)를 적은 「섬호정발기문(蟾湖亭發起文)」, 같은 해 3월 16일에 여종엽이 쓴 「섬호정상량문(蟾湖亭上樑文)」 등이 걸려 있다.

하동공원 내 섬호정문학공원은 하동군이 섬호정 주변을 중심으로 섬진강이 한눈에 내려다보이는 '시의 언덕'에 조성하였다. 하동 출신 작가들의 대표 작품을 선정해 다양한 조형물 형태의 문학비를 건립하고, 아울러 섬호정의 옛 명성과 건립 배경에 대한 안내문을 설치하였다. 예를 들어 임진왜란 때 승병장으로 공적을 세운 서산대사(西山大師)의 「다시(茶詩)」와 정여창의 「악양」이 있고, 근대 소설가 정종수의 「수전시대」, 현대 작가인 남대우의 「보슬비」와 정공채의 「찬불이하동가(燦不二河東歌)」 등이 세워져 있다. 섬호정은 창건 이후 하동 군내에서 경관이 가장 아름다운 정자로 이름났다.

회봉(晦峰) 하겸진(河謙鎭, 1870~1946)이 「섬호정기(蟾湖亭

記)」를 썼다. 그는 섬진강 상류에 있는 악양정과 조식이 유람할 때 섬진강을 따라 도탄으로 들어간 점을 거론한 후 "아! 그 사람을 그리워하면 반드시 그 행적을 흠모하고, 그 행적을 흠모하면 반드시 그 마음의 학문을 터득하고자 한다. 하동의 인사들은 서로 힘써 두 선생의 마음을 체득하고 학문을 배우는데 게을리하지 않으니, 이곳에 등람하는 것을 즐길 뿐만 아니라 이 정자가 천하에까지 알려지게 되는 것 또한 멀지 않을 것이다."라고 하였다. 결국, 하동의 지식인들이 섬호정을 세운 것은 정여창과 조식의 학문과 정신을 배웠기 때문이니, 머잖아 이 누정도 둘의 명성과 함께 세상에 이름을 드러낼 것이라는 기대이다. 하겸진은 섬호정에서 빼어난 경관보다 건립의 주체인 '사람'에 주목한 것이다.

그러나 누가 뭐라 해도 섬호정은 산과 강이 어우러져 만들어내는 조망이 너무나도 아름다운 곳이다. 말이 굳이 필요하랴. 그저 느끼면 그뿐! 선현들이 그러했듯, 우리도 지금부터 섬호정에 올라 호수 같은 섬진강을 바라보면서 묵묵히 감상해 보자.

황병중(黃炳中), 「섬호정에 올라[登蟾湖亭]」

쓸쓸한 풍물이 강가에서 저물어가니	寥寥風物暮江頭
계영루를 옮겨온 게 무슨 상관이랴.	不妨移來桂影樓
양쪽 기슭의 삼십 리 되는 백사장은	兩岸明沙三十里
그 옛날 가을처럼 완연히 빛나는구나.	清光宛似舊時秋

조용헌(趙鏞憲, 1869~1951), 「저물녘 섬호정에 오르다[暮登蟾湖亭]」

우뚝 솟은 높다란 정자에 천천히 오르니	危亭矗矗客登遲
눈 아래엔 털끝까지 선명히 보이는구나.	眼底纖毫的歷知
얼음과 눈은 여름날에도 자라는 듯하고	氷雪欲生長夏日
안개와 구름은 석양녘에나 거둬 들이네.	煙雲將斂夕陽時
저녁바람에 펼친 돛배 앞을 질러 건너고	晚風布帆橫前渡
외로운 섬 빽빽한 대숲은 뒤를 기약하네.	孤嶼叢篁杳後期
화락한 옥사가 관아 남쪽 길가에 있는데	熙熙屋舍官南路
지팡이 짚고 시 읊으며 마음대로 지나가네.	檀唱詩筇任過之

강병민(姜柄旻, 1844~1928), 「섬호정에 차운하다[次蟾湖亭韻]」

섬호정을 세움은 중론을 모은 것이니	爲築湖亭合衆情
어느 해에 경영하여 이때 완성했는가.	幾年經紀此時成
주인은 동방에서 둘도 없는 준걸이요	主人東土無雙傑
산수는 남녘에서 제일로 빼어나다네.	山水南州第一明
맑은 날 기심 잊고 갈매기와 짝하며	晴日忘機鷗鳥伴
산속에 숨어 원숭이나 새들과 벗하네.	蒼崖筮遯鶴猿盟
일두옹이 읊은 시는 지금까지 남아서	蠹翁遺韻今猶在
집집마다 암송하며 후생을 면려시키네.	絃誦家家勉後生

〈참고문헌〉

김봉곤·김아네스·강정화, 『섬진강 누정 산책』, 흐름, 2012.

강정화, 「지리산권 하동지역의 樓亭考」, 『남도문화연구』 21집, 순천대학교 남도문화연구소, 2011

강정화, 「누정기에 나타난 하동 누정의 공간 인식」, 『남명학연구』 34집, 경상국립대학교 남명학연구소, 2012.

이종묵, 「섬진강 명현의 유적」, 『남명학』 20집, 남명학연구원, 2015.

디지털하동문화대전(http://hadong.grandculture.net/hadong)

3. 근대문학으로 본 낙동강[1] _ 박정선

1) 문학과 장소

인간의 삶은 특정한 장소를 바탕으로 영위되고, 문학은 인간의 삶을 바탕으로 창조된다. 따라서 문학 속의 세계는 실존적 장소를 토대로 만들어진다. 작가 또한 한 사회의 일원으로서 특정한 장소에 뿌리를 내리고 살아가며, 작가가 경험한 실존적 장소는 지각과 상상에 의한 재구성 과정을 거쳐 문학 속의 장소로 표상된다. 그런 장소는 대개 작가 자신의 고향이나 생활근거지에 기원을 두고 있으며, 거기에는 실존적 장소에 대한 작가의 의식과 정서, 가치관 등이 투영되어 있다. 문학은 장소와 밀접한 관련을 맺는다.

낙동강은 총 길이가 525km에 달하는, 한반도에서 압록강 다음으로 긴 강이다. 이 강은 고대로부터 식수로서, 농업용수로서, 어업의 터전으로서, 수송과 이동의 통로로서 이 지역 거주민들에게 생존의 토대가 되어 주었다.

| 창녕군 임해전에서 낙동강 좌안 길곡면 쪽을 바라본 풍경

---

1 이 글은 박정선, 「근대문학에 나타난 낙동강의 표상」(『국어교육연구』 54, 국어교육학회, 2014.)을 요약한 것이다.

이처럼 낙동강은 영남 사람들의 삶의 드라마가 펼쳐지는 주된 무대였기 때문에 이 강의 본류와 지류에는 수많은 사람의 역사가 스며들어 있다.

그런 이유에서 낙동강은 한반도에서 인간의 역사가 시작된 이래로 노래의 소재와 이야기의 배경으로 즐겨 다루어져 왔다. 근대 이후의 문학에 국한해 보더라도, 낙동강은 소설의 배경이나 시적 형상화의 대상으로 많이 다루어져 왔다. 즉 낙동강은 근대문학에서 생존의 터전으로, 역사적 사건의 무대로, 민족애를 환기하는 장소로, 존재론적 성찰의 촉매로, 생태 파괴의 현장으로 다양하게 표상되었다. 이 글에서는 일제강점기에 활동했던 근대 작가들이 낙동강을 어떻게 지각했고, 그런 지각의 결과로 낙동강은 문학에 어떻게 표상되었는가를 논하고자 한다.

2) 민중의 터전과 지옥의 양면적 장소

낙동강은 농경을 기반으로 역사를 이어온 한국인에게 삶의 터전의 역할을 해 왔다. 낙동강의 이 같은 의미는 조명희(趙明熙)의 단편소설 「낙동강」(『조선지광』, 1927. 7.)에 잘 표현되어 있다. 이 소설은 일제강점기 낙동강 연안 농민들의 빈궁한 현실과 새로운 세상의 염원을 그린 작품이다. 이 소설 서두에는 낙동강과 강을 따라 펼쳐진 들판, 그리고 들판에 점점이 흩어져 있는 마을의 정경이 개괄적이면서도 목가적으로 나타난다. 주목되는 부분은 "넓은 들 품안에는 무덤무덤의 마을이 여기저기 안겨 있다"라는 표현이다. 이 "안겨 있다"라는 표현은 장소가 지닌 모성성을 환기한다.

낙동강이 어머니와 같은 장소임은 마산 출신인 김용호(金容浩)의 장시 「낙동강」(『사해공론』, 1938. 9.) 도입부에도 나타난다. 낙동강 연안 거주민의 삶은 낙동강의 "품속"에서 시작되었고, 그들을 기른 낙동강은 "아름다운 요람", "그리운 자장가"로 표상된다. 이러한 표상은 전통적으로 모성성의 의미를 지닌다. 시적 화자가 이처럼 낙동강을 모성의 표상으로 내세우는 이유는 유년 시절의 행복했던 추억 때문이다. 즉 낙동강은 어른들에게는 생계유지를 위한 일터였지만, 유년의 화자에게는 더없이 좋은 놀이터이자 어머니의 품속 같은 곳이었기 때문이다.

| 1934년 낙동강 남강 유역 수해 보도(『조선중앙일보』, 1934. 07. 22)

그러나 낙동강은 연안 거주민들에게 생존을 위협하는 재

앙으로도 지각되었다. 그것은 그들이 해마다 반복되는 낙동강의 홍수를 직접 체험했기 때문이다. 수해는 매년 여름이면 한반도 전역에 걸쳐 두루 나타났다. 하지만 낙동강은 시기에 따라 유량의 차이가 크게 나는 강이어서 그 유역 주민들에게 매년 커다란 피해를 입혔다. 특히 수해는 낙동강 하류에 집중적으로 일어나 그곳 거주민들에게 심대한 고통을 안겨 주었다. 그 때문에 낙동강은 근대문학에서 지옥과 같은 장소로도 표상되었다.

이광수(李光洙)의 『무정』(『매일신보』, 1917. 1. 1-6. 14.)은 근대문학사에서 이 재난을 처음으로 다룬 장편소설이다. 청춘의 사랑을 배음으로 하여 계몽주의적 이상을 그린 이 소설은 '이형식', '김선형', '박영채' 간의 애정 갈등을 중심으로 서사가 진행되다가 결말부에 이르러 계몽이란 주제를 부각시키는데, 그것의 촉매가 삼랑진역 인근의 수해이다. 이형식 일행은 일본 유학길에 수해로 선로가 파선되어 열차 운행이 중단되자 삼랑진역에 내린다. 그 후 그들은 수재민들을 위해 자선 음악회를 개최한다. 그들은 이러한 사건을 겪으면서 서로 간의 애정 갈등과 내적 번민을 해소하고, 지식인의 민족적 소명 의식을 획득한다. 이런 사건들 사이에 수해로 고통받는 민중의 모습이 사실적으로 묘사되어 있다.

『무정』에서 수해가 여행자의 눈에 비친 타자의 사건으로 묘사된다면, 함안 출신인 양우정(梁雨庭)의 시 「낙동강」(『조선문단』, 1935. 5.)에서는 그것이 거주민의 눈에 비친 자신의 사건으로 묘사된다. 양우정은 1934년 여름의 대홍수를 고향에서 직접 경험하고 이 시를 썼다. 따라서 그는 홍수로 삶의 터전을 잃고 절망에 빠진 민중의 모습을 거주민의 시선으로 바라본다. 이 시에서 낙동강은 과거엔 "가난한 백성의 동무"였지만, 지금은 "횡포한 권력자"로 표상된다. 거대한 물로 모든 것을, 심지어 생명까지도 앗아갔기 때문이다. 양우정은 "가난한 친구들", "형제들"과 같은 시어로써 민중과 자신을 동일시하고 그들의 고통을 주체적 관점에서 표현했다.

홍수로 낙동강 하류 지역 민중의 터전이 폐허가 된 상황은 김해 출신인 김대봉(金大鳳)의 시 「탁랑(濁浪)의 낙동강」(『신동아』, 1933. 11.)에 나타난다. 이 시는 낙동강 하류의 대저도(大渚島)를 배경으로 수해를 입은 농민들의 비참한 실상을 사실적으로 그려낸 작품이다. 이 시에서 그는 수마가 휩쓸고 지나간 자리를 "전쟁이 끝난 싸움터"에 비유하여 민중의 참상을 묘사했다. 그는 수해의 원인을 낙동강으로 보았다. 그래서 낙동강은 '잔학', '파괴', '전횡' 등의 부정적 시어들과 연관된다. 그는 시 「홍수여운(洪水餘韻)」(『신동아』, 1934. 10.)에서도 대홍수로 인한 참상과 "홍수란 구적(仇敵)"에 대한 분노를 표현했다. 이처럼 낙동강은 김대봉의 두 시에서 '마녀'나 '원수'로 표상되었다. 그리고 낙동강은 그런 존재들이 횡행하는 장소라는 점에서 지옥과 같은 의미를 지닌다.

3) 농민 수탈과 추방의 전형적 현장

일제강점기에 경남 민중의 삶을 고통스럽게 하는 것은 수해만이 아니었다. 그들을 빈궁의 나락으로 떨어뜨리는 또

하나의 원인이 수탈이었다. 일제강점 초기부터 조선총독부
가 추진한 토지조사사업과 산미증산계획으로 많은 자작농
이 소작농으로 전락했고, 동양척식주식회사와 대지주의 가
혹한 소작제로 많은 소작농이 궁핍에 허덕였다. 그런 상황
은 낙동강 유역의 평야 지대에서 더욱 심했다. 그래서 낙동
강은 농민 수탈의 현장이라는 또 다른 표상을 얻는다.

김대봉의 「탁랑의 낙동강」에는 수해에 수탈까지 겹친 이
중고로 고통스러워하는 경남 민중의 현실이 표현되어 있다.
그는 대저도 주민들이 수해로 모든 것을 잃고 "노예의 목
장", "불법의 생산지", "××××의 탐욕처"로 변한 대저 들
판에서 소작농으로 전락했다가, 끝내 소작권마저 빼앗긴 상
황을 고발했다. 그들은 일본인 대지주 농장의 소작인이 되
어 핍박과 착취를 견디며 근근이 목숨을 이어갔고, 그중에
는 소작지를 받지 못해 쫓겨나는 이들도 많았다. 김대봉은
'노예', '불법', '탐욕'이란 시어를 통해 대저도 주민들을 궁지
로 내몬 일제의 식민지 농업정책을 우회적으로 비판했다.

이와 유사한
상황이 조명희
의 「낙동강」에
도 나타난다.
이 소설에서
마을 앞 "낙동
강 기슭에 여
러 만 평 되는

| 창원 본포 다리에서 바라본 낙동강 하류 좌안 둔치

갈밭"은 마을 사람들의 생업에 도움을 주던 공유지였는데, 국유지로 편입되었다가 일본인의 손에 넘어가고 만다. 그 이후 마을에는 인가가 엄청나게 줄고, 거대한 동양척식주식회사 창고가 초가집들을 위압하듯 서 있다. 그리고 중농은 소농으로, 소농은 소작농으로, 소작농은 파산하여 낯선 곳으로 흩어졌다. 일제강점기에 많은 농민들이 일제의 식민지 농업정책 때문에 토지를 빼앗기고 소작농으로 전락했다가, 결국 그런 상황도 버틸 수 없어 고향을 떠났다. 이 소설에서는 당대 농민들의 그 같은 현실이 서술되어 있다. 낙동강은 이 소설에서 농민 수탈의 현장일 뿐 아니라 농민 추방의 현장으로도 표상되었다.

양우정의 장시 「낙동강」(『중외일보』, 1928. 11. 13~11. 16.)도 낙동강이 농민 수탈과 추방의 현장이란 점을 명시적으로 표현한 작품이다. 그는 이 시에서 "낙동강 칠백 리 / 옥야천 리(沃野千里)엔 / 낯설은 사람들만 / 모여서 드네 / 십리만석 보고는 / 죄다 남 주고 / 이 땅의 백성들은 / 다 쫓겨가네"라며 문제적인 현실을 고발했다. 여기서 '낯선 사람들'이란 동양척식주식회사 관련자들이나 일본인 대지주들을 가리킨다. 그는 일제의 식민지 농업정책의 전위부대와 수혜자인 그들에게 땅을 빼앗긴 채 쫓겨나는 농민들의 상황을 비판했다.

일제강점기 유이민의 참상은 임화(林和)의 시 「야행차 속」(『동아일보』, 1935. 8. 11.)에 사실적으로 묘사되어 있다. 당시 제 땅에서 살 수 없는 농민 중 많은 이들이 머나먼 만주로의 이민 길에 올랐다. 이들은 일제가 특별 편성한 이민열차를 이용했는데, 임화는 열차 안이나 구마산역에서 목격한 이들의 모습을 토대로 이 시를 썼다. 이 시는 이민열차를 타고 북행길에 오른 한 일가를 묘사한 작품이다. 임화는 이들과 함께 열차를 타고 한밤중에 북쪽으로 향하고 있다. 초라한 행색과 살림살이, 보잘것없는 식사가 이들의 처지를 잘 말해 준다. 그리고 일본인의 "빠가!"라는 외침과 아버지의 굽실거림에 대한 묘사로써 민족적 차별과 이주민들의 비애를 보여준다. 임화는 이 같은 현실을 목격하며 그에 대한 분노를 표현했다.

4) 민중의 재생과 저항의 토대

일제강점기에 낙동강은 그 연안 민중에게 애증의 장소였다. 낙동강은 그들이 태어난 곳이자 어린 시절의 놀이터였고, 성장한 후에는 목숨을 연명하게 해 주는 바탕이었다. 하지만 그곳에는 자연적 재난과 인위적 수탈이 상존했다. 이러한 상황에서 많은 이들이 살길을 찾아 이향의 도정에 올랐다. 그들은 도시로 이주하여 도시 외곽의 빈민이

| 박간농장에서 소작쟁의 발발(『중외일보』, 1929. 05. 19)

되거나, 산속으로 들어가 화전민이 되거나, 일본으로 건너가 하층 노동자가 되었다. 그리고 어떤 이들은 일제의 이재민 정책과 만주 이주정책에 따라 만주 이민이 되었다.

그러나 많은 이들이 고향에서의 삶을 선택하고 수해와 수탈과 압제의 고난을 견뎠다. 그들은 재난과 궁핍과 억압 속에서도 끈질기게 생존을 이어갔다. 생존을 위해 자연과 싸웠고, 체제와도 싸웠다. 홍수로 마을이 폐허가 되면 힘을 합쳐 재건했고, 수탈이 가중될 때에는 집단적으로 소작쟁의를 일으켰다. 따라서 낙동강은 민중의 생명력과 재생 의지를 실증하는 대표적 장소이자 민중의 저항을 상징하는 장소라는 의미도 지닌다.

양우정은 「낙동강」에서 민중이 자연과의 투쟁을 통해 상황을 극복하려는 모습을 표현했다. 그는 시 말미에서 재해로 인한 절망을 극복하고 마을을 재건하려는 민중의 의지를 표현했다. 낭만적이고 목가적인 비전 탓에 다소 현실감이 떨어지고, 상황 극복의 문제를 주체의 의지의 문제로 국한시키며, 낙관적 전망을 별 근거 없이 제시한 점은 이 시의 문제점으로 지적할 만하다. 그렇지만 이 시는 절망 속에서도 다시 일어서는 민중의 끈질긴 생명력을 잘 표현했다.

조명희의 「낙동강」은 상황 극복의 문제를 시대 현실이라는 보다 큰 맥락 속에 놓고 수해, 수탈, 이향의 삼중고에 처한 민중의 현실을 극복할 구체적 방법을 제시한 작품이다. 이 소설의 전반부에는 토지를 빼앗기고 서북간도로 쫓겨가는 농민들의 상황이 묘사된 뒤, 이례적으로 보일 정도로 작가의 논평이 길게 서술되어 있다. 그 내용은 원시공산제 사회의 출현과 계급사회로의 전화, 그리고 사회주의 사회로의 지향으로 이어지는, 역사유물론적 관점에서 개관한 인류의 역사이다. 그는 인류사를 개관한 후 "폭풍우가 반드시 오고야 만다. 그 비 뒤에는 어떠한 날씨가 올 것은 뻔히 알 노릇이다."라고 단언했다. 폭풍우는 사회주의 혁명을, 비 갠 뒤의 날씨는 사회주의 사회를 가리키는 알레고리이다.

이 소설에서 주인공 '박성운'은 새로운 미래를 만들기 위해 실천하는 혁명가로 그려진다. 그는 귀향하여 "대중 속으로!"라는 구호 아래 "선전, 조직, 투쟁"을 골자로 하는 대중운동을 전개한다. 야학을 운영하고, 공동생활을 영위하며, 소작조합을 만들어 소작쟁의를 주도한다. 비록 계속되는 탄압에 소작투쟁은 힘을 잃어가지만, 그래도 그는 절망하지 않는다. 결국 그는 고문 후유증으로 사망하지만 그의 애인인 '로사'가 그의 뒤를 잇는다는 결말의 설정을 통해 조명희는 저항만이 수탈과 추방의 현실을 극복할 유일한 방법임을 제시했다. 그리고 로사가 성운이 갔던 길을 걸어 다시 돌아올 것이란 다짐으로 소설을 마무리함으로써 낙동강이 지속적으로 민중적 저항의 진원지가 될 것임을 예고했다.

5) 근대문학과 낙동강

지금까지 낙동강을 소재나 배경으로 한 작품 가운데 일제강점기의 경남권역 낙동강을 다룬 작품인 조명희의 「낙동강」, 김용호의 「낙동강」, 양우정의 「낙동강」, 김대봉의 「탁랑의 낙동강」, 임화의 「야행차 속」을 중심으로 우리 근대문학에 낙동강이 어떻게 나타나는가를 살펴보았다.

이 작품들에서 낙동강은 그 연안 민중의 삶과 융화되어 고유한 장소성을 형성한다. 그리고 그들은 선조 때부터 낙동강에 터를 잡고 살면서 낙동강을 어머니와 같은 장소로 지각한다. 그러나 낙동강은 해마다 반복되는 수해로 그 유역의 주민들을 죽음으로 내모는 곳이기도 하다. 그래서 낙동강은 민중의 터전이자 지옥이라는 양면적 장소로 표상된다. 또한 낙동강은 농민 수탈과 추방의 전형적 현장으로도 표상된다. 낙동강 연안은 일제의 식민지 농업 수탈의 전형적 장소였고, 많은 농민이 소작인으로 전락했다가 이향의 길을 떠나는 현장이었기 때문이다. 한편 많은 이들이 수탈을 견디지 못하고 이향했지만, 또한 많은 이들이 현실의 고통을 감내하며 고향을 지켰다. 그들은 자연에 맞서 마을을 재건하고, 체제에 맞서 불합리한 현실을 개선하려 했다. 따라서 낙동강은 민중의 재생과 저항의 토대로도 표상된다. 이같은 다양한 표상들은 한 작품에 동시적으로 나타나기도 하고, 여러 작품에 반복적으로 나타나기도 한다.

〈참고문헌〉

박정선, 「임화와 마산」, 『한국근대문학연구』 26, 한국근대문학회, 2012.

박태일, 『한국 근대시의 공간과 장소』, 소명출판, 1999.

서범석, 「양우정의 시 연구」, 『국어교육』 98, 한국어교육학회, 1998.

이성우, 「김용호의 「낙동강」 연구」, 『어문학』 100, 한국어문학회, 2008.

조진기, 「지리공간의 문화적 수용과 변용」, 『가라문화』 8, 경남대학교 가라문화연구소, 1990.

렐프, 에드워드, 심승희·김덕현·김현주 역, 『장소와 장소상실』, 논형, 2005.

투안, 이-푸, 구동회·심승희 역, 『공간과 장소』, 대윤, 2007.

4. 경남의 강에 깃든 민속문화 _ 남성진

1) 경남의 강, 향토 민속의 원천지

강줄기가 제법 크게 흐르는 곳에는 경치가 빼어난 곳이 많으며 전통적으로 농토가 널찍이 잘 조성되어 있고, 거기에는 일반적으로 부자 마을과 큰 고을이 터를 잡고 있다. 강기슭에서는 지역의 토호들이 세워 놓은 크고 작은 정자를 찾아볼 수도 있고, 민중들의 애환을 달래던 백사장 놀이터도 만날 수 있다. 강변에 있는 정자와 모래톱에 서면 옛 사람들이 느꼈던 한가로움과 정서를 느껴 볼 수가 있다. 또한 옛 사람들이 강을 대하였던 모습과 흐르는 물을 이용한 생활의 흔적도 접할 수 있다.

예로부터 우리나라 사람들은 배산임수를 품은 지형을 고려하여 터를 잡았고 물과 함께하는 생활을 해 왔다. 사람들은 물을 통해 생명을 유지하고 생활을 영위하며 희노애락을 다스렸다. 여기에서 사람들은 치수(治水)·이수(利水)·친수(親水)의 3가지 측면에서 강과 상호교감하며 창조적인 강 문화를 탄생시켰다. 강과 하천을 생명의 젖줄이라고 부르기도 한다. 강과 하천은 인간뿐 아니라 모든 생명들이 더불어 살아가는 곳이었다. 모든 생명체가 물과 함께 공존하며 생태계를 이루면서 삶의 터전으로 삼았다. 인간의 문명은 강에서 시작되었다. 강은 사람들이 먹을 수 있는 식수원이 되기도 했고 곡식을 재배할 수 있는 농업용수를 공급해 주었기 때문에 더 많은 자녀를 낳고 공동체를 이루며 사회적 활동을 할 수 있게 하였다.

경남지역의 사람들도 강이나 하천을 중심으로 삶의 터전을 일구었고, 생활의 영역을 확장시켰다. 경남의 많은 도시들이 강을 끼고 형성되었고, 역사가 오랜 도시일수록 강을 곁에 두고 형성된 경우가 많았다. 그래서 도시가 이름난만큼이나 그곳을 가로지르는 강들도 많이 알려져 있다. 함양에는 지리산의 물길이 모여 이룬 엄천강이 흐르고, 산청에는 남강으로 흘러 들어가는 경호강과 덕천강이 있다. 하동에는 경치와 수질이 가장 좋은 곳으로 평가받았던 섬진강이 있고, 합천에는 모래사장이 아름다운 황강이 흐른다. 진주는 남덕유산에서 발원한 물이 함양, 산청을 지나 합수되어 남강을 이루어 흐른다. 그리고 태백시 천의봉 너들샘에서 발원한 낙동강이 경북지역을 흘러 경남의 합천, 창녕, 의령, 함안, 밀양, 김해, 양산을 거쳐 남해바다로 들어간다. 밀양에는 아랑의 전설이 깃든 남천강(밀양강)이 흐른다.

도시를 흐르는 강은 그 자체로도 멋을 보여주지만 아름다운 풍광은 강보다도 강변에서 이루어진 경우도 많다. 강 주변에는 자연이 만들어 놓은 경치도 있지만 사람들의 흔적도 여러 형태로 존재한다. 선비들이 풍월을 읊기 위해 세웠던 강가의 누정과 엄한 시댁의 기운에 눌려 살던 아낙네들의 숨통을 틔워주던 빨래터, 아이들이 멱을 감고 햇볕에 몸을 태우던 너럭바위에 글자를 새긴 흔적도 있었다. 강 이쪽저쪽을 이어주던 나루터도 물살 따라 여러 모양으로 만들어졌다. 강은 사람을 비롯하여 모든 생명이 공존하는 공간이었다. 강과 하천은 사람이 살아가는 생명의 원동력이 되었으며 사회적 집단을 이루는 중심이 되었다. 따라서 강은 그 고장 사람들의 자취와 삶의 양식들이 고스란히 보전되어 있는 민속의 원천지이다.

이 글은 경남지역에 흐르는 크고 작은 강을 중심으로 지역민들의 삶의 흔적을 들여다보고 강탄과 수변에 깃들었던 민속문화의 현황을 살펴보는 것이 목적이다. 그러기 위해 경남권역에 속한 강 수계의 민속 현상들을 수집하여 검토하고 자료의 현재적 전승 양상을 들여다보았다. 연구 범위로는 경남권역을 흐르는 물줄기 가운데 비교적 큰 지역에 접한 수계와 그 인접의 주요 하천 지역에 한정하였다. 그러므로 합천–창녕–의령–함안–창원–밀양–김해–양산으로 이어지는 낙동강을 비롯하여 거기에 합류되는 황강, 남강, 밀양강 등 다양한 물줄기 주변의 민속 현상이 조사 대상이다. 주로 90년도 중반까지 전승되던 민속놀이와 제의 등이 주요 대상이며, 2000년도에 이르러 재현된 민속 현상도 포함되어 있다. 따라서 본 연구에서 파악된 민속 현황은 2023년 현재 전승되고 있는 것뿐만 아니라 지역 통폐합으로 사라졌거나, 다른 형태로 변용된 것들을 포함하고 있다.

| 경남의 강 지도

2) 경남의 강에서 만나는 민속

(1) 엄천강, 용신기우제(龍神祈雨祭)

엄천강(嚴川江)은 함양군 휴천면에 있는 법화산(法華山)과 지리산 산자락 사이로 흐르는 강이다. 남원 지리산의 달궁, 뱀사골의 청류가 모여 만든 '만수천'이 운봉, 인월, 아영 등의 물길이 모인 람천을 만나며 임천강이라는 이름으로 불리다가 함양 마천의 백무동계곡, 칠선계곡의 옥수(玉水)를 받아들이고 마침내 휴천면 용유담에 이르러 '엄천강'이라는 이름을 얻게 된다.[1]

함양에는 특이한 기우제가 많은데 대표적으로 천령봉, 백암산, 백운산 등의 산신에게 올리는 산상기우제가 있고, 엄천강이나 송평, 금천 등의 강변에서 지내는 용신기우제가

---

[1] 인문학으로 걷는 지리산, 〈https://m.blog.naver.com/choys56/220500807603〉

있다.[2] 용신기우제(龍神祈雨祭)는 가뭄으로 인한 재앙을 모면하기 위하여 농업의 신이며 물을 관장한다는 용신에게 비가 내리기를 기원하면서 올리는 제사이다. 함양의 병곡 송평, 마천 추성, 서하 반정 등 엄천강과 임천강 천변 지역에서는 한발로 인하여 모내기를 할 수 없거나 하지가 지나도록 비가 오지 않아 밭곡식이 말라 들어가면 냇가에 나가서 용신 기우제를 지낸다. 마을 합동으로 가장 깨끗하고 정성 있는 노년자를 제관으로 선정하여 기우제를 올리는데, 의식은 보통 대낮에 행하고 제행 자체는 제관에 의해 유교식으로 이루어진다. 형편에 따라 현장에서 개 또는 돼지, 닭의 목을 자르고 피는 바위에 뿌리며 머리는 볏짚으로 오쟁이 같이 만들어 묶어서 돌을 달아 강의 깊은 곳에 던진다. 용으로 하여금 더러운 짐승의 피와 머리를 씻어 내리도록 하여 큰물이 흐르게 하기 위함이라는 것이다. 농업이 주업인 사람들에게 날씨는 한 해 농사를 결정짓는 중요한 요소이다. 따라서 농업에 필수요건인 비(물)가 내리기를 염원하고 풍농을 기원하면서 행하던 기우제는 엄천강변 지역에서 매우 중요한 풍습으로 이어졌다.

(2) 경호강, 밤뱃놀이

경호강(鏡湖江)은 산청군 생초면 어서리 강정에서부터 산청읍을 거쳐, 신안, 단성면을 지나고 진주의 진양호까지 흐

---

2 함양군사편찬위원회, 『함양군사』 3권, 2012, 282-283쪽.

르는 80여리(약 32㎞)의 물길이다. 경호강의 본류와 엄천강의 두 물줄기가 만나는 강정은 너른 백사장이 있어서 여름이면 물놀이와 고기잡이, 뱃놀이를 하는 사람들이 많이 찾는 곳이다. 경호강은 '거울같이 맑은 호수'라는 뜻을 담고 있는데, 이곳은 강폭이 넓은데다 큰 바위가 없고, 굽이 굽이에는 모래톱과 잔돌들이 퇴적돼 있어 물 흐름은 빠르지만 소용돌이 치는 급류가 거의 없어 뱃놀이를 즐기기에 안성맞춤이다.[3]

예로부터 경호강 주변의 경치가 뛰어나서 중국의 지명을 따라 적벽이라 이름 붙이고, 이 지방의 기방계라는 모임이 소동파의 적벽놀이를 모방하여 추칠월 기망인 16일이 되면 시주와 뱃놀이를 즐겼다고 한다. 적벽에 단풍이 물들고 달이 휘영청 떠오르면 경호강에서는 배를 띄우고 밤을 새워 놀이가 이어지곤 했다. 달이 뜬 가을밤의 적벽과 경호강의 운치에 취한 고을 수령은 강에 배를 띄우게 하고 밤뱃놀이를 자주 놀았다.[4] 어느 날 절벽에서 강으로 떨어져 내려온 바위에 수령이 탄 놀잇배가 부서졌는데, 그 바람에 그만 수령이 강물에 빠져 관인을 잃어버리게 되어 파직당했다는 이야기도 전한다. 경호강의 뱃놀이는 수려한 자연경관의 운취 속에서 음주와 가무악, 시작과 시창 등의 다양한 놀이를 즐기는 여흥문화로 산청 지역 양반 풍류의 정수를 보여준다.

---

3 '경호강', 〈지리산커뮤니티(http://www.ofof.net)〉
4 '경호강', 〈산청군청 누리집(https://www.sancheong.go.kr/tour/index.do)〉

(3) 덕천강, 용왕멕이기

덕천강(德川江)은 지리산 천왕봉 남쪽과 웅석봉 사이로 흘러내린 물이 물줄기를 이루며 생성된 강이다. 지리산 천왕봉 아래에서 발원한 물과 지리산 계곡에서 흐르는 하천이 진주시 수곡면과 하동군 옥종면, 사천시 곤양면의 경계를 지나 진양호로 유입하는 하천이다.[5] 삼장면 유평리 지리산 국립공원에서 발원하여 남쪽으로 흐르다가 시천천 등을 합하고 단성면을 지나 진주시와 하동군 경계를 이루다가 동쪽으로 진주시·사천시·하동군 경계에서 국가하천이 되고 진양호에 이르러 남강에 합류한다.

정월이 되면 덕천강가에서는 지역민들과 무당들이 용왕에게 집안의 액운을 막고 가족들의 평안을 비는 용왕멕이기(용왕먹이기)를 행한다. 일반적으로 용왕멕이기는 집안이 편치 않고 시끄러울 때 지내고, 모든 식구들이 한 해를 무사히 잘 넘기기를 바라는 뜻에서 올린다. 용왕을 먹이는 절차는 먼저 제의 장소인 덕천 강변에 도착하여 주변을 깨끗이 청소하고 제상으로 쓸 커다란 돌을 준비한다. 다음으로 제물을 진설하는데 음식으로는 밥이나 쌀, 마른명태, 과일, 술, 물 등이다. 그리고 가족 수대로 소지를 올리면서 기원한다. 그런 후에 제상을 물리고 제물을 처리한 뒤 지역에 따라 일부의 제물과 초를 바가지에 담아 강물에 띄우기도 한다. 덕천강 인근의 개별 가정에서는 용왕멕이기를 통해 복락을 추구

---

5 '덕천강', 〈디지털진주문화대전 (http://jinju.grandculture.net)〉

하고 가족의 건강과 안녕을 염원하였다.

(4) 섬진강, 백중 씨름

섬진강(蟾津江)은 전라북도 진안군 백운면의 팔공산 자락의 옥녀봉 아래 데미샘을 발원지로 하여, 임실, 순창, 남원, 곡성, 구례를 거쳐 경남의 하동을 지나는 물길을 말한다. 섬진강은 소백산맥과 노령산맥 사이를 굽이쳐 흐르며 보성강을 비롯하여 여러 지류가 합쳐서 물길을 이루고 광양만으로 흘러드는데 그 길이는 총 223km에 달한다.

| 일제강점기 때 씨름판으로 이용되었던 악양면 섬진강 백사장의 현재 모습

하동 악양면의 섬진강변에서는 칠월 백중과 팔월 추석이 되면 큰 씨름판을 벌인다.[6] 악양면 전체의 이름난 씨름꾼들

---

6 남성진, 『하동 악양 평사리 민속조사보고서, 평사리 민속놀이』, 2004.

이 참여하고 구경꾼들이 모여 씨름대회를 열었다. 백중날 씨름은 엿샛날부터 시작하여 이렛날, 여드렛날까지 이어졌다. 일제강점기 때는 섬진강 백사장에서 인근 면 단위의 사람들도 참여하는 대규모 씨름대회가 열렸고 탁배기(막걸리)와 같은 음식 장사치들이 현지에서 숙박을 할 정도로 큰 축제판이 벌어졌다. 당시에는 일본인들에게 씨름판을 열겠다고 허가를 내고서야 사·나흘을 놀았다고 한다. 씨름판에서도 돈이 승패를 좌우했다. 돈이 좀 있는 사람에게 판을 내주었고, 똑같은 씨름을 붙어도 돈이 이기게 되는 판이었다. 그러다 보니 술장사하는 사람들이 돈을 벌려고 씨름판을 벌였다는 이야기도 돌았다. 씨름에서 이긴 사람에게는 상품으로 송아지와 광목천이 주어졌다. 섬진강 백사장에서 펼친 씨름판은 지역 주민들의 화합과 공동체 의식을 함양하는 데에 크게 기여했던 것은 확실해 보인다.

(5) 황강, 삼복 모래뜸질

황강(黃江)은 거창군 고제면 봉계리의 삼봉산 동쪽 샘을 발원지로 한 물길이 남덕유산에서 내려온 위천천과 합류하고, 거창읍의 남하면과 남상면의 경계를 따라 흐르다가 합천호에 흘러든 뒤, 댐을 거쳐 합천군을 동서로 길게 가르고 질러 청덕면 적포리에서 낙동강과 합류하는 하천이다.[7] 총 길이

7 〈한국의 강', 황강 – 물 좋고 경관 빼어나 樓亭문화 활짝〉, 부산일보, 1997–02–11.

는 111km인데 낙동강 지류 중에 가장 맑고 깨끗하다고 알려져 있다.

합천 황강에서는 삼복(三伏)을 지내려는 사람들로 인산인해를 이루었다.[8] 6월의 삼복(초복·중복·말복) 중에 피서(避暑), 피방(避方)의 뜻으로 황강에서 팥죽을 쑤어 먹거나 개장과 삼계탕을 끓여 먹었다. 또 이날 햇보리밥을 먹으면 배탈이 나지 않는다 하여 미역국과 같이 먹기도 하였다. 그리고 허리 아픈 노인들은 강변 백사장에 가서 모래뜸질(모래찜질)을 하였다. 합천 황강의 백사장에는 뜸질을 하기 위하여 경향 각지의 사람들이 해마다 많이 찾아온다. 황강의 뜨거운 모래 속에 몸을 묻고 땀을 내는 모래뜸질은 오래도록 합천지역에서 이어져 온 전통 풍속이다. 모래뜸질은 강가의 모래밭에 구덩이를 판 뒤 얇은 옷을 입고 들어가 온몸을 뜨거운 모래로 덮고 그 열기로 더위를 식히려는 피서법이다. 사람들은 보다 많은 효험을 보기 위해 모래밭에서 뜸질을 한 뒤 강물에 들어가 몸을 식힌 다음 다시 뜸질을 반복하여 행하였다. 황강의 백사장에서 모래뜸질을 하면 혈액순환과 신경통, 관절염에 효험이 있다고 하여 최근까지도 사람들이 피서를 겸하여 모여들었다. 황강의 모래뜸질을 통해 선조들의 피서법과 지혜를 엿보게 된다.

---

8 합천군사편찬위원회, 『합천군사 제3권 - 문화예술과 인물』, 2013, 276-277쪽.

(6) 남강, 유등 띄우기와 소싸움

남강(南江)은 함양군 서상면 상남리의 남덕 유산 남쪽 계곡 에서 발원하여 물줄기를 이루 고 함양군, 산 청군을 지나며 경호강, 덕천강

| 1930년 8월 한가위 소싸움대회 광경 – 평거동 굴바 위 앞 남강 백사장 (진주시청 누리집)

을 합하여 진주시 진양호를 거친 뒤, 진주의 중심부를 서남 쪽에서 동남쪽으로 관류하며 의령, 함안을 돌아 낙동강으로 흘러 들어간다. 전체 길이는 189㎞에 이르는데 남강 수계 에 접한 여러 고을에 식수와 농업 용수를 공급함으로써 서 부 경남의 젖줄로 불린다. 과거 남강 하류 지역에는 수해가 잦았으나 1970년 남강댐을 건설함으로써 홍수조절을 적절 히 하고, 관개와 전력을 비롯하여 생활 용수를 공급한다.

예로부터 진주 남강 일대에서는 민간신앙을 비롯하여 불 교, 무속의 영역에서 유등 관련 민속(유등 띄우기)이 전승되어 왔다.[9] 이 유등 띄우기 전통은 1951년 개천예술제에서 한 번 선을 보였다가 1955년에 공식적인 행사로 수용되었는

---

9 한양명, 『진주성·진주유등축제 세계유산 추진 학술연구 – 진주유등축 제 부문』, 진주시, 2015, 17–19쪽.

네, 진주성 전투에서 순국한 선열들의 넋을 위로하고 진주의 액을 물리침으로써 주민들의 안과태평을 소망하는 의미를 지닌 채 이후 한동안 계속되었다. 개천예술제의 유등 띄우기 행사는 점차 형식과 내용이 풍부해지면서 2000년 개천예술제 기간에는 '진주남강국제등축제'라는 이름으로 개최되었고, 다음 해에 '세계진주남강유등축제'로 지칭하며 규모가 확대되었다. 이때는 흐르는 강물에 유등을 띄우는 것뿐만 아니라 각양각색의 모양을 갖춘 고정등을 설치하게 되었다. 그러다가 2002년에는 '진주남강유등축제'로 명칭을 바꾸고 독립적인 축제로 발돋움해 문체부로부터 우수, 최우수, 대표, 명예대표축제로 인정받아 그 위상이 격상시켰다.

진주 남강 백사장에서는 예전부터 대규모의 소싸움 대회가 벌어졌는데, 그 며칠 동안은 싸움소가 일으킨 뿌연 모래 먼지가 백사장을 온통 뒤덮었다고 한다.[10] 이때 수만 군중의 함성은 하늘을 찔렀고 수백 개의 차일이 백사장을 메웠으며 차일 속에서 오간 술바가지로 인하여 양조장 술이 동이 났다고 한다. 소싸움은 진주 일대에서 해마다 음력 8월 보름을 전후로 펼쳐졌던 전래 세시풍속이다. 1950년도 이후 개천예술제 행사와 함께 남강 백사장에서 벌였던 소싸움은 엄청난 인기를 얻었다. 남강 백사장의 소싸움 대회는 1971년부터 전국 규모의 대회로 확장되었고 이로 인해 소싸움장인 백사장을 찾는 관광객들이 전국에서 몰려들어 발 디딜 틈이

---

10 '진주소싸움', 〈진주시청 누리집(https://www.jinju.go.kr)〉

없었다고 한다.

(7) 낙동강, 오광대 문화와 고딧줄꾼노래

낙동강(洛東江)
은 한반도 남동
쪽에 위치한 강
으로서 강원도
태백시 함백산
에서 발원한 후
대부분의 유역
이 영남 지방에
걸쳐 있기 때문

| 남강 둔치에서 펼쳐진 진주오광대 공연 장면(4과장, 중놀음)

에, 일명 영남의 젖줄로 불리기도 한다. 낙동강은 강원도에
서 시작하여 영남지방의 중앙저지(中央低地)를 통하고 남해로
흘러들며 수계 지역 사람들의 다양한 삶을 도왔다. 여러 생
명체들이 살아갈 수 있는 주요한 환경이자 자원으로서 근처
지역에 대량의 물을 공급할 수 있는 유일한 수단이었기에
삶의 터전이라 할 수 있다.

낙동강 수계에서는 번성한 상업문화를 발판으로 오광대
문화가 크게 성장하였다. 오광대는 낙동강 서쪽 유역과 남
해안 지방에서 전승되는 민속 가면극의 하나로서, 주된 내
용은 양반 계급에 대한 풍자이다. 낙동강 강가의 주요 장터
였고 하운(河運)의 중심지였던 합천의 밤마리는 오광대 놀이

판의 주요 거점이었다. 또한 김해 가락의 낙동강 물가에서도 오광대판이 벌어졌고, 의령의 신반에서도 펼쳐졌다. 낙동강의 지류인 남강 일대에서도 진주와 도동 오광대를 놀았고, 남해로 흘러들어서는 통영과 고성, 가산에서도 오광대가 벌어졌다. 그리고 낙동강의 동편인 부산 쪽에서도 동래야류와 수영야류가 연희 되었으니, 낙동강을 중심으로 해서 보면 동서와 남북으로 탈놀음판이 무성하게도 펼쳐졌던 것이다.

낙동강은 수로 운송의 주요 교통수단이었다. 옛날 뱃길을 따라 물류가 이루어지던 시절 낙동강 인근의 창원군 북면 화천리 일대에는 물살이 센 여울을 만나 배가 올라가지 못할 때 배 밖에서 줄을 당겨 끌고 가며 부르는 노래로 '강배끄는 소리', 일명 '고딧줄꾼노래'라는 것이 전승되었다. 일제 강점기 때까지만 해도 고딧줄꾼들이 창원시의 북쪽 낙동강 상류지역인 창녕군 남지를 향해 가는 콩과 같은 곡물 운반 배를 끌면서 많이 불렀다고 한다. 지금은 전승이 거의 중단되어 현장에서 듣기 어려워진 노래가 되었다.

(8) 밀양강, 밀양아리랑과 감내의 게줄당기기

밀양강(密陽江)은 울주군 상북면 소호리 고헌산에서 발원하여 밀양시를 통과한 뒤 낙동강으로 합류하는 지방하천이다. 경북 경주시에서 북류하고 청도군에서 남서류하여 경남 밀양시 상동면에 이르러 동창천과 청도천이 합류되면서 본격적으로 밀양강으로 불린다. 감천(甘川)은 감내들을 지나 밀양강으로 합류하는 개천이다. 감천은 감내라고도 부르는데 밀양시 부북면 감천마을을 중심으로 흐르며 화악산(華嶽山)에서 발원한 부북천의 하류를 말한다.

밀양아리랑은 한국을 대표하는 3대 아리랑의 하나로서 경상도 민요를 대표하고 있다. 밀양

| 밀양아리랑 SP음반(아리랑박물관 소장)(출처 e뮤지엄)

부사의 딸 아랑의 전설에서 유래했다고 하나[11] 정확한 기록은 없고, 다만 지역 주민들과 통속민요로 불리면서 전국적으로 유명하게 되었다. 밀양아리랑의 사설에는 밀양 지역의 명승과 인물 등이 많이 등장하며 경상도 사투리로 불리다보니 토속성이 두드러지게 드러난다. 밀양아리랑은 일제강점기에 '독립군아리랑'·'광복군아리랑'으로 개사되어 항일운동가로도 활용되어 중요한 역사적 의의를 지니고 있다.

감내의 게줄당기기는 밀양강의 지류인 감천에서 마을 사람들이 줄을 목에 걸고 승부를 다투며 당기고 노는 독특한 놀이이다. 밀양시 부북면 감천리에는 정월 대보름날이 되면 주민화합과 인근 마을과의 불화를 풀기 위해 게줄당기기를 한다. 감내게줄당기기는 1983년 8월 6일 경상남도 무형문

---

11 경상남도사편찬위원회, 『경상남도사 제9권 −교육·종교·민속』, 2020, 613쪽.

화재 제7호로 지정되어 오늘날까지 전승되고 있다. 감내 게 줄당기기는 게줄을 서서 당기는 것이 아니라 소수의 인원이 줄을 목에 걸고 엎드려서 당기는 것이 특징인데, 지역의 지리적 여건과 생업적 환경에 의해 만들어지고 전승된 문화현상이 할 수 있다.

3) 경남의 강, 지역 문화자원의 보고

경남권역의 강들은 수계 지역의 사람들과 다양한 생명체들이 살아갈 수 있도록 돕는 주요한 환경이자 자원이며 삶의 터전이다. 강이 관류하며 흐르는 지역은 많은 문화를 싹틔웠고 문명을 꽃피웠으며, 융성한 고을을 이루며 주민들의 삶의 양식도 크게 넉넉해지게 되었다. 경남의 강은 지역민들에게 있어서 문화 교류의 보루였으며, 상류와 하류를 잇는 상생 연계의 통로였다. 강은 지역의 정체성이 담긴 장소이며 역사적 스토리가 흐르는 유의미한 자산이다. 강줄기에 접한 수계 마을과 고을 사람들은 강이 지닌 가치를 지키고 그 기능을 확장하고 창출하기 위해 연대와 공유의 관계를 유지해 왔다. 남천강가에서 밀양아리랑이 탄생하고, 낙동강가에서 오광대문화가 싹텄듯이 강은 흐르는 박물관이고 시공을 초월하는 스토리텔링의 보고이다.

강 물길을 따라 여러 형태의 삶이 수천 년 이어져 오면서 수많은 노래와 놀이가 자연스레 생겨났다. 경호강과 남강이 합류되고 밀양강이 낙동강에 섞여들며, 섬진강이 바닷물과 만나면서 풍속과 의례가 나타났고, 김해의 낙동강이 양산을 거쳐 부산의 바다로 흘러들며 대동놀이와 공동체 제의가 이어졌다. 그러나 100여 년 전만 해도 경남권역의 강줄기에서 탄생한 수계의 민속문화는 흐르는 강물처럼 사라질 뻔하였다. 뒤이어 획일화된 산업화와 도시화라는 급격한 변화과정을 겪으면서 강을 중심으로 형성되어온 강변문화는 파괴되거나 명맥이 끊기기도 하였다. 획일화된 개발로 놀이공간은 줄어들고, 오염 물질로 인해 강의 매력적인 기능이 크게 약화 되었다. 그러나 다행히도 현대에 와서 강이 이루는 수려한 자연경관과 이를 배경으로 형성해 온 전통문화를 문화관광자원으로 인식하게 되면서 강의 생태적 가치와 그에 따른 강문화를 되살리려는 노력이 이루어지고 있다. 이에 따라 일부 지역의 공동체놀이와 제의가 살아나고, 민속예술과 세시풍속 같은 것들이 고증을 거쳐 복원되고 있어서 강을 삶터로 여기며 살아 온 지역민들의 문화가 다시금 생명력을 얻고 있다.

그 지역만의 고유

| 창녕군 남지읍 용산마을 앞 안내판

한 가치 창조를 위해서는 오랜 세월 동안 전승되고 보전되어 왔던 지역 문화자원을 잘 활용해야 한다. 문화자원은 지역성과 전통성을 지닌 역사유산이며, 특정 환경에서 창출되고 퇴적되어 온 독특한 가치라 할 수 있다. 문화자원은 특정한 지역 고유의 역사나 문화와 삶이 내재되어 있고, 지역민들이 오랫동안 체득하고 계승해온 속성이라서 지역 정체성의 원동력이 된다. 따라서 강은 지역 문화자원의 보고라 할 수 있다. 강이 지닌 지역성과 전통성, 문화자원을 잘 활용하여 지역이 지닌 정체성을 강화하고 유·무형의 문화적 가치를 창조적으로 계승시킬 수 있어야 한다. 특정한 지역을 흐르는 강에 내재 되어 있는 고유의 전통과 문화적 동질성을 잘 보전하고 지역만이 가지는 상징적 징표로 삼아야할 것이다. 그것이 새로운 문화를 창출하는 기반이 되고 공동체를 유지하고 찬란한 미래를 연결하는 동아줄이 될 것이다.

〈참고문헌〉

경상남도사편찬위원회, 『경상남도사 제9권 － 교육·종교·민속』, 2020.

남성진, 『하동 악양 평사리 민속조사보고서, 평사리 민속놀이』, 2004.

합천군사편찬위원회, 『합천군사 제3권 － 문화예술과 인물』, 2013.

한양명, 『진주성·진주유등축제 세계유산 추진 학술연구 － 진주유등축제 부문』, 진주시, 2015.

함양군사편찬위원회, 『함양군사』 3권, 2012.

〈산청군청 누리집〉, https://www.sancheong.go.kr/tour/index.do

〈디지털진주문화대전〉, http://jinju.grandculture.net

〈인문학으로 걷는 지리산〉, https://m.blog.naver.com/choys56/220500807603

〈지리산커뮤니티〉, http://www.ofof.net

〈진주시청 누리집〉, https://www.jinju.go.kr

〈한국의 강', 섬진강의 기원〉, 부산일보, 1996-10-02.